祈福招財農民曆目錄

風水大師 陳冠宇 編著
鴻運出版

U0093962

甲辰年（龍）百歲年齡生肖對照表

中國年號	西元	六十甲子	生肖	年齡
民國一二	1923	癸亥	豬	一〇二
民國一三	1924	甲子	鼠	一〇一
民國一四	1925	乙丑	牛	一〇〇
民國一五	1926	丙寅	虎	九九
民國一六	1927	丁卯	兔	九八
民國一七	1928	戊辰	龍	九七
民國一八	1929	己巳	蛇	九六
民國一九	1930	庚午	馬	九五
民國二〇	1931	辛未	羊	九四
民國二一	1932	壬申	猴	九三
民國二二	1933	癸酉	雞	九二
民國二三	1934	甲戌	狗	九一
民國二四	1935	乙亥	豬	九十
民國二五	1936	丙子	鼠	八九
民國二六	1937	丁丑	牛	八八
民國二七	1938	戊寅	虎	八七
民國二八	1939	己卯	兔	八六
民國二九	1940	庚辰	龍	八五
民國三〇	1941	辛巳	蛇	八四
民國三一	1942	壬午	馬	八三
民國三二	1943	癸未	羊	八二
民國三三	1944	甲申	猴	八一
民國三四	1945	乙酉	雞	八十
民國三五	1946	丙戌	狗	七九
民國三六	1947	丁亥	豬	七八
民國三七	1948	戊子	鼠	七七
民國三八	1949	己丑	牛	七六
民國三九	1950	庚寅	虎	七五
民國四〇	1951	辛卯	兔	七四
民國四一	1952	壬辰	龍	七三
民國四二	1953	癸巳	蛇	七二
民國四三	1954	甲午	馬	七一
民國四四	1955	乙未	羊	七十
民國四五	1956	丙申	猴	六九
民國四六	1957	丁酉	雞	六八
民國四七	1958	戊戌	狗	六七
民國四八	1959	己亥	豬	六六
民國四九	1960	庚子	鼠	六五
民國五〇	1961	辛丑	牛	六四
民國五一	1962	壬寅	虎	六三
民國五二	1963	癸卯	兔	六二
民國五三	1964	甲辰	龍	六一
民國五四	1965	乙巳	蛇	六十
民國五五	1966	丙午	馬	五九
民國五六	1967	丁未	羊	五八
民國五七	1968	戊申	猴	五七
民國五八	1969	己酉	雞	五六
民國五九	1970	庚戌	狗	五五
民國六〇	1971	辛亥	豬	五四
民國六一	1972	壬子	鼠	五三
民國六二	1973	癸丑	牛	五二
民國六三	1974	甲寅	虎	五一
民國六四	1975	乙卯	兔	五十
民國六五	1976	丙辰	龍	四九
民國六六	1977	丁巳	蛇	四八
民國六七	1978	戊午	馬	四七
民國六八	1979	己未	羊	四六
民國六九	1980	庚申	猴	四五
民國七〇	1981	辛酉	雞	四四
民國七一	1982	壬戌	狗	四三
民國七二	1983	癸亥	豬	四二
民國七三	1984	甲子	鼠	四一
民國七四	1985	乙丑	牛	四十
民國七五	1986	丙寅	虎	三九
民國七六	1987	丁卯	兔	三八
民國七七	1988	戊辰	龍	三七
民國七八	1989	己巳	蛇	三六
民國七九	1990	庚午	馬	三五
民國八〇	1991	辛未	羊	三四
民國八一	1992	壬申	猴	三三
民國八二	1993	癸酉	雞	三二
民國八三	1994	甲戌	狗	三一
民國八四	1995	乙亥	豬	三十
民國八五	1996	丙子	鼠	二九
民國八六	1997	丁丑	牛	二八
民國八七	1998	戊寅	虎	二七
民國八八	1999	己卯	兔	二六
民國八九	2000	庚辰	龍	二五
民國九〇	2001	辛巳	蛇	二四
民國九一	2002	壬午	馬	二三
民國九二	2003	癸未	羊	二二
民國九三	2004	甲申	猴	二一
民國九四	2005	乙酉	雞	二十
民國九五	2006	丙戌	狗	十九
民國九六	2007	丁亥	豬	十八
民國九七	2008	戊子	鼠	十七
民國九八	2009	己丑	牛	十六
民國九九	2010	庚寅	虎	十五
民國一〇〇	2011	辛卯	兔	十四
民國一〇一	2012	壬辰	龍	十三
民國一〇二	2013	癸巳	蛇	十二
民國一〇三	2014	甲午	馬	十一
民國一〇四	2015	乙未	羊	十
民國一〇五	2016	丙申	猴	九
民國一〇六	2017	丁酉	雞	八
民國一〇七	2018	戊戌	狗	七
民國一〇八	2019	己亥	豬	六
民國一〇九	2020	庚子	鼠	五
民國一一〇	2021	辛丑	牛	四
民國一一一	2022	壬寅	虎	三
民國一一二	2023	癸卯	兔	二
民國一一三	2024	甲辰	龍	一

西元二〇二四年
民國一一三年

太歲甲辰年

干木支土
納音屬火

太歲李誠星君
（李成）

歲時記事

一龍治水、十牛耕地、八日得辛、三人分丙、三姑把蠶、蠶食九葉、蠶肥繭大

甲辰年大利東西不利南方

天赦吉日

二月初六日
四月二十三日
六月二十四日
七月初九日
九月初九日
十一月二十六日

正月開市進財吉日

正月初三丙午日卯午大吉
正月初六己酉日午時大吉
正月初八辛亥日午時大吉
正月十二乙卯日卯午時吉
正月十三丙辰日午時大吉
正月十五戊午日卯巳大吉

開運色系

一、二月黃色
三、四月白色
五、六月黑藍
七、八月綠色
九、十月紅色
十一月—黃色
十二月—黃色

正月出行出國吉日

正月初三日
正月初四日
正月初六日
正月初八日
正月初九日
正月十二日
正月十三日
正月十五日

黃帝地母經

地母詩曰：
太歲甲辰年，稻麻一半空，春夏遭淹沒，秋冬流不通，魯地（西方、西北方）桑麻好，吳邦（華中地區）穀不豐，桑葉末後貴，相賀好天蟲，估賣價例貴，雪凍在三冬。
地母經曰：
龍頭屬甲辰，高低共五分，豆麥無成實，六畜亦遭迍，更看冬至後，霜雪積紛紛。

春牛芒神服色

◎春牛身高四尺，身長八尺，尾一尺二寸左撇，牛頭木青色，牛身土黃色，牛腹紅色，牛角耳尾黃色，牛膝頸黃色，牛蹄為青色，牛口開，牛籠頭拘子與繩子用絲繩結成青色，牛腳踏板縣門左扇。

◎芒神身高三尺六寸五分，面如童子像，著青衣白腰帶，平梳兩髻於耳後，露出兩耳，用左手拿著帽子。芒神鞋子、褲子、綁腿俱全，右腳綁腿懸於腰，鞭杖用長二尺四寸柳枝，五色醮染用絲結，芒神站在春牛之左前面。

新春開門焚香

◎子時三合大進大吉
◎丑時天乙太陰大吉
○寅時福貴日祿吉利
○卯時天赦帝旺小吉
●辰時青龍日建凶
●巳時明堂五鬼大退凶
○午時貪狼天刑小吉
○未時乙貴官貴小利
◎申時三合金匱大吉
○酉時六合寶光小吉
●戌時日沖日破大凶諸事勿用
◎亥時六甲趨乾玉堂關門大吉
※宜取子、丑時開門焚香向東北方財祿祈福。
※關門宜取亥時玉堂大吉

西元二〇二四年 國曆一月大

民國一一三年

農曆十二月大 流月乙丑月令 自十一月二十五日寅時小寒起 至十二月二十五日申時立春前

月煞在東方

										每日沖煞年齡	每日胎神占方	每日吉時
1日	星期一	天赦日 月建凶日	二十	甲子	金	一白	建	畢	◎宜祭祀交易納財簽約入殮成除服移柩啟攢安葬火葬進塔修墳●忌修造動土破土設醮上樑移徙入宅	沖馬46 歲煞南	占門碓 外東南	卯辰未申
2日	星期二		廿一	乙丑	金	二黑	除	觜	◎宜祭祀冠宇祈福求嗣求醫治病出行訂盟提親納采嫁娶會親友出火拆卸修造動土起基上樑安門安床移徙入宅掛開運匾畫開市立券交易納財簽約大掃除開運●忌行喪安葬火葬進塔齋醮	沖羊45 歲煞東	碓磨廁 外東南	寅卯巳申
3日	星期三	顯星吉日	廿二	丙寅	火	三碧	滿	參	◎宜訂盟提親納采會親友拆卸修造起基上樑安門安床開市立券交易納財簽約入殮成除服移柩啟攢安葬火葬進塔修墳立碑●忌祭祀作灶祈福出火移徙入宅嫁娶求醫治病	沖猴44 歲煞北	廚灶爐 外正南	巳午酉戌
4日	星期四	張仙大帝聖誕	廿三	丁卯	火	四綠	平	井	◎宜祭祀鋪平馬路其他諸事少取●忌作灶求醫治病嫁娶上樑移徙入宅	沖雞43 歲煞西	倉庫門 外正南	巳午未戌
5日	星期五	三合吉日	廿四	戊辰	木	五黃	定	鬼	◎宜祭祀開光塑繪冠宇祈福求嗣求醫治病出行訂盟提親納采嫁娶會親友出火拆卸修造動土起基上樑安門安床移徙入宅掛開運匾畫入殮成除服移柩破土安葬火葬進塔●忌作灶求醫治病	沖狗42 歲煞南	房床栖 外正南	巳未申酉
6日	星期六	寅時交節	廿五	己巳	木	六白	執	柳	◎宜祭祀開光塑繪冠宇祈福求嗣設醮嫁娶會親友出火拆卸修造動土起基上樑安門安床移徙入宅掛開運匾畫冠宇大師為你祈福◎節後宜祭祀開光塑繪冠宇祈福求嗣設醮嫁娶會親友出火拆卸修造動土上樑安門起基入宅安香掛匾掛開運吉祥畫●忌求醫治病安葬火葬進塔開市	沖豬41 歲煞東	占門床 外正南	巳午申酉
7日	星期日	探病凶日	廿六	庚午	土	七赤	執	星	◎宜祭祀開光塑繪冠宇祈福求嗣齋醮出行訂盟提親納采嫁娶會親友拆卸修造動土起基上樑掛匾掛開運吉祥畫入殮成除服移柩破土啟攢安葬火葬進塔修墳立碑謝土●忌開市交易納財簽約安門作灶移徙入宅	沖鼠40 歲煞北	占碓磨 外正南	丑寅未申
8日	星期一	月破凶日 董公真仙聖誕	廿七	辛未	土	八白	破	張	◎宜祭祀破屋壞垣●忌凡事少取	沖牛39 歲煞西	廚灶廁 外西南	寅卯午申
9日	星期二		廿八	壬申	金	九紫	危	翼	◎宜開光塑繪求嗣齋醮出行訂盟提親納采嫁娶會親友動土開市立券交易納財簽約入殮成除服移柩破土啟攢安葬火葬進塔修墳立碑●忌求醫治病設醮上樑安門入宅安香作灶	沖虎38 歲煞南	倉庫爐 外西南	子卯辰巳
10日	星期三	三合吉 日刀砧日	廿九	癸酉	金	一白	成	軫	◎宜祭祀入殮成除服移柩啟攢安葬火葬進塔修墳立碑〇協宜開市立券交易納財簽約移徙入宅●忌會親友動土破土	沖兔37 歲煞東	房床門 外西南	子丑辰巳
11日	星期四	顯星吉日	十二月初一	甲戌	火	二黑	收	角	◎宜祭祀開光塑繪冠宇祈福求嗣設醮作灶●忌破土安葬火葬進塔修墳開市安床	沖龍36 歲煞北	門雞栖 外西南	寅卯午未
12日	星期五	曲星吉日	初二	乙亥	火	三碧	開	亢	◎宜祭祀開光繪冠宇祈福求嗣設醮訂盟提親納采會親友出火拆卸修造動土起基上樑安門安床移徙入宅開市立券交易納財簽約●忌嫁娶入殮安葬火葬進塔	沖蛇35 歲煞西	碓磨床 外西南	寅卯未申
13日	星期六		初三	丙子	水	四綠	閉	氐	◎宜祭祀齋醮安床立券交易納財簽約入殮成除服移柩啟攢安葬火葬進塔修墳立碑●忌作灶動土嫁娶入宅安香	沖馬34 歲煞南	廚灶碓 外西南	丑辰巳申
14日	星期日	月建凶日 三代祖師聖誕	初四	丁丑	水	五黃	建	房	◎宜祭祀其它不取●忌作灶動土破土嫁娶出行入宅安香安葬火葬進塔	沖羊33 歲煞東	倉庫廁 外正西	巳午酉亥
15日	星期一		初五	戊寅	土	六白	除	心	◎宜開光塑繪訂盟提親納采嫁娶會親友出火拆卸修造動土起基上樑安門安床入宅安香掛匾掛開運吉祥畫開市立券交易納財簽約入殮成除服移柩破土啟攢安葬火葬進塔修墳立碑●忌祭祀出行作灶	沖猴32 歲煞北	房床爐 外正西	丑巳午未

小寒

日出：06時40分
台灣寅時04時49分
日沒：17時19分

植種

北部：菜豆、蘿蔔、皇帝豆
中部：南瓜、胡瓜、冬瓜、西瓜
南部：南瓜、冬瓜、茄子

撈漁

澎湖：沙魚、狗母、龍蝦、赤鯮
蘇澳：梳齒、釘鮸、赤鯮
基隆：釘鮸、赤鯮

17日	星期三		初七	庚辰	金	白八	平	箕	◎宜祭祀嫁娶安床 ●忌求醫治病作灶結婚	沖狗 歲煞南30	碓磨栖 外正西	丑未 申酉
18日	星期四	三合吉日 釋迦如來成佛	初八	辛巳	金	紫九	定	斗	◎宜祭祀冠宇祈福訂盟提親納采嫁娶會親友動土起基 ●忌出行安門入宅安香安葬火葬進塔開市作灶	沖豬 歲煞東29	廚灶床 外正西	寅午 申酉
19日	星期五		初九	壬午	木	白一	執	牛	◎宜祭祀開光塑繪冠宇祈福求嗣齋醮出行嫁娶會親友修造動土起基上樑移徙入宅入殮成除服移柩破土啟攢安葬火葬進塔修墳立碑簽約安門作灶 ●忌開市立券交易納財	沖鼠 歲煞北28	倉庫碓 外西北	寅卯 巳未
20日	星期六	顯星吉日 月破凶日 亥時交氣	初十	癸未	木	黑二	破	女	◎宜祭祀破屋壞垣凡事少取	沖牛 歲煞西27	房床廁 外西北	卯巳 午未

大寒

日出：06時40分
台灣亥時22時07分
日沒：17時29分

植種

北部：絲瓜、胡蘿蔔、胡瓜、萵苣、菠菜
中部：絲瓜、菠菜、胡瓜、胡蘿蔔、小白菜
南部：絲瓜、土白菜、蓮藕、白芋、水芋

撈漁

新港：釘鮸、硼串
東港：狗母、過仔魚
安平：馬鮫、沙魚、烏魚

21日	星期日	曲星吉日 刀砧日	十一	甲申	水	碧三	危	虛	◎宜開光塑繪求嗣齋醮出行訂盟提親納采嫁娶會親友出火拆卸修造動土起基上樑移徙入宅掛匾掛開運吉祥畫開市立券交易納財入殮成除服移柩破土啟攢安葬火葬進塔修墳立碑◎宜安床求醫治病祈福設醮	沖虎 歲煞南26	占門爐 外西北	卯辰 巳未
22日	星期一	三合吉日 刀砧日	十二	乙酉	水	綠四	成	危	◎宜祭祀齋醮入殮成除服移柩破土啟攢火化安葬進塔修墳立碑 ○協宜修造動土開市立券交易納財簽約●忌嫁娶提親入宅安香	沖兔 歲煞東25	碓磨門 外西北	丑寅 辰巳
23日	星期二		十三	丙戌	土	黃五	收	室	◎祭祀嫁娶捕捉 ●忌作灶火化安葬進塔開市安床	沖龍 歲煞北24	廚灶栖 外西北	午未 卯巳
24日	星期三		十四	丁亥	土	白六	開	壁	◎宜祭祀開光塑繪冠宇祈福求嗣設醮入殮求醫治病訂盟提親納采出火拆卸修造動土起基上樑安門安床移徙入宅開市立券交易納財簽約●忌嫁娶行喪火化安葬進塔入殮作灶	沖蛇 歲煞西23	倉庫床 外西北	寅卯 午未
25日	星期四		十五	戊子	火	赤七	閉	奎	◎宜安床立券交易簽約入殮成除服移柩火化安葬進塔 ●忌開光求醫治病動土破土嫁娶出行入宅安香	沖馬 歲煞南22	房床碓 外正北	丑辰 巳未
26日	星期五	月建凶日 福德正神千秋 尾牙	十六	己丑	火	白八	建	婁	◎宜祭祀 ●忌嫁娶動土破土行喪火化安葬進塔出行作灶	沖羊 歲煞東21	占門廁 外正北	巳午 申酉
27日	星期六		十七	庚寅	木	紫九	除	胃	◎宜開光塑繪出行求醫治病訂盟提親納采嫁娶會親友動土起基立券交易納財簽約入殮成除服移柩啟攢破土火化安葬進塔修墳立碑 ●忌祭祀安門入宅安香作灶出火謝土	沖猴 歲煞北20	碓磨爐 外正北	午未 酉戌
28日	星期日		十八	辛卯	木	白一	滿	昴	◎宜入殮出行嫁娶會親友安床開市立券交易納財簽約移柩啟攢火化安葬進塔修墳立碑●忌安門祈福謝土入宅安香上樑修造作灶動土	沖雞 歲煞西19	廚灶門 外正北	寅午 未戌
29日	星期一	顯星吉日	十九	壬辰	水	黑二	平	畢	◎宜平治道塗 ●忌求醫治病作灶	沖狗 歲煞南18	倉庫栖 外正北	卯巳 申酉
30日	星期二	三合吉日 曲星吉日	二十	癸巳	水	碧三	定	觜	◎宜祭祀開光塑繪訂盟提親納采嫁娶會親友出火拆卸修造動土起基上樑安門安床入宅安香掛匾掛開運吉祥畫 ●忌出行求醫治病行喪火化安葬進塔開市	沖豬 歲煞東17	占房床 房內北	子丑 卯巳
31日	星期三		廿一	甲午	金	綠四	執	參	◎宜祭祀開光塑繪冠宇祈福齋醮求嗣出行訂盟提親納采嫁娶會親友出火拆卸修造動土起基上樑安床入宅安香入殮成除服移柩啟攢破土火化安葬修墳立碑謝土 ●忌開市立券交易納財簽約安門作灶	沖鼠 歲煞北16	占門碓 房內北	寅卯 未戌

國曆二月小

農曆正月小　流月丙寅月令

自十二月二十五日申時立春起　至正月二十五日巳時驚蟄前

月煞在北方

立春

日出：06時36分　台灣申時16時27分　日沒：17時40分

植種

北部：茄子、蕃茄、大蔥、牛蒡、水稻

中部：莿瓜、胡瓜、甜瓜、肉豆、蕹菜

南部：薑、甜菜、醃瓜、芋頭、刁豆

撈漁

澎湖：梳齒、釘鯢、沙魚、狗母

蘇澳：梳齒、釘鯢、龍蝦、沙魚

基隆：釘鯢、沙魚、梳齒、加蚋

國曆	星期	備註	農曆	干支	五行	九星	建除	星宿	宜忌	每日沖煞年齡	每日胎神占方	每日吉時
1日	星期四	月破凶日	廿二	乙未	金	黃五	破	井	◎宜祭祀破屋壞垣 ●月破凶日凡事少取	沖牛15 歲煞西	碓磨廁 房內北	子寅 卯午
2日	星期五	刀砧日	廿三	丙申	火	白六	危	鬼	◎宜開光塑繪求嗣出行訂盟提親納采嫁娶出火拆卸修造動土起基上樑入宅安香掛匾掛開運吉祥畫開市立券交易納財簽約入殮移柩啟攢火化安葬進塔修墳立碑 ●忌作灶安床求醫治病祈福設醮謝土	沖虎14 歲煞南	廚灶爐 房內北	辰巳 午酉
3日	星期六	三合吉日刀砧日謝神送神	廿四	丁酉	火	赤七	成	柳	◎宜祭祀齋醮入殮成除服移柩破土啟攢火化安葬進塔修墳立碑 ●忌作灶會親友嫁娶提親上樑入宅安香	沖兔13 歲煞東	倉庫門 房內北	辰巳 午酉
4日	星期日	天神下降申時交節	廿五	戊戌	木	白八	收	星	◎宜祭祀納財捕捉畋獵 ●忌火化安葬進塔開市破土作灶安床啟攢 ◎節後宜成除服移柩破土安葬火葬進塔 ●忌嫁娶上樑作灶移徙入宅	沖龍12 歲煞北	房床棲 房內南	卯巳 午未
5日	星期一	刀砧日	廿六	己亥	木	紫九	收	張	◎宜祭祀冠宇祈福求嗣提親納采會親友訂盟安床 ○協宜開市納財簽約 ●忌安葬作灶 ※風水大師陳冠宇禱祈新的一年人人發大財平安吉祥	沖蛇11 歲煞西	占門房 床內南	寅卯 午未
6日	星期二	刀砧日	廿七	庚子	土	白一	開	翼	◎宜祭祀開光塑繪冠宇祈福求嗣設醮出行納采嫁娶開市立券交易簽約成除服移柩 ●忌入斂安葬作灶上樑安門移徙入宅動土	沖馬10 歲煞南	占碓磨 房內南	辰未 申酉
7日	星期三		廿八	辛丑	土	黑二	閉	軫	◎宜祭祀冠宇祈福求嗣入殮成除服移柩啟攢安葬火葬進塔 ●忌開光穿耳洞嫁娶出行移徙入宅動土作灶上樑	沖羊9 歲煞東	廚灶廁 房內南	寅巳 午申
8日	星期四	探病凶日 華嚴菩薩佛誕 北斗星君下降	廿九	壬寅	金	碧三	建	角	◎宜會親友交易納財簽約上樑安床入殮成除服移柩啟攢安葬火葬進塔 ●忌動土嫁娶入宅	沖猴8 歲煞北	倉庫爐 房內南	子卯 巳午
9日	星期五	顯星吉日除夕	三十	癸卯	金	綠四	除	亢	◎宜上官赴任出行求醫治病祭祀開光塑繪求嗣冠宇祈福訂盟提親納采嫁娶會親友出火拆卸修造動土上樑安門安床移徙入宅安香掛匾掛開運字畫開市立券納財簽約入殮成除服移柩啟攢破土安葬火葬進塔 ●忌作灶冠宇祝大家平安吉祥	沖雞7 歲煞西	房床門 房內南	卯巳 未戌
10日	星期六	曲星吉日 元始天尊萬壽 彌勒佛祖佛誕	正月初一	甲辰	火	黃五	滿	氐	◎宜開光塑繪求嗣嫁娶會親友安床 ●忌安門設醮開市交易簽約安葬火葬進塔動土作灶	沖狗7 歲煞南	占門棲 房內東	寅未 申酉
11日	星期日		初二	乙巳	火	白六	平	房	◎宜平治道塗 ●忌出行祈福行喪安葬火葬進塔安門	沖豬6 歲煞東	碓磨床 房內東	寅卯 申酉
12日	星期一	三合吉日 孫真人千秋	初三	丙午	水	赤七	定	心	◎宜祭祀提親出行開市立券交易納財簽約冠宇祈福求嗣安機械開光訂盟塑繪嫁娶會親友出火拆卸修造起基動土上樑安門安床掛匾及開運吉祥畫入殮成除服移柩破土啟攢安葬火葬進塔謝土 ●忌作灶求醫治病	沖鼠5 歲煞北	廚灶碓 房內東	巳未 酉戌
13日	星期二		初四	丁未	水	白八	執	尾	◎宜祭祀冠宇祈福求嗣出行訂盟提親嫁娶會親友出火拆卸修造動土起基上樑安床移徙入宅入殮移柩破土啟攢安葬火葬進塔 ●忌作灶開市立券簽約	沖牛4 歲煞西	倉庫廁 房內東	卯巳 午酉
14日	星期三	月破凶日	初五	戊申	土	紫九	破	箕	◎宜祭祀求醫治病掃舍宇破屋壞垣 ●忌安床作灶移徙入宅	沖虎3 歲煞南	房床爐 房內東	丑辰 巳午
15日	星期四	清水祖師千秋	初六	己酉	土	白一	危	斗	◎宜祭祀開光塑繪冠宇祈福求嗣齋醮出行出火拆卸修造動土起基上樑安門斗開市移徙入宅掛匾及開運吉祥畫入殮成除服移柩啟攢破土火化安葬火葬進塔 ●忌訂盟嫁娶會親友安床作灶	沖兔2 歲煞東	占大門 外東北	辰巳 午申

日期	星期	記事	農曆	干支	五行	九星	建除	星宿	宜忌	沖煞	胎神	吉時
16日	星期五	三合吉日	初七	庚戌	金	黑二	成	牛	●忌嫁娶納采會親友入宅安香安床出行	歲煞北	外東北	午未
17日	星期六	刀砧日 五殿閻羅王聖誕	初八	辛亥	金	碧三	收	女	◎宜祭祀開光塑繪冠宇祈福求嗣出行訂盟會親友修造動土起基上樑安門斗安床○協宜開市納財簽約 ●忌嫁娶破土行喪安葬火化進塔	沖蛇60 歲煞西	廚灶床外東北	寅卯午未
18日	星期日	刀砧日 顯星吉日 玉皇上帝萬壽	初九	壬子	木	綠四	開	虛	◎宜祭祀開光塑繪冠宇祈福求嗣齋醮出行求醫治病訂盟嫁娶會親友動土安床成除服移柩啟攢破土 ○協宜開市納財簽約 ●忌火化安葬火葬出行入宅安香安香	沖馬59 歲煞南	倉庫碓外東北	卯辰巳申
19日	星期一	曲星吉日午時交氣	初十	癸丑	木	黃五	閉	危	◎宜祭祀安床入殮成除服移柩啟攢火化安葬火葬進塔 ●忌提親納采入宅安香	沖羊58 歲煞東	房床廁外東北	子卯巳酉

雨水

日出：06時26分
台灣午時12時13分
日沒：17時50分

植種

北部：絲瓜、韭菜、玉蜀黍、落花生
中部：絲瓜、烏豆、紫蘇、胡瓜、甜瓜
南部：蓮藕、絲瓜、紫蘇、茭白筍

撈漁

新港：釘鮸
東港：烏魚、石鯽魚、烏鰍
安平：馬鮫、沙魚、白帶魚

日期	星期	記事	農曆	干支	五行	九星	建除	星宿	宜忌	沖煞	胎神	吉時
20日	星期二	探病凶日	十一	甲寅	水	碧三	建	室	◎宜會親友立券交易簽約 ●忌祭祀嫁娶安葬火葬進塔	沖猴57 歲煞北	占門爐外東北	丑寅午未
21日	星期三	探病凶日	十二	乙卯	水	綠四	除	壁	◎宜祭祀開光塑繪冠宇祈福求嗣齋醮出行求醫治病訂盟提親納采嫁娶會親友出火拆卸修造動土起基上樑安門安床移徙入宅開市立券交易簽約入殮成除服破土啟攢安葬火葬進塔 ●忌作灶	沖雞56 歲煞西	碓磨門外東北	卯未申戌
22日	星期四	關聖帝君飛昇	十三	丙辰	土	黃五	滿	奎	◎宜開光塑繪求嗣出行訂盟嫁娶納采會親友拆卸修造起基上樑安門安床移徙入宅掛開運匾畫○協宜開市納財簽約●忌作灶設醮破土行喪探喪安葬火葬進塔	沖狗55 歲煞南	廚灶栖外正東	巳午申酉
23日	星期五		十四	丁巳	土	白六	平	婁	◎宜修牆鋪路●忌作灶出行安門安葬火葬進塔	沖豬54 歲煞東	倉庫床外正東	丑巳午申
24日	星期六	三合吉日 上元天官大帝聖誕 臨水夫人陳靖姑千秋	十五	戊午	火	赤七	定	胃	◎宜祭祀開光塑繪冠宇祈福求嗣出行訂盟嫁娶會親友出火拆卸修造起基上樑安門安床移徙入宅掛開運匾畫開市立券交易納財簽約入殮成除服移柩破土啟攢安葬火葬進塔謝土 ●忌作灶求醫治病	沖鼠53 歲煞北	房床碓外正東	寅巳午未
25日	星期日		十六	己未	火	白八	執	昴	◎宜訂盟嫁娶會親友動土入殮移柩破土安葬火葬進塔 ●忌作灶開市簽約安床上樑移徙入宅	沖牛52 歲煞西	占門廁外正東	子卯巳午
26日	星期一	月破凶日	十七	庚申	木	紫九	破	畢	◎宜求醫治病修改牆垣 ●忌安床嫁娶作灶上樑移徙入宅祈福安門月破凶日諸事少取	沖虎51 歲煞南	碓磨爐外東南	辰巳未申
27日	星期二	顯星吉日	十八	辛酉	木	白一	危	觜	◎宜祭祀齋醮入殮成除服移柩破土安葬火葬進塔 ●忌求醫治病嫁娶上樑安床作灶移徙入宅	沖兔50 歲煞東	廚灶門外東南	丑寅辰巳
28日	星期三	三合吉日 曲星吉日	十九	壬戌	水	黑二	成	參	◎宜祭祀入殮成除服移柩破土安葬火葬進塔謝土 ○協宜開市納財簽約 ●忌嫁娶上樑安門移徙入宅出行祈福	沖龍49 歲煞北	倉庫栖外東南	寅卯巳午
29日	星期四	刀砧日	二十	癸亥	水	碧三	收	井	◎宜祭祀作灶 ●忌嫁娶行喪探喪安葬火葬進塔開市簽約	沖蛇48 歲煞西	占房床外東南	子寅卯未

國曆三月大

農曆二月大　自正月二十五日巳時驚蟄起
流月丁卯月令　至二月二十六日申時清明前

月煞在西方

日	星期	節日	農曆	干支	五行	九星	建除	星宿	宜忌	每日沖煞年齡	每日胎神占方	每日吉時
1日	星期五	刀砧日	廿一	甲子	金	赤七	開	鬼	◎宜祭祀開光冠宇祈福求嗣出行求醫治病嫁娶會親友動土開市立券交易納財簽約 ●忌安葬火葬進塔行喪探喪作灶	沖馬47 歲煞南	占門碓 外東南	卯辰未申
2日	星期六	月煞凶日 沈祖公聖誕	廿二	乙丑	金	白八	閉	柳	◎宜祭祀冠宇祈福求嗣求醫治病入殮成除服啟攢謝土 ●忌穿耳洞開光出行動土破土嫁娶移徙入宅	沖羊46 歲煞東	碓磨廁 外東南	寅卯巳申
3日	星期日		廿三	丙寅	火	紫九	建	星	◎宜開光塑繪提親會親友上樑立券交易納財簽約入殮成除服移柩啟攢安葬火葬進塔 ●忌作灶嫁娶出行移徙入宅動土破土	沖猴45 歲煞北	廚灶爐 外正南	巳午酉戌
4日	星期一	顯星吉日 雷都光耀大帝聖誕	廿四	丁卯	火	白一	除	張	◎宜祭祀求醫治病開光塑繪冠宇祈福求嗣齋醮出行訂盟嫁娶會親友拆卸修造動土起基上樑安門安床掛開運匾畫入殮成除服移柩破土啟攢安葬火葬進塔謝土 ●忌作灶	沖雞44 歲煞西	倉庫門 外正南	巳午未戌
5日	星期二	曲星吉日	廿五	戊辰	木	黑二	滿	翼	◎宜開光塑繪求嗣嫁娶會親友安床 ●忌作灶動土破土行喪安葬火葬進塔開市立券交易簽約設醮◎節後宜塞穴斷蟻 ※風水大師陳冠宇服務預約○九二八二七九八六五 ●忌安門行喪安葬火葬進塔作灶嫁娶提親	沖狗43 歲煞南	房床栖 外正南	巳未申酉
6日	星期三		廿六	己巳	木	碧三	滿	軫	◎宜開光塑繪求嗣會親友拆卸修造上樑安門床開市立券交易納財簽約 ●忌出行嫁娶出火移徙入宅動土安葬火葬進塔破土	沖豬42 歲煞東	占門床 外正南	巳午申酉
7日	星期四	探病凶日	廿七	庚午	土	綠四	平	角	◎宜祭祀嫁娶平治道塗修飾牆垣 ●忌求醫治病作灶探病	沖鼠41 歲煞北	占碓磨 外正南	丑寅未申
8日	星期五	三合吉日	廿八	辛未	土	黃五	定	亢	◎宜祭祀開光塑繪求嗣齋醮訂盟嫁娶開市立券交易納財簽約冠宇祈福會親友出行出火拆卸修造動土上樑安門安床入殮成除服移柩破土啟攢安葬火葬進塔修墳立碑謝土	沖牛40 歲煞西	廚灶廁 外西南	寅卯午申
9日	星期六		廿九	壬申	金	白六	執	氐	◎宜祭祀開光塑繪冠宇祈福求嗣訂盟提親納采嫁娶出火拆卸修造動土起基上樑安門移徙入宅掛匾及開運吉祥畫入殮成除服移柩破土啟攢安葬火葬進塔修墳立碑謝土 ●忌安床開市立券交易納財作灶	沖虎39 歲煞南	倉庫爐 外西南	子卯辰巳
10日	星期日	月破凶日 一殿秦廣王千秋	二月初一	癸酉	金	赤七	破	房	◎宜求醫治病破屋壞垣 ●凡事不取	沖兔38 歲煞東	房床門 外西南	子丑辰巳
11日	星期一	濟公聖佛聖誕 福德正神千秋 頭牙	初二	甲戌	火	白八	危	心	◎宜祭祀冠宇祈福求嗣出行訂盟提親嫁娶納采會親友出火拆卸修造動土起基上樑安門床移徙入宅開市立券交易納財簽約入殮移柩安葬火葬進塔破土 ●忌開光引魂	沖龍37 歲煞北	占門栖 外西南	寅卯午未
12日	星期二	三合吉日 刀砧日 文昌帝君聖誕	初三	乙亥	火	紫九	成	尾	◎宜開光塑繪求醫治病訂盟提親會親友出火拆卸修造動土起基上樑安門安床移徙入宅開市立券交易納財簽約入殮移柩破土 ●忌嫁娶納采安葬火葬進塔	沖蛇36 歲煞西	碓磨床 外西南	寅卯未申
13日	星期三	曲星吉日 刀砧日	初四	丙子	水	白一	收	箕	◎宜安床嫁娶 ●忌開市安葬火葬進塔破土作灶	沖馬35 歲煞南	廚灶碓 外西南	丑辰巳申
14日	星期四		初五	丁丑	水	黑二	開	斗	◎宜祭祀冠宇祈福開光塑繪求嗣齋醮出行求醫治病訂盟提親嫁娶納采會親友出火拆卸修造動土起基上樑安門安床移徙入宅掛匾及開運吉祥畫移柩成除服破土謝土 ●忌作灶安葬火葬進塔開市立券交易納財簽約	沖羊34 歲煞東	倉庫廁 外正西	巳午酉亥
15日	星期五	天赦日	初六	戊寅	土	碧三	閉	牛	◎宜提親納采拆卸修造動土起基上樑安門安床立券交易納財簽約入殮成除服移柩破土啟攢火化安葬進塔立碑 ●忌祭祀開光祈福嫁娶出火移徙入宅出行	沖猴33 歲煞北	房床爐 外正西	丑巳午未

驚蟄

日出：06時13分
台灣巳時10時23分
日沒：17時58分

植種

北部：胡瓜、西瓜、甜瓜、茭白筍、薑、落花生
中部：薑、茭白筍、菜豆、落花生
南部：茭白筍、菜豆、落花生

撈漁

澎湖：鮸魚、青鰛
蘇澳：釘鮸、沙魚、花輝魚、目吼
基隆：釘鮸、沙魚、加蚋、鰮魚

日	星期	紀事	農曆	干支	五行	九星	建除	星宿	宜忌	沖煞	胎神	吉時
1[illegible]日	星期六	探病凶日	初七	己卯	土	綠	建	女	◎宜祭祀出行嫁娶●忌修造動土破土探病求醫治病	歲煞西	外正西	未申
17日	星期日	三殿宋帝王千秋	初八	庚辰	金	黃五	除	虛	◎宜祭祀塞穴●忌安門作灶行喪安葬火葬進塔結婚	沖狗 歲煞南31	碓磨栖 外正西	丑未 申酉
18日	星期一		初九	辛巳	金	白六	滿	危	◎宜開光塑繪求嗣提親納采會親友安門安床開市立券交易納財簽約 ●忌出行設醮動土火化安葬嫁娶上官赴任	沖豬 歲煞東30	廚灶床 外正西	寅午 申酉
19日	星期二	探病凶日	初十	壬午	木	赤七	平	室	◎宜祭祀嫁娶平治道塗修飾牆垣 ●忌作灶上樑移徙入宅安門探病	沖鼠 歲煞北29	倉庫碓 外西北	寅卯 巳未
20日	星期三	三合吉日	十一	癸未	木	白八	定	壁	◎宜祭祀開光塑繪冠宇祈福求嗣出行訂盟提親納采嫁娶出火拆卸修造起基上樑安門安床移徙入宅安香開市立券交易納財簽約入殮成除服移柩啟攢安葬火葬進塔修墳立碑 ●忌穿耳洞詞訟	沖牛 歲煞西28	房床廁 外西北	卯巳 午未

春分

日出：05時58分
台灣午時11時06分
日沒：18時05分

植種

北部：苦瓜、肉豆、甕菜、田薯、韭菜、蓮藕
中部：胡瓜、肉豆、甘薯、薑、幸菜、蓮藕
南部：肉豆、落花生、蕻瓜、荳薯

撈漁

澎湖：沙魚、赤鬃、鬪北、
東港：烏鮸、白帶魚、鯧魚、虱目魚苗
高雄：釘鮸、沙魚、虱目魚苗

日	星期	紀事	農曆	干支	五行	九星	建除	星宿	宜忌	沖煞	胎神	吉時
21日	星期四	顯星吉日	十二	甲申	水	紫九	執	奎	◎宜祭祀開光塑繪冠宇祈福求嗣齋醮出行嫁娶出火拆卸修造動土起基上樑安門移徙入宅入殮成除服移柩破土啟攢安葬火葬進塔修墳立碑謝土 ●忌安床	沖虎 歲煞南27	占門爐 外西北	卯辰 巳未
22日	星期五	曲星吉日 月破凶日	十三	乙酉	水	白一	破	婁	◎宜祭祀求醫治病拆舊樓房 ●忌嫁娶上樑作灶諸事少取	沖兔 歲煞東26	碓磨門 外西北	丑寅 辰巳
23日	星期六		十四	丙戌	土	黑二	危	胃	◎宜祭祀出行嫁娶修造動土安門安床移徙入宅開市立券交易簽約入殮移柩破土 ●忌作灶齋醮開光引魂	沖龍 歲煞北25	廚灶栖 外西北	卯巳 午未
24日	星期日	三合吉日 刀砧日 九天玄女聖誕 太上老君聖誕 岳武穆王千秋	十五	丁亥	土	碧三	成	昴	◎宜祭祀求醫治病開光塑繪冠宇祈福求嗣齋醮出行訂盟會親友出火拆卸修造動土起基上樑安門安床移徙入宅掛開運匾畫開市立券交易納財簽約 ●忌嫁娶安葬火葬進塔行喪	沖蛇 歲煞西24	倉庫床 外西北	寅卯 午未
25日	星期一	刀砧日 春社開漳聖王千秋	十六	戊子	火	綠四	收	畢	◎宜嫁娶 ●忌安葬火葬進塔破土作灶	沖馬 歲煞南23	房床碓 外正北	丑辰 巳未
26日	星期二		十七	己丑	火	黃五	開	觜	◎宜祭祀求醫治病開光塑繪冠宇祈福求嗣齋醮出行訂盟提親嫁娶納采會親友出火拆卸修造動土起基上樑安門安床移徙入宅掛開運匾畫成除服移柩破土 ●忌開市立券交易納財簽約入殮安葬火葬進塔	沖羊 歲煞東22	占門廁 外正北	巳午 申酉
27日	星期三	四殿五官王千秋	十八	庚寅	木	白六	閉	參	◎宜訂盟提親納采拆卸修造動土起基上樑安床立券交易納財簽約入殮成除服移柩破土啟攢安葬火葬進塔修墳立碑 ●忌祭祀祈福開光嫁娶出行出火移徙入宅安門	沖猴 歲煞北21	碓磨爐 外正北	午未 酉戌
28日	星期四	觀世音菩薩佛誕	十九	辛卯	木	赤七	建	井	◎宜祭祀嫁娶出行會親友立券交易納財簽約入殮成除服移柩啟攢安葬火葬進塔 ●忌破土動土祈福齋醮作灶上樑修造安門移徙入宅	沖雞 歲煞西20	廚灶門 外正北	寅午 未戌
29日	星期五		二十	壬辰	水	白八	除	鬼	◎宜結網捕魚山上狩獵 ●忌嫁娶安門行喪提親	沖狗 歲煞南19	倉庫栖 外正北	卯巳 申酉
30日	星期六	顯星吉日 普賢菩薩佛誕	廿一	癸巳	水	紫九	滿	柳	◎宜開光塑繪求嗣會親友修造起基上樑安門安床開市立券交易納財簽約 ●忌出行動土破土行喪設醮安葬火葬進塔嫁娶移徙入宅謝土嫁娶	沖豬 歲煞東18	占房床 房內北	子丑 卯巳
31日	星期日	曲星吉日	廿二	甲午	金	白一	平	星	◎宜祭祀祈福嫁娶鋪路修圍牆 ●忌求醫治病作灶開市	沖鼠 歲煞北17	占門碓 房內北	寅卯 未戌

國曆四月小

農曆三月小 自二月二十六日申時清明起
流月戊辰月令 至三月二十七日辰時立夏前

月煞在南方

國曆	星期	備註	農曆	干支	五行	九星	建除	星宿	宜忌	每日沖煞年齡	每日胎神占方	每日吉時
1日	星期一	三合吉日	廿三	乙未	金	黑二	定	張	◎宜祭祀開光塑繪求嗣冠宇祈福設醮出行訂盟提親嫁娶會親友出火拆卸修造起基上樑安門安床移徙入宅掛開運匾畫 ●忌動土行喪安葬火葬進塔	沖牛 歲煞西 16	碓磨廁 房內北	子寅 卯午
2日	星期二		廿四	丙申	火	碧三	執	翼	◎宜祭祀開光塑繪求嗣冠宇祈福設醮出行嫁娶修造動土起基安門移徙入宅入殮成除服移柩破土啟攢安葬火葬進塔修墳立碑謝土 ●忌上樑作灶安床開市立券交易納財簽約	沖虎 歲煞南 15	廚灶爐 房內北	辰巳 午酉
3日	星期三	月破凶日 三山國王千秋	廿五	丁酉	火	綠四	破	軫	◎宜求醫治病拆舊屋 ●忌作灶安門移徙入宅嫁娶月破凶日諸事少取	沖兔 歲煞東 14	倉庫門 房內北	辰巳 午酉
4日	星期四	南宮趙真聖君聖誕	廿六	戊戌	木	黃五	危	角	◎宜出行提親嫁娶安床移徙入宅立券交易簽約入殮移柩破土●忌作灶引魂◎節後宜祭祀求醫治病●忌嫁娶開市安葬火葬進塔結婚	沖龍 歲煞北 13	房床棲 房內南	卯巳 午未
清明	日出：05時42分 台灣申時15時02分 日沒：18時12分		**植種** 北部：刈薯、幸菜、薑、萵苣、茭白筍、落花生 中部：萬苣、茭白筍、地瓜、大豆 南部：烏豆、皇帝豆、芥菜、黃麻、茭白筍						**撈漁** 澎湖：白鯧魚、加蚋、鰮魚、沙魚 蘇澳：沙魚、飛魚、目吼、鰮魚 基隆：沙魚、梳齒、加蚋、鰮魚、煙仔			
5日	星期五	刀砧日	廿七	己亥	木	白六	危	亢	◎宜結網取魚 ●嫁娶祭祀安葬火葬進塔作灶入宅安門上樑	沖蛇 歲煞西 12	占門房 床內南	寅卯 午未
6日	星期六	三合吉日刀砧日	廿八	庚子	土	赤七	成	氐	◎宜祭開光塑繪冠宇祈福求嗣齋醮求醫治病訂盟提親納采會親友拆卸造動土起基上樑安門床開市立券交易納財入殮成除服移柩破土啟攢安葬火葬進塔謝土	沖馬 歲煞南 11	占碓磨 房內南	辰未 申酉
7日	星期日	顯星吉日	廿九	辛丑	土	白八	收	房	◎凡事不取	沖羊 歲煞東 10	廚灶廁 房內南	寅巳 午申
8日	星期一	曲星吉日 探病凶日	三十	壬寅	金	紫九	開	心	◎宜開光塑繪齋醮出行求醫治病嫁娶會親友出火拆卸修造動土起基上樑安門床移徙入宅開市立券交易納財成除服移柩破土啟攢 ●忌祭祀祈福入殮安葬火葬進塔作灶	沖猴 歲煞北 9	倉庫爐 房內南	子卯 巳午
9日	星期二	二殿楚江王千秋	三月 初一	癸卯	金	白一	閉	尾	◎宜出行嫁娶安床立券交易納財入殮成除服移柩破土安葬火葬進塔 ●忌開光安門開市	沖雞 歲煞西 8	房床門 房內南	卯巳 未戌
10日	星期三	月建凶日	初二	甲辰	火	黑二	建	箕	◎宜出行 ●忌作灶破土安葬火葬進塔	沖狗 歲煞南 7	占門棲 房內東	寅未 申酉
11日	星期四	玄天上帝萬壽	初三	乙巳	火	碧三	除	斗	◎宜祭祀開光塑繪冠宇祈福求嗣設醮求醫治病訂盟提親納采嫁娶出火拆卸修造動土起基上樑安門床 ●忌出行喪安葬火葬進塔作灶開市立券交易納財	沖豬 歲煞東 6	碓磨床 房內東	寅卯 申酉
12日	星期五		初四	丙午	水	綠四	滿	牛	◎宜開光塑繪出行訂盟嫁娶納采會親友安床提親開市入殮成除服移柩啟攢安葬火葬進塔 ●忌安門上樑祈福修造謝土設醮	沖鼠 歲煞北 5	廚灶碓 房內東	巳未 酉戌
13日	星期六		初五	丁未	水	黃五	平	女	◎宜祭祀 ●忌作灶求醫治病安床	沖牛 歲煞西 4	倉庫廁 房內東	卯巳 午酉
14日	星期日	三合吉日	初六	戊申	土	白六	定	虛	◎宜祭祀開光冠宇祈福設醮動土交易納財 ●忌安床提親訂盟納采嫁娶上樑安葬火葬進塔作灶	沖虎 歲煞南 3	房床爐 房內東	丑辰 巳午
15日	星期一		初七	己酉	土	赤七	執	危	◎宜祭祀開光塑繪冠宇祈福求嗣設醮求醫治病出火拆卸修造起基上樑安門床入殮成除服移柩啟攢火化安葬風水鑑定預約電話：02-27723487092827 9865 ●忌動土破土開市立券交易納財	沖兔 歲煞東 2	占大門 外東北	辰巳 午申

16日	星期二	月破凶日 六殿卞城王千秋	初八	庚戌	金	白	破	室	●忌開市立券交易祈福作灶嫁娶入宅安香	歲煞北	外東北	午未
17日	星期三	曲星吉日刀砧日	初九	辛亥	金	紫九	危	壁	●忌嫁娶祭祀祈福出行火化安葬作灶上樑入宅安香	沖蛇60 歲煞西	廚灶床 外東北	寅卯 午未
18日	星期四	三合吉日刀砧日	初十	壬子	木	白一	成	奎	◎宜祭祀開光塑繪冠宇祈福求嗣求醫治病訂盟提親納采會親友出火拆卸修造動土起基上樑安門床入殮成除服移柩破土啟攢安葬火化	沖馬59 歲煞南	倉庫碓 外東北	卯辰 巳申
19日	星期五		十一	癸丑	木	黑二	收	婁	●正值正紅紗日諸事不取	沖羊58 歲煞東	房床廁 外東北	子卯 巳酉
穀雨	日出：05時28分 台灣亥時22時00分 日沒：18時18分								**植種** 北部：胡瓜、西瓜、韭菜、甕菜、菜瓜 中部：甕菜、大蔥、蕃椒、菜谷 南部：甕菜、大蔥、芥菜、菜豆、蔥仔 **撈漁** 高雄：沙魚、鰮魚、烏鰷、白帶魚 東港：虱目魚苗、沙魚、目吼 安平：鯢魚、赤鬃、虱目魚苗			
20日	星期六	探病凶日	十二	甲寅	水	紫九	開	胃	◎宜開光塑繪出行求醫治病訂盟提親納采嫁娶會親友出火拆卸修造動土起基上樑安門安床移徙入宅開市立券交易納財簽約成除服移柩破土啟攢 ●忌入殮安葬火葬進塔祈福探病	沖猴57 歲煞北	占門爐 外東北	丑寅 午未
21日	星期日	探病凶日	十三	乙卯	水	白一	閉	昴	◎宜祭祀齋醮嫁娶安床立券交易納財簽約入殮成除服移柩破土啟攢安葬火葬進塔謝土 ●忌開光安門開市探病	沖雞56 歲煞西	碓磨門 外東北	卯未 申戌
22日	星期一	月建凶日	十四	丙辰	土	黑二	建	畢	◎宜祭祀出行 ●忌作灶動土開光行喪安葬火葬進塔	沖狗55 歲煞南	廚灶栖 外正東	巳午 申酉
23日	星期二	無極瑤池金母聖壽保生大帝吳真人千秋中路財神趙元帥聖誕	十五	丁巳	土	碧三	除	觜	◎宜祭祀開光塑繪冠宇祈福求嗣訂盟提親納采嫁娶會親友修造動土 ●忌作灶出行入宅安香行喪安葬火葬進塔修墳	沖豬54 歲煞東	倉庫床 外正東	丑巳 午申
24日	星期三	準提菩薩佛誕	十六	戊午	火	綠四	滿	參	◎宜開光塑繪出行嫁娶會親友安床開市立券交易納財簽約 ●忌動土破土祈福安葬火葬進塔修造入宅出火上樑	沖鼠53 歲煞北	房床碓 外正東	寅巳 午未
25日	星期四	顯星吉日	十七	己未	火	黃五	平	井	◎宜祭祀作灶修圍牆造橋鋪路 ●忌求醫治病安床	沖牛52 歲煞西	占門廁 外正東	子卯 巳午
26日	星期五	三合吉日曲星吉日	十八	庚申	木	白六	定	鬼	◎宜祭祀成除服移柩破土啟攢安葬火葬進塔謝土 ●忌安床嫁娶提親求醫治病出行修造入宅安香上樑	沖虎51 歲煞南	碓磨爐 外東南	辰巳 未申
27日	星期六	太陽星君千秋	十九	辛酉	木	赤七	執	柳	◎宜祭祀齋醮入殮成除服移柩破土啟攢安葬火葬進塔謝土	沖兔50 歲煞東	廚灶門 外東南	丑寅 辰巳
28日	星期日	月破凶日註生娘娘千秋	二十	壬戌	水	白八	破	星	◎宜祭祀求醫治病拆舊屋 ●忌嫁娶開市立券交易納財簽約修造動土移徙入宅安香作灶	沖龍49 歲煞北	倉庫栖 外東南	寅卯 巳午
29日	星期一	刀砧日	廿一	癸亥	水	紫九	危	張	◎宜家裡大掃除開運接氣 ●忌嫁娶祈福出行安葬火葬進塔作灶	沖蛇48 歲煞西	占房床 外東南	子寅 卯未
30日	星期二	三合吉日刀砧日	廿二	甲子	金	綠四	成	翼	◎宜祭祀開光塑繪冠宇祈福求嗣求醫治病會親友出火拆卸修造動土起基上樑安門安床移徙入宅開市立券交易納財簽約入殮成除服移柩啟攢安葬火葬進塔 ●忌訂盟提親納采動土破土嫁娶出火	沖馬47 歲煞南	占門碓 外東南	卯辰 未申

※祖墳龍穴代尋及點穴、陽宅規劃造福及鑑定吉凶。預約電話：02-27723487 0928279865
※風水吉祥畫、聚寶盆、圓滿如意轉氣瓶、陳冠宇大師風水系列叢書總代理：鴻運知識科技有限公司 02-2212-6958

國曆五月大

農曆四月小　流月己巳月令　自三月二十七日辰時立夏起　至四月二十九日午時芒種前

月煞在東方

日	星期	節日	農曆	干支	五行	九星	建除	星宿	宜忌	每日沖煞年齡	每日胎神占方	每日吉時
1日	星期三	天上聖母媽祖聖誕	廿三	乙丑	金	黃五	收	軫	●日值正紅紗日故諸事少取	沖羊 歲煞東 46	碓磨廁外東南	寅卯巳申
2日	星期四		廿四	丙寅	火	白六	開	角	◎宜開光塑繪冠宇祈福求嗣求醫治病出行訂盟提親納采嫁娶會親友出火拆卸修造動土起基上樑安門安床移徙入宅開市立券交易納財簽約成除服移柩破土啟攢 ●忌祭祀入殮安葬火葬進塔作灶	沖猴 歲煞北 45	廚灶爐外正南	巳午酉戌
3日	星期五		廿五	丁卯	火	赤七	閉	亢	◎宜祭祀出行提親嫁娶修造動土安床移徙入宅入殮成除服移柩破土啟攢安葬火葬進塔 ●忌開光塑繪安門	沖雞 歲煞西 44	倉庫門外正南	巳午未戌
4日	星期六	鬼谷先師千秋	廿六	戊辰	木	白八	建	氐	◎宜祭祀月建其他少取 ●忌開光修造動土破土安葬火葬進塔行喪	沖狗 歲煞南 43	房床栖外正南	巳未申酉
5日	星期日	七殿泰山王千秋	廿七	己巳	木	紫九	除	房	◎宜祭祀開光塑繪冠宇祈福求嗣設醮求醫治病嫁娶會親友出火拆卸修造動土起基上樑安門安床移徙入宅 ●忌出行開市立券交易納財簽約安葬火葬進塔作灶修墳結婚◎節後宜斷蟻結網 ●忌出行作灶訂盟提親納采嫁娶修造動土破土	沖豬 歲煞東 42	占門床外正南	巳午申酉

立夏

日出：05時16分

台灣辰時08時10分

日沒：18時26分

植種

北部：紅豆、芥菜、黃秋葵、甘薯

中部：菜豆、大蔥、大豆、醃瓜、甘薯

南部：白豆、烏豆、蘿蔔

撈漁

澎湖：沙魚、白鰮、龍尖、煙仔魚

蘇澳：飛魚、煙仔魚

基隆：沙魚、煙仔魚、赤鬃

日	星期	節日	農曆	干支	五行	九星	建除	星宿	宜忌	每日沖煞年齡	每日胎神占方	每日吉時
6日	星期一	探病凶日 倉頡先師聖誕 東嶽大帝聖誕	廿八	庚午	土	白一	除	心	◎宜祭祀開光塑繪冠宇祈福求嗣齋醮出行求醫治病訂盟提親納采嫁娶會親友拆卸修造動土起基上樑入殮成除柩破土啟攢安葬火葬進塔修墳立碑謝土	沖鼠 歲煞北 41	占碓磨外正南	丑寅未申
7日	星期二		廿九	辛未	土	黑二	滿	尾	◎宜開光塑繪訂盟提親納采嫁娶會親友作灶 ●忌祭祀祈福設醮求醫治行喪安葬動土開市	沖牛 歲煞西 40	廚灶廁外西南	寅卯午申
8日	星期三	八殿都市王千秋	四月初一	壬申	金	碧三	平	箕	◎宜平治道塗入殮成除服移柩破土啟攢安葬火葬進塔	沖虎 歲煞南 39	倉庫爐外西南	子卯辰巳
9日	星期四	三合吉日	初二	癸酉	金	綠四	定	斗	◎宜祭祀開光塑繪冠宇祈福求嗣齋醮出行訂盟提親納采嫁娶出火拆卸修造動土起基上樑安門床作灶移徙入宅掛匾掛開運吉祥畫開市立券交易納財入殮成除服移柩破土啟攢火化安葬進塔修墳立碑謝土	沖兔 歲煞東 38	房床門外西南	子丑辰巳
10日	星期五		初三	甲戌	火	黃五	執	牛	◎宜祭祀開光塑繪齋醮出行求醫治病訂盟提親嫁娶入殮成除服移柩破土啟攢火化安葬進塔 ●忌出火拆卸修造動土起基上樑入宅安香	沖龍 歲煞北 37	門雞栖外西南	寅卯午未
11日	星期六	月破凶日 文殊菩薩佛誕	初四	乙亥	火	白六	破	女	◎宜祭祀破屋壞垣 ●凡事少取	沖蛇 歲煞西 36	碓磨床外西南	寅卯未申
12日	星期日	顯星吉日	初五	丙子	水	赤七	危	虛	◎宜祭祀開光塑繪冠宇祈福求嗣設醮出行嫁娶會親友出火拆卸修造動土起基上樑安門床移徙入宅	沖馬 歲煞南 35	廚灶碓外西南	丑辰巳申
13日	星期一	三合吉日 曲星吉日	初六	丁丑	水	白八	成	危	◎宜祭祀開光塑繪冠宇祈福求醫治病訂盟提親納采會親友拆卸修造動土起基上樑掛匾掛開運吉祥畫開市立券交易納財入殮成除服移柩破土啟攢安葬火葬進塔謝土 ●忌移徙入宅嫁娶出行	沖羊 歲煞東 34	倉庫廁外正西	巳午酉亥
14日	星期二	刀砧日	初七	戊寅	土	紫九	收	室	◎宜捕捉畋獵取魚 ●忌祭祀設醮修造動土	沖猴 歲煞北 33	房床爐外正西	丑巳午未
15日	星期三	刀砧日 探病凶日 釋迦如來佛祖萬壽 九殿平等王千秋	初八	己卯	土	白一	開	壁	◎宜祭祀開光塑繪冠宇祈福求嗣齋醮出行求醫治病訂盟提親納采嫁娶會親友拆卸起基開市立券交易納財成除服移柩啟攢修墳 ●忌入殮安葬上樑移徙入宅安門	沖雞 歲煞西 32	占大門外正西	子午未申

日	星期	紀事	農曆	干支	五行	九星	建除	星宿	宜忌	沖煞	胎神	吉時
16日	星期四	月煞凶日	初九	庚辰	金	二黑	閉	奎	◎宜祭祀冠宇祈福求嗣齋醮出行嫁娶會親友出火拆卸修造動土起基上樑作灶移徙入宅立券交易納財入殮成除服移柩破土安葬 ●忌開光塑繪結婚訂盟納采	沖狗31 歲煞南	碓磨栖 外正西	丑未申酉
17日	星期五	月建凶日	初十	辛巳	金	三碧	建	婁	◎宜斷蟻提親納采祭祀會親友 ○協宜移徙入宅 ●忌行喪火葬安葬進塔嫁娶	沖豬30 歲煞東	厨灶床 外正西	寅午申酉
18日	星期六		十一	壬午	木	四綠	除	胃	◎宜祭祀開光塑繪冠宇祈福求嗣齋醮出行求醫治病嫁娶會親友出火拆卸修造動土起基上樑掛匾掛開運吉祥畫開市立券交易納財入殮術除服移柩破土啟攢火化安葬進塔修墳 ●忌安床作灶	沖鼠29 歲煞北	倉庫碓 外西北	寅卯巳未
19日	星期日		十二	癸未	木	五黃	滿	昴	◎宜會親友 ●忌上樑動土火化安葬進塔	沖牛28 歲煞西	房床廁 外西北	卯巳午未
20日	星期一		十三	甲申	水	六白	平	畢	◎宜嫁娶入殮成除服移柩破土安葬火化進塔●忌祭祀祈福	沖虎27 歲煞南	占門爐 外西北	卯辰巳未

小滿

日出：05時07分
台灣亥時20時59分
日沒：18時34分

植種

北部：大蔥、分蔥、胡瓜、茄子、菜豆
中部：土白菜、韭菜、蒜子
南部：小白菜、甕菜、大豆

撈漁

高雄：飛魚、加蚋魚、赤鬃、虱目魚
東港：烏鰮、龍蝦、沙魚
安平：鮸魚、虱目魚

日	星期	紀事	農曆	干支	五行	九星	建除	星宿	宜忌	沖煞	胎神	吉時
21日	星期二	顯星吉日 三合吉日 呂純陽祖師聖誕	十四	乙酉	水	七赤	定	觜	◎宜祭祀開光塑繪冠宇祈福求嗣齋醮出行訂盟嫁娶納采出火拆卸修造動土起基上樑會親友安門安床移徙入宅掛匾掛開運吉祥畫開市立券交易納財簽約入殮成除服移柩破土啟攢安葬火葬進塔修墳立碑謝土	沖兔26 歲煞東	碓磨門 外西北	丑寅辰巳
22日	星期三	曲星吉日 釋迦如來佛祖得道	十五	丙戌	土	八白	執	參	◎宜祭祀開光塑繪冠宇祈福求嗣設醮訂盟嫁娶納采會親友修造動土起基上樑安門安床入宅安香	沖龍25 歲煞北	厨灶栖 外西北	卯巳午未
23日	星期四	月破凶日	十六	丁亥	土	九紫	破	井	◎宜拆舊屋修圍牆 ●月破之日諸事少取	沖蛇24 歲煞西	倉庫床 外西北	寅卯午未
24日	星期五	十殿轉輪王千秋	十七	戊子	火	一白	危	鬼	◎宜祭祀開光塑繪設醮出行訂盟提親納采嫁娶會親友出火拆卸修造動土起基上樑安門安床入宅安香掛開運匾畫開市入殮成除服移柩破土安葬火葬進塔	沖馬23 歲煞南	房床碓 外正北	丑辰巳未
25日	星期六	三合吉日 北極紫微帝君聖誕 華陀神醫先師千秋	十八	己丑	火	二黑	成	柳	◎宜祭祀冠宇祈福開光塑繪求嗣求醫治病訂盟納采會親友拆卸修造動土起基上樑安門安床開市立券交易納財簽約入殮成除服移柩破土安葬火葬進塔 ●忌移徙入宅	沖羊22 歲煞東	占門廁 外正北	巳午申酉
26日	星期日		十九	庚寅	木	三碧	收	星	◎宜出行訂盟提親納采會親友上樑作灶 ○協宜移徙入宅 ●忌祭祀安葬火葬進塔破土動土修造修墳	沖猴21 歲煞北	碓磨爐 外正北	午未酉戌
27日	星期一	刀砧日	二十	辛卯	木	四綠	開	張	◎宜祭祀開光塑繪冠宇祈福求嗣齋醮出行求醫治病嫁娶會親友拆卸動土起基安床開市立券交易納財簽約成除服移柩破土啟攢修墳立碑 ●忌安葬火葬進塔上樑移徙入宅安門入殮	沖雞20 歲煞西	厨灶門 外正北	寅午未戌
28日	星期二		廿一	壬辰	水	五黃	閉	翼	◎宜嫁娶交易納財 ●忌安床開光開市移徙入宅修造上樑	沖狗19 歲煞南	倉庫栖 外正北	卯巳申酉
29日	星期三	月建凶日	廿二	癸巳	水	六白	建	軫	◎宜結網捕魚狩獵 ●忌出行動土安葬火葬進塔移徙入宅行喪作灶入宅安香	沖豬18 歲煞東	占房床 房內北	子丑卯巳
30日	星期四	顯星吉日 天赦日	廿三	甲午	金	七赤	除	角	◎宜祭祀開光塑繪冠宇祈福求嗣齋醮出行求醫治病訂盟嫁娶納采會親友出火拆卸修造動土起基上樑安門移徙入宅掛開運匾畫入殮成除服移柩破土啟攢修墳立碑安葬火葬進塔 ●忌安床作灶	沖鼠17 歲煞北	占門碓 房內北	寅卯未戌
31日	星期五	曲星吉日	廿四	乙未	金	八白	滿	亢	◎宜開光訂盟納采嫁娶安床 ●忌修造動土出行安葬火葬進塔謝土	沖牛16 歲煞西	碓磨廁 房內北	子寅卯午

國曆六月小

農曆五月大　流月庚午月令

自四月二十九日午時芒種起　至六月初一日亥時小暑前

月煞在　北方

國曆	星期	記事	農曆	干支	五行	九星	建除	星宿	宜忌	每日沖煞年齡	每日胎神占方	每日吉時
1日	星期六		廿五	丙申	火	九紫	平	氐	◎宜開市立券交易納財簽約出行訂盟嫁娶會親友修造動土上樑安門○協宜移徙入宅 ●忌安葬火葬進塔安床祈福	沖虎15 歲煞南	廚灶爐 房內北	辰巳 午酉
2日	星期日	三合吉日 五穀神農大帝聖誕 南鯤鯓李王爺千秋	廿六	丁酉	火	一白	定	房	◎宜祭祀開光塑繪冠宇祈福求嗣齋醮出行訂盟提親納采嫁娶出火拆卸修造動土起基上樑安門安床移徙入宅開市立券交易納財簽約入殮成除服移柩破土啟攢修墳立碑安葬火葬進塔	沖兔14 歲煞東	倉庫門 房內北	辰巳 午酉
3日	星期一	南鯤鯓范王爺千秋	廿七	戊戌	木	二黑	執	心	◎宜祭祀開光塑繪冠宇祈福求嗣求醫治病訂盟提親納采嫁娶會親友出火拆卸修造動土起基上樑安門安床移徙入宅掛開運匾畫入殮成除服移柩破土安葬火葬進塔	沖龍13 歲煞北	房床栖 房內南	卯巳 午未
4日	星期二	月破凶日	廿八	己亥	木	三碧	破	尾	◎宜祭祀破屋壞垣 ●日值月破諸事少取	沖蛇12 歲煞西	占門房 床內南	寅卯 午未
5日	星期三		廿九	庚子	土	四綠	危	箕	◎宜祭祀開光塑繪冠宇祈福求嗣齋醮出行訂盟提親納采嫁娶會親友出火拆卸修造動土起基上樑安門安床移徙入宅入殮成除服移柩破土啟攢修墳立碑安葬火葬進塔謝土 ●忌作灶 ◎節後宜破屋壞垣	沖馬11 歲煞南	占碓磨 房內南	辰未 申酉
6日	星期四	南極長生帝君千秋	五月初一	辛丑	土	五黃	危	斗	◎宜祭祀開光冠宇祈福求嗣提親納采嫁娶安床入殮成除服移柩破土安葬火葬進塔 ●忌求醫治病安門作灶	沖羊10 歲煞東	廚灶廁 房內南	寅巳 午申
7日	星期五	三合吉日 顯星吉日	初二	壬寅	金	六白	成	牛	◎宜開光塑繪求醫治病會親友拆卸修造動土起基上樑安門安床掛匾掛開運吉祥畫開市立券交易納財簽約入殮成除服移柩破土啟攢安葬火葬進塔 ●忌祭祀出火移徙入宅作灶	沖猴9 歲煞北	倉庫爐 房內南	子卯 巳午
8日	星期六	曲星吉日 刀砧日	初三	癸卯	金	七赤	收	女	◎宜祭祀作灶 ●忌開市安葬火葬進塔破土嫁娶出行入宅安香開市	沖雞8 歲煞西	房床門 房內南	卯巳 未戌
9日	星期日		初四	甲辰	火	八白	開	虛	◎宜祭祀開光塑繪求嗣出行求醫治病祈福訂盟提親納采嫁娶出火拆卸修造起基上樑安床移徙入宅成除服移柩 ●忌安葬火葬進塔開市立券交易納財簽約	沖狗7 歲煞南	占門栖 房內東	寅未 申酉
10日	星期一		初五	乙巳	火	九紫	閉	危	◎宜求嗣提親納采嫁娶修造動土起基上樑安門 ●忌安葬火葬進塔祈福	沖豬6 歲煞東	碓磨床 房內東	寅卯 申酉
11日	星期二	清水祖師得道	初六	丙午	水	一白	建	室	◎宜祭祀 ●忌作灶動土嫁娶安床	沖鼠5 歲煞北	廚灶碓 房內東	巳未 酉戌
12日	星期三	巧聖魯班先師千秋	初七	丁未	水	二黑	除	壁	◎宜祭祀開光塑繪冠宇祈福求醫治病訂盟提親納采求嗣出行嫁娶會親友拆卸修造起基安門安床移徙入宅開市立券交易納財簽約動土上樑○協宜開市納財簽約 ●忌行喪安葬火葬進塔作灶	沖牛4 歲煞西	倉庫廁 房內東	卯巳 午酉
13日	星期四		初八	戊申	土	三碧	滿	奎	◎宜開光塑繪求醫治病求嗣出行出火拆卸修造起基開市立券交易納財簽約上樑移徙入宅掛匾入殮成除服移柩安葬火葬進塔啟攢 ●忌安床作灶	沖虎3 歲煞南	房床爐 房內東	丑辰 巳午
14日	星期五		初九	己酉	土	四綠	平	婁	◎宜祭祀修飾牆垣平治道塗掃舍宇 ●忌求醫治病出行提親會親友	沖兔2 歲煞東	占大門 外東北	辰巳 午申
15日	星期六	三合吉日	初十	庚戌	金	五黃	定	胃	◎宜祭祀開光塑繪冠宇祈福齋醮訂盟提親納采求嗣出行嫁娶會親友出火拆卸修造起基安門安床立券交易納財簽約動土上樑掛匾掛開運吉祥畫入殮成除服移柩安葬火葬破土進塔啟攢 ●忌求醫治病作灶	沖龍1 歲煞北	碓磨栖 外東北	寅卯 午未

芒種

日出：05時04分
台灣午時12時10分
日沒：18時41分

植種

北部：蔥子、胡瓜
中部：茄子、菜豆、土白菜、甕菜、韭菜
南部：甕菜、小白菜、大豆

撈漁

高雄：赤鯮、飛烏
淡水：鰛魚、龍尖
基隆：赤鯮、鰛魚、卓鯤

日	星期	紀事	農曆	干支	五行	九星	建除	星宿	宜忌	沖煞	胎神	吉時
16日	星期日	顯星吉日 都城隍爺千秋	十一	辛亥	金	白六	執	昴	◎宜祭祀開光塑繪冠宇祈福求嗣設醮出行訂盟提親納采會親友出火拆卸修造起基動土上樑安門安床安移徙入宅安香掛匾掛開運吉祥畫●忌嫁娶開市立券交易納財簽約行喪安葬火化進塔	沖蛇 歲煞西 60	廚灶床 外東北	寅卯 午未
17日	星期一	月破凶日	十二	壬子	木	赤七	破	畢	◎宜破屋壞垣求醫治病●凡事少取	沖馬 歲煞南 59	倉庫碓 外東北	卯辰 巳申
18日	星期二	關平太子千秋	十三	癸丑	木	白八	危	觜	◎宜祭祀嫁娶修造動土安床開市立券交易納財簽約入殮成除服移柩破土●忌詞訟求醫治病安門提親作灶	沖羊 歲煞東 58	房床廁 外東北	子卯 巳酉
19日	星期三	三合吉日	十四	甲寅	水	紫九	成	參	◎宜求醫治病訂盟提親納采會親友拆卸修造起基上樑安門安床開市立券交易納財簽約入殮成除服移柩破土啟攢火化安葬進塔●忌祭祀出火移徙入宅嫁娶	沖猴 歲煞北 57	占門爐 外東北	丑寅 午未
20日	星期四	刀砧日	十五	乙卯	水	白一	收	井	◎宜祭祀作灶●忌火化安葬進塔破土開市嫁娶出行	沖雞 歲煞西 56	碓磨門 外東北	卯未 申戌
21日	星期五		十六	丙辰	土	黑二	開	鬼	◎宜祭祀開光塑繪冠宇祈福求嗣齋醮出行求醫治病訂盟提親納采嫁娶會親友出火拆卸修造動土起基上樑安門安床移徙入宅掛開運匾畫成除服移柩破土●忌安葬火葬進塔作灶	沖狗 歲煞南 55	廚灶栖 外正東	巳午 申酉
22日	星期六	蕭府王爺千秋	十七	丁巳	土	白一	閉	柳	◎宜嫁娶修造動土起基安門安床●忌作灶出行開光行喪祭祀祈福安葬火葬進塔	沖豬 歲煞東 54	倉庫床 外正東	丑巳 午申
23日	星期日	張府天師聖誕	十八	戊午	火	紫九	建	星	◎宜祭祀月建凶日諸事少取●忌修造動土破土開光齋醮	沖鼠 歲煞北 53	房床碓 外正東	寅巳 午未
24日	星期一		十九	己未	火	白八	除	張	◎宜祭祀開光塑繪冠宇祈福求嗣出行訂盟提親納采嫁娶會親友出火拆卸修造動土起基上樑安門安床移徙入宅開市立券交易納財簽約●忌行喪安葬火葬進塔	沖牛 歲煞西 52	占門廁 外正東	子卯 巳午
25日	星期二	顯星吉日	二十	庚申	木	赤七	滿	翼	◎宜開光塑繪求嗣嫁娶出火拆卸修造起基上樑安門移徙入宅開市立券交易納財簽約入殮成除服移柩啟攢安葬火葬進塔●忌安床謝土作灶設醮	沖虎 歲煞南 51	碓磨爐 外東南	辰巳 未申
26日	星期三	曲星吉日	廿一	辛酉	木	白六	平	軫	◎宜祭祀嫁娶作灶●忌會親友出行求醫治病	沖兔 歲煞東 50	廚灶門 外東南	丑寅 辰巳
27日	星期四	三合吉日	廿二	壬戌	水	黃五	定	角	◎宜祭祀開光塑繪冠宇祈福求嗣出行訂盟提親納采嫁娶會親友出火拆卸修造起基上樑安門安床移徙入宅掛開運匾畫開市立券交易納財簽約入殮成除服移柩啟攢安葬火葬進塔●忌動土破土求醫治病作灶	沖龍 歲煞北 49	倉庫栖 外東南	寅卯 巳午
28日	星期五		廿三	癸亥	水	綠四	執	亢	◎宜祭祀結網捕魚●忌嫁娶開市啟攢行喪安葬火葬進塔	沖蛇 歲煞西 48	占房床 外東南	子寅 卯未
29日	星期六	月破凶日	廿四	甲子	金	紫九	破	氐	◎宜祭祀拆舊屋舊牆垣●忌作灶嫁娶上樑移徙入宅安門	沖馬 歲煞南 47	占門碓 外東南	卯辰 未申
30日	星期日		廿五	乙丑	金	白八	危	房	◎宜祭祀開光塑繪齋醮出行嫁娶修造動土入殮成除服移柩破土●忌安門作灶求醫治病	沖羊 歲煞東 46	碓磨廁 外東南	寅卯 巳申

夏至

日出：05時05分
台灣卯時04時51分
日沒：18時47分

植種

北部：小白菜、櫻桃、蘿蔔、金針菜
中部：金針菜、土白菜、水芹菜、胡豆、豆子
南部：水芹菜、金針菜、胡瓜

撈漁

基隆：飛魚
東港：飛魚、龍蝦、虱目魚苗
安平：烏鰡、鯰魚、虱目魚苗

國曆七月大

農曆六月小　自六月初一日亥時小暑起
流月辛未月令　至七月初四日辰時立秋前

月煞在西方

日	星期									每日沖煞年齡	每日胎神占方	每日吉時
1日	星期一	三合吉日 刀砧日	廿六	丙寅	火	赤七	成	心	◎宜開光塑繪求醫治病訂盟提親納采會親友拆卸修造動土起基上樑安門安床掛開運匾書開市立券交易納財簽約入殮成除服移柩破土啟攢安葬火葬進塔 ●忌作灶嫁娶出火入宅安香	沖猴45 歲煞北	廚灶爐 外正南	巳午 酉戌
2日	星期二	曲星吉日 刀砧日	廿七	丁卯	火	白六	收	尾	◎宜祭祀結網捕魚 ●忌嫁娶出行喪安葬火葬進塔	沖雞44 歲煞西	倉庫門 外正南	巳午 未戌
3日	星期三		廿八	戊辰	木	黃五	開	箕	◎宜祭祀開光塑繪冠宇祈福求嗣出行求醫治病訂盟提親納采嫁娶會親友出火拆卸修造動土起基上樑安門安床移徙入宅成除服移柩破土 ●忌行喪安葬火葬進塔	沖狗43 歲煞南	房床棲 外正南	巳未 申酉
4日	星期四		廿九	己巳	木	綠四	閉	斗	◎宜嫁娶出火拆卸修造動土起基安門 ●忌出行開光祈福行喪安葬火葬進塔求醫治病	沖豬42 歲煞東	占門床 外正南	巳午 申酉
5日	星期五	月建凶日	三十	庚午	土	碧三	建	牛	●忌動土破土修造探病月建凶日諸事少取	沖鼠41 歲煞北	占碓磨 外正南	丑寅 未申
6日	星期六		六月初一	辛未	土	黑二	除	女	◎宜祭祀開光塑繪冠宇祈福求嗣出行訂盟提親納采嫁娶會親友出火拆卸修造動土起基上樑安門安床移徙入宅掛開運匾書開市立券交易納財簽約 ●忌求醫治病作灶行喪	沖牛40 歲煞西	廚灶廁 外西南	寅卯 午申

小暑

日出：05時10分
台灣亥時22時20分
日沒：18時48分

植種

北部：醃瓜、芹菜、越瓜、甘薯
中部：胡瓜、菜豆、芥藍菜、玉米
南部：蕃椒、蕃茄、土白菜

撈漁

澎湖：龍蝦、鰮魚、龍尖、煙仔魚
基隆：飛魚、煙仔魚
高雄：飛魚、虱目魚

日	星期									每日沖煞年齡	每日胎神占方	每日吉時
7日	星期日		初二	壬申	金	白一	除	虛	◎宜祭祀開光塑繪冠宇祈福求嗣齋醮嫁娶開市入殮成除服移柩破土啟攢安葬火葬進塔謝土 ●忌安床出行修造上樑安門入宅安香作灶	沖虎39 歲煞南	倉庫爐 外西南	子卯 辰巳
8日	星期一	韋馱尊佛佛辰	初三	癸酉	金	紫九	滿	危	◎宜開光塑繪出行嫁娶拆卸開市入殮成除服移柩啟攢安葬火葬進塔 ●忌祈福會親友上樑入宅安香作灶動土安門	沖兔38 歲煞東	房床門 外西南	子丑 辰巳
9日	星期二	顯星吉日	初四	甲戌	火	白八	平	室	◎宜祭祀嫁娶 ●忌求醫治病安葬火葬進塔動土破土作灶	沖龍37 歲煞北	門雞棲 外西南	寅卯 午未
10日	星期三	三合吉日 曲星吉日	初五	乙亥	火	赤七	定	壁	◎宜開光塑繪冠宇祈福求嗣設醮出行訂盟提親納采會親友出火拆卸修造動土起基上樑安門安床入宅安香開市立券交易納財簽約 ●忌求醫治病行喪安葬火葬進塔破土修墳立碑	沖蛇36 歲煞西	碓磨床 外西南	寅卯 未申
11日	星期四	九天李恩師聖誕	初六	丙子	水	白六	執	奎	◎宜祭祀入殮移柩破土啟攢安葬火葬進塔 ●忌作灶提親開市交易納財簽約嫁娶出行移徙入宅安門	沖馬35 歲煞南	廚灶碓 外西南	丑辰 巳申
12日	星期五	月破凶日	初七	丁丑	水	黃五	破	婁	◎宜祭祀求醫治病破屋壞垣凡事少取 ●忌作灶嫁娶開市移徙入宅安門修造	沖羊34 歲煞東	倉庫廁 外正西	巳午 酉亥
13日	星期六		初八	戊寅	土	綠四	危	胃	◎宜開光塑繪出行訂盟提親納采嫁娶會親友出火拆卸修造動土起基上樑安門安床移徙入宅掛匾掛開運吉祥畫開市立券交易納財簽約入殮成除服移柩破土安葬火葬進塔立碑啟攢 ●忌祭祀	沖猴33 歲煞北	房床爐 外正西	丑巳 午未
14日	星期日	三合吉日 刀砧日	初九	己卯	土	碧三	成	昴	◎宜祭祀開光塑繪求嗣冠宇祈福出行求醫治病訂盟提親納采嫁娶會親友出火拆卸修造動土起基開市立券交易納財簽約上樑安門安床移徙入宅	沖雞32 歲煞西	占大門 外正西	子午 未申
15日	星期一		初十	庚辰	金	黑二	收	畢	◎宜祭祀作灶納財 ●忌安葬火葬進塔破土開市安床立碑啟攢修墳	沖狗31 歲煞南	碓磨棲 外正西	丑未 申酉

日	星期	節日	農曆	干支	五行	九星	建除	星宿	宜忌	沖煞	胎神	吉時
16日	星期二	田都元帥千秋	十一	辛巳	金	白一	開	觜	◎宜祭祀開光塑繪求嗣冠宇祈福求醫治病訂盟提親納采嫁娶開市 ●忌出行安葬火葬進塔入殮上樑安門入宅安香作灶	沖豬30 歲煞東	廚灶床外正西	寅午申酉
17日	星期三		十二	壬午	木	紫九	閉	參	◎宜祭祀入殮成除服移柩破土啟攢火化安葬謝土 ●忌開光嫁娶開市入宅安香安香交易納財	沖鼠29 歲煞北	倉庫碓外西北	寅卯巳未
18日	星期四	探病凶日	十三	癸未	木	白八	建	井	◎宜祭祀出行嫁娶會親友 ●忌求醫治病破土動土火化安葬作灶	沖牛28 歲煞西	房床廁外西北	卯巳午未
19日	星期五	月建凶日	十四	甲申	水	赤七	除	鬼	◎宜祭祀開光塑繪冠宇祈福求示醮出行求醫治病訂盟提親納采嫁娶會親友出火拆卸修造動土起基掛匾掛開運吉祥畫開市立券交易納財簽約入殮成除服移柩破土啟讚安葬火葬進塔謝土 ●忌安床開倉	沖虎27 歲煞南	占門爐外西北	卯辰巳未
20日	星期六	曲星吉日 初伏 無極瑤池金母聖壽	十五	乙酉	水	白六	滿	柳	◎宜開光塑繪嫁娶開市入殮成除服移柩破土啟攢火化安葬 ●忌會親友上樑修造移徙入宅安門作灶動土	沖兔26 歲煞東	碓磨門外西北	丑寅辰巳
21日	星期日	先天王靈官聖誕	十六	丙戌	土	黃五	平	星	◎宜祭祀提親結網取魚 ●忌作灶求醫治病火化安葬進塔動土修造	沖龍25 歲煞北	廚灶棲外西北	卯巳午未
22日	星期一		十七	丁亥	土	綠四	定	張	◎宜祭祀開光塑繪冠宇祈福求嗣設醮會親友出火拆卸修造動土起基上樑安門安床掛匾掛開運吉祥畫 ●忌作灶嫁娶求醫治病行喪火化安葬進塔提親	沖蛇24 歲煞西	倉庫床外西北	寅卯午未

大暑

日出：05時17分
台灣申時15時44分
日沒：18時44分

植種

北部：花椰菜、土白菜、高腳白菜、甘藍
中部：甘藍、芥藍、冬瓜、甘薯
南部：冬瓜、菜豆、黃秋葵、玉米、土白菜

撈漁

高雄：鯃魚、虱目魚、飛魚
東港：龍蝦、虱目魚苗、鯃魚
安平：鯃魚、虱目魚苗、龍尖

日	星期	節日	農曆	干支	五行	九星	建除	星宿	宜忌	沖煞	胎神	吉時
23日	星期二	南鯤鯓池王爺千秋	十八	戊子	火	碧三	執	翼	◎宜祭祀入殮移柩破土啟攢安葬火葬進塔 ●忌開市立券交易納財簽約出火移徙入宅安門作灶齋醮	沖馬23 歲煞南	房床碓外正北	丑辰巳未
24日	星期三	月破凶日 觀音菩薩得道紀念	十九	己丑	火	黑二	破	軫	◎宜祭祀求醫治病拆舊屋及圍牆日值月破諸事少取	沖羊22 歲煞東	占門廁外正北	巳午申酉
25日	星期四	刀砧日 中伏	二十	庚寅	木	白一	危	角	◎宜開光塑繪出行訂盟提親納采嫁娶會親友動土開市立券交易納財簽約入殮成除服移柩破土啟攢安葬火葬進塔 ●忌祭祀求醫治病移徙入宅祈福謝土安門上樑	沖猴21 歲煞北	碓磨爐外正北	午未酉戌
26日	星期五	三合吉日 刀砧日	廿一	辛卯	木	紫九	成	亢	◎宜祭祀開光塑繪冠宇祈福求嗣齋醮求醫治病出行嫁娶會親友出火拆卸修造動土起基上樑安門安床移徙入宅掛開運匾畫開市立券交易納財簽約入殮成除服移柩啟攢安葬火葬進塔謝土	沖雞20 歲煞西	廚灶門外正北	寅午未戌
27日	星期六	顯星吉日	廿二	壬辰	水	白八	收	氐	◎宜祭祀交易納財簽約 ●忌安床安葬火葬進塔破土修墳出行開市	沖狗19 歲煞南	倉庫棲外正北	卯巳申酉
28日	星期日	曲星吉日	廿三	癸巳	水	赤七	開	房	◎宜祭祀開光塑繪冠宇祈福求嗣訂盟提親納采嫁娶會親友修造動土起基上樑安門安床 ●忌出行行喪安葬火葬進塔	沖豬18 歲煞東	占房床房內北	子丑卯巳
29日	星期一	天赦日 關聖帝君聖誕 西秦王爺千秋 南極大帝聖誕	廿四	甲午	金	白六	閉	心	◎宜祭祀入殮成除服移柩破土啟攢安葬火葬進塔 ●忌開光求醫治病嫁娶出行	沖鼠17 歲煞北	占門碓房內北	寅卯未戌
30日	星期二		廿五	乙未	金	黃五	建	尾	◎宜祭祀出行嫁娶交易納財簽約 ●忌求醫治病作灶破土動土行喪安葬火葬進塔行喪	沖牛16 歲煞西	碓磨廁房內北	子寅卯午
31日	星期三		廿六	丙申	火	綠四	除	箕	◎宜祭祀開光塑繪求醫治病嫁娶出火拆卸修造動土起基安門移徙入宅開市入殮成除服移柩破土啟攢安葬火葬進塔 ●忌出行作灶安床上樑	沖虎15 歲煞南	廚灶爐房內北	辰巳午酉

國曆八月大

農曆七月大 流月壬申月令

自七月初四日辰時立秋起 至八月初五日午時白露前

月煞在南方

國曆	星期	紀事	農曆	干支	五行	九星	建除	星宿	宜忌	每日沖煞年齡	每日胎神占方	每日吉時
1日	星期四		廿七	丁酉	火	碧三	滿	斗	◎宜開光塑繪出行訂盟提親納采嫁娶拆卸起基安床開市交易納財簽約入殮成除服移柩啟攢安葬火葬進塔 ●忌作灶安門上樑移徙入宅安香修造動土破土	沖兔14 歲煞東	倉庫門 房內北	辰巳午酉
2日	星期五		廿八	戊戌	木	黑二	平	牛	◎宜祭祀嫁娶結網捕魚狩獵 ●忌求醫治病動土凡事少取	沖龍13 歲煞北	房床栖 房內南	卯巳午未
3日	星期六	三合吉日	廿九	己亥	木	白一	定	女	◎宜祭祀開光塑繪冠宇祈福求嗣出行訂盟提親納采會親友動土起基立券交易納財簽約 ●忌嫁娶求醫治病入宅安香安葬火葬進塔出火安門作灶	沖蛇12 歲煞西	占門房 床內南	寅卯午未
4日	星期日		七月初一	庚子	土	紫九	執	虛	◎宜祭祀冠宇祈福安床入殮移柩破土啟攢安葬火葬進塔謝土 ●忌開市出火移徙入宅嫁娶出行齋醮安門作灶	沖馬11 歲煞南	占碓磨 房內南	辰未申酉
5日	星期一	顯星吉日 月破凶日	初二	辛丑	土	白八	破	危	◎宜求醫治病拆舊屋及圍牆日值月破凶日諸事少取	沖羊10 歲煞東	廚灶廁 房內南	寅巳午申
6日	星期二	曲星吉日 刀砧日	初三	壬寅	金	赤七	危	室	◎宜祭祀開光塑繪出行嫁娶會親友出火拆卸修造起基上樑安門安床移徙入宅掛開運匾畫開市立券交易納財簽約入殮成除服移柩啟攢破土安葬火葬進塔 ●忌求醫治病祈福謝土作灶探病	沖猴9 歲煞北	倉庫爐 房內南	子卯巳午
7日	星期三	三合吉日 刀砧日	初四	癸卯	金	白六	成	壁	◎宜祭祀開光塑繪冠宇祈福求嗣齋醮出行求醫治病訂盟提親納采嫁娶會親友出火拆卸修造動土起基上樑安門安床移徙入宅開市立券交易納財簽約入殮成除服移柩啟攢破土安葬火葬進塔謝土 ◎節後宜祭祀開光塑繪冠宇祈福求嗣齋醮出行訂盟提親納采嫁娶會親友出火拆卸修造起基上樑移徙入宅掛匾掛開運吉祥畫立券交易納財簽約入殮成除服移柩啟攢安葬火葬進塔 ●忌動土安床作灶	沖雞8 歲煞西	房床門 房內南	卯巳未戌
立秋		日出：05時24分 台灣辰時08時09分 日沒：18時35分										
8日	星期四	三合吉日 曲星吉日	初五	甲辰	火	黃五	成	奎	◎宜祭祀開光塑繪冠宇祈福求嗣求醫治病訂盟提親納采嫁娶會親友出火拆卸修造動土起基上樑入宅安香掛匾掛開運吉祥畫入殮成除服移柩破土安葬火葬進塔 ●忌安門	沖狗7 歲煞南	占門栖 房內東	寅未申酉
9日	星期五	刀砧日	初六	乙巳	火	綠四	收	婁	◎宜祭祀開光塑繪冠宇祈福求嗣訂盟納采嫁娶會親友安床立券交易納采簽約 ●忌出行安葬火葬進塔修墳破土	沖豬6 歲煞東	碓磨床 房內東	寅卯申酉
10日	星期六	刀砧日 七星娘娘千秋 大成魁星聖誕	初七	丙午	水	碧三	開	胃	◎宜祭祀開光塑繪冠宇祈福求嗣齋醮出行求醫治病訂盟提親納采嫁娶會親友動土成除服移柩破土啟攢 ●忌作灶安葬火葬進塔入殮上樑安門入宅安香修造	沖鼠5 歲煞北	廚灶碓 房內東	巳未酉戌
11日	星期日		初八	丁未	水	黑二	閉	昴	◎宜祭祀冠宇祈福求嗣齋醮出行嫁娶會親友出火拆卸修造動土起基上樑安門安床入殮成除服移柩破土啟攢安葬火葬進塔 ●忌作灶開光	沖牛4 歲煞西	倉庫廁 房內東	卯巳午酉
12日	星期一	天赦日 月建凶日	初九	戊申	土	白一	建	畢	◎宜祭祀開光塑繪冠宇祈福求嗣出行求醫治病會親友上樑安門入殮成除服移柩啟攢安葬火葬進塔○協宜移徙入宅 ●忌動土破土	沖虎3 歲煞南	房床爐 房內東	丑辰巳午
13日	星期二		初十	己酉	土	紫九	除	觜	◎宜祭祀入殮移柩破土啟攢安葬火葬進塔 ●忌提親嫁娶出行移徙入宅會親友作灶齋醮	沖兔2 歲煞東	占大門 外東北	辰巳午申
14日	星期三	末伏	十一	庚戌	金	白八	滿	參	◎宜開光塑繪嫁娶會親友 ●忌開市立券交易納財簽約祈福安葬火葬進塔動土上樑修造	沖龍1 歲煞北	碓磨栖 外東北	寅卯午未
15日	星期四	驪山老母聖誕 救苦真君聖誕	十二	辛亥	金	赤七	平	井	◎宜作灶修飾垣墻 ●忌嫁娶求醫治病祈福安葬火葬進塔	沖蛇60 歲煞西	廚灶床 外東北	寅卯午未

植種

北部：大蔥、烏豆、白豆、芹菜、花椰菜

中部：茄子、蕃茄、芹菜、芥藍菜

南部：芥菜、甘藍、玉米、醃瓜、甘薯

撈漁

澎湖：沙魚、龍尖、鰮魚

淡水：鰮魚、赤鯮

基隆：鰮魚、赤鯮、目吼、卓鯤

日期	星期	備註	農曆	干支	五行	九星	建除	星宿	宜忌	沖煞	胎神	吉時
16日	星期五	三合吉日 顯星吉日 大勢至菩薩聖誕	十三	壬子	木	白六	定	鬼	◎宜祭祀開光塑繪冠宇祈福求嗣齋醮出行訂盟提親納采嫁娶會親友出火拆卸修造動土起基上樑安門安床移徙入宅掛匾掛開運吉祥畫入殮成除服移柩破土啟攢安葬火葬進塔	沖馬59 歲煞南	倉庫碓 外東北	卯辰巳申
17日	星期六		十四	癸丑	木	黃五	執	柳	◎宜祭祀入殮成除服移柩破土安葬火葬進塔 ○協宜修造動土 ●忌開市出行嫁娶移徙入宅作灶結婚	沖羊58 歲煞東	房床廁 外東北	子卯巳酉
18日	星期日	月破凶日 中元地官大帝聖誕	十五	甲寅	水	綠四	破	星	◎宜破屋壞垣政宏政道怡伶二十五週歲 ●凡事少取	沖猴57 歲煞北	占門爐 外東北	丑寅午未
19日	星期一		十六	乙卯	水	碧三	危	張	◎宜祭祀入殮成除服移柩啟攢安葬火葬進塔 ●忌動土破土求醫治病嫁娶提親安床作灶	沖雞56 歲煞西	碓磨門 外東北	卯未申戌
20日	星期二	三合吉日	十七	丙辰	土	黑二	成	翼	◎宜祭祀開光塑繪冠宇祈福求嗣齋醮求醫治病訂盟提親納采嫁娶會親友出火拆卸修造動土起基上樑安門安床入宅安香掛匾掛開運吉祥畫開市立券交易納財簽約入殮成除服移柩破土安葬火葬進塔 ●忌作灶出行	沖狗55 歲煞南	廚灶栖 外正東	巳午申酉
21日	星期三	刀砧日 瑤池王母娘聖誕	十八	丁巳	土	白一	收	軫	◎宜祭祀開光冠宇祈福求嗣提親納采嫁娶會親友立券交易納財簽約 ○協宜移徙入宅開市立券交易納財簽約 ●忌作灶出行安葬火葬進塔動土破土	沖豬54 歲煞東	倉庫床 外正東	丑巳午申
22日	星期四	刀砧日 值年太歲星君千秋 天然古佛聖誕	十九	戊午	火	紫九	開	角	◎宜祭祀開光冠宇祈福求嗣出行求醫治病訂盟提親納采嫁娶會親友起基成除服移柩 ●忌入殮安葬火葬進塔安門入宅安香作灶	沖鼠53 歲煞北	房床碓 外正東	寅巳午未

處暑

日出：05時31分
台灣亥時22時55分
日沒：18時22分

植種

北部：芥藍、菜豆、八月豆、高麗菜、甘藷
中部：八月豆、蕃茄、落花生、大豆、花椰菜
南部：落花生、大豆、花椰菜、萵苣

撈漁

安平：烏鰻、虱目魚苗
高雄：虱目魚苗
東港：虱目魚苗

日期	星期	備註	農曆	干支	五行	九星	建除	星宿	宜忌	沖煞	胎神	吉時
23日	星期五		二十	己未	火	黑二	閉	亢	◎宜祭祀會親友動土入殮成除服移柩破土安葬火葬進塔 ●忌求醫治病開光出行修造上樑入宅安香安門作灶	沖牛52 歲煞西	占門廁 外正東	子卯巳午
24日	星期六	月建凶日 普庵菩薩佛誕	廿一	庚申	木	白一	建	氐	◎宜祭祀出行安門納財 ●忌安床動土安葬火葬進塔設醮齋醮	沖虎51 歲煞南	碓磨爐 外東南	辰巳未申
25日	星期日	顯星吉日	廿二	辛酉	木	紫九	除	房	◎宜祭祀拆卸修造動土起基上樑安門安床入殮移柩破土啟攢安葬火葬進塔 ●忌嫁娶出行移徙入宅齋醮作灶	沖兔50 歲煞東	廚灶門 外東南	丑寅辰巳
26日	星期一	曲星吉日 法主聖君千秋	廿三	壬戌	水	白八	滿	心	◎宜開光塑繪出行訂盟提親納采嫁娶會親友出火拆卸修造動土起基上樑安門安床移徙入宅修造上樑 ●忌祭祀祈福行喪安葬火葬進塔破土謝土作灶	沖龍49 歲煞北	倉庫栖 外東南	寅卯巳午
27日	星期二		廿四	癸亥	水	赤七	平	尾	◎宜作灶修飾垣鋪橋造路 ●忌嫁娶求醫治病安門安葬火葬進塔祈福	沖蛇48 歲煞西	占房床 外東南	子寅卯未
28日	星期三	三合吉日 武德侯沈祖公千秋	廿五	甲子	金	碧三	定	箕	◎宜祭祀開光塑繪冠宇祈福求嗣出行求醫治病訂盟提親納采嫁娶會親友出火拆卸修造動土起基上樑安門安床移徙入宅掛匾掛開運吉祥畫入殮成除服移柩啟攢破土安葬火葬進塔	沖馬47 歲煞南	占門碓 外東南	卯辰未申
29日	星期四		廿六	乙丑	金	黑二	執	斗	◎宜祭祀入殮成除服移柩破土安葬火葬進塔 ●忌開市立券交易簽約出行嫁娶移徙入宅安香作灶安門上樑	沖羊46 歲煞東	碓磨廁 外東南	寅卯巳申
30日	星期五	月破凶日	廿七	丙寅	火	白一	破	牛	◎宜求醫治病拆舊屋脊圍牆月破凶日諸事少取	沖猴45 歲煞北	廚灶爐 外正南	巳午酉戌
31日	星期六	顯星吉日	廿八	丁卯	火	紫九	危	女	◎宜祭祀開光塑繪冠宇祈福求嗣齋醮出行訂盟提親納采嫁娶會親友出火拆卸修造起基上樑安門移徙入宅掛開運匾畫立券交易納財簽約入殮成除服移柩啟攢安葬火葬進塔 ●忌動土破土求醫治病作灶	沖雞44 歲煞西	倉庫門 外正南	巳午未戌

國曆九月小

農曆八月大 流月癸酉月令

自八月初五日午時白露起 至九月初六日寅時寒露前

月煞在東方

日	星期	紀事	農曆	干支	五行	九星	建除	星宿	宜忌	每日沖煞年齡	每日胎神占方	每日吉時
1日	星期日	三合吉日 曲星吉日	廿九	戊辰	木	白八	成	虛	◎宜祭祀開光塑繪冠宇祈福求嗣設醮出行求醫治病訂盟提親納采嫁娶會親友出火拆卸修造動土起基上樑安門安床移徙入宅掛開運匾畫開市入殮成除服移柩破土安葬火葬進塔	沖狗43 歲煞南	房床栖 外正南	巳未 申酉
2日	星期一	刀砧日 地藏王菩薩佛誕	三十	己巳	木	赤七	收	危	◎宜祭祀祈福求嗣嫁娶會親友修造動土上樑安床立券交易納財簽約 ●忌出行行喪安葬火葬進塔行喪	沖豬42 歲煞東	占門床 外正南	巳午 申酉
3日	星期二	探病凶日 刀砧日	八月初一	庚午	土	白六	開	室	◎宜祭祀開光塑繪設醮出行求醫治病訂盟提親納采嫁娶會親友動土安床 ●忌入殮安葬火葬進塔上樑修造入宅安香安門作灶	沖鼠41 歲煞北	占碓磨 外正南	丑寅 未申
4日	星期三		初二	辛未	土	黃五	閉	壁	◎宜祭祀出行嫁娶出火拆卸修造動土起基安床入宅安香掛開運匾畫入殮成除服移柩破土安葬火葬進塔 ●忌開光設醮求醫治病	沖牛40 歲煞西	廚灶廁 外西南	寅卯 午申
5日	星期四	月建凶日 斗星君聖誕 九天司命灶君千秋 姜相太公子牙千秋 九天朱恩師聖誕	初三	壬申	金	綠四	建	奎	◎宜祭祀冠宇祈福求嗣出行求醫治病訂盟提親納采嫁娶會親友上樑安門移徙入宅入殮成除服移柩啟攢安葬火葬進塔 ●忌破土動土安床	沖虎39 歲煞南	倉庫爐 外西南	子卯 辰巳
6日	星期五		初四	癸酉	金	碧三	除	婁	◎宜祭祀冠宇祈福求嗣訂盟提親納采修造動土起基上樑安門安床入殮移柩破土啟攢安葬火葬進塔 ●忌出行嫁娶會親友齋醮開光移徙入宅出火開市交易簽約作灶	沖兔38 歲煞東	房床門 外西南	子丑 辰巳
7日	星期六	雷聲普化天尊聖誕	初五	甲戌	火	黑二	滿	胃	◎宜開光塑繪嫁娶會親友 ●忌祭祀祈福謝土開市交易破土動土安葬火葬進塔作灶上樑安門 ◎節後宜祭祀出行開光塑繪納采嫁娶修造動土安床 ●忌行喪安葬火葬進塔安門作灶	沖龍37 歲煞北	門雞栖 外西南	寅卯 午未

白露

日出：05時37分

台灣午時11時11分

日沒：18時06分

植種

北部：豆菜、花椰菜、胡瓜、菠菜、蕃椒、萵苣

中部：花椰菜、菠菜、萵苣、蕃椒

南部：荷蘭豆、白菜、芥菜、落花生、大豆

撈漁

淡水：鬐魚、梳齋

蘇澳：硼串

基隆：加蚋、卓鯤、赤鬃、鰮魚、目吼

日	星期	紀事	農曆	干支	五行	九星	建除	星宿	宜忌	每日沖煞年齡	每日胎神占方	每日吉時
8日	星期日	顯星吉日	初六	乙亥	火	白一	滿	昴	◎宜開光塑繪求嗣出行求醫治病訂盟提親納采會親友出火拆卸修造起基上樑安門安床移徙入宅掛匾掛開運吉祥畫開市立券交易納財簽約	沖蛇36 歲煞西	碓磨床 外西南	寅卯 未申
9日	星期一	曲星吉日	初七	丙子	水	紫九	平	畢	◎宜祭祀平修圍牆 ●忌作灶嫁娶移徙入宅出火出行求醫治病	沖馬35 歲煞南	廚灶碓 外西南	丑辰 巳申
10日	星期二	三合吉日	初八	丁丑	水	白八	定	觜	◎宜開光塑繪冠宇祈福求嗣齋醮出行訂盟提親納采嫁娶會親友出火拆卸修造動土起基上樑安門安床掛匾掛開運吉祥畫立券交易納財簽約入殮成除服移柩破土安葬火葬進塔	沖羊34 歲煞東	倉庫廁 外正西	巳午 酉亥
11日	星期三		初九	戊寅	土	赤七	執	參	◎宜開光塑繪提親納采拆卸修造動土起基上樑入殮成除服移柩破土啟攢安葬火葬進塔修墳立碑 ●忌祭祀設醮出行嫁娶出火移徙入宅安床	沖猴33 歲煞北	房床爐 外正西	丑巳 午未
12日	星期四	月破凶日	初十	己卯	土	白六	破	井	◎宜求醫治病破屋壞垣 ●凡事不取	沖雞32 歲煞西	占大門 外正西	子午 未申
13日	星期五		十一	庚辰	金	黃五	危	鬼	◎宜祭祀開光塑繪冠宇祈福齋醮求嗣出行嫁娶會親友出火拆卸修造動土起基上樑安床安門安床移徙入宅安香開市立券交易納財簽約入殮成除服移柩破土安葬火葬進塔	沖狗31 歲煞南	碓磨栖 外正西	丑未 申酉
14日	星期六	三合吉日 刀砧日	十二	辛巳	金	綠四	成	柳	◎宜祭祀開光塑繪冠宇祈福設醮求嗣訂盟提親納采嫁娶會親友出火拆卸修造動土起基上樑安床安門移徙入宅掛匾掛開運吉祥畫開市立券交易納財簽約 ●忌出行立碑行喪安葬火葬進塔	沖豬30 歲煞東	廚灶床 外正西	寅午 申酉
15日	星期日	刀砧日	十三	壬午	木	碧三	收	星	◎宜祭祀嫁娶會親友入殮成除服移柩 ●忌安葬火葬進塔入宅安香作灶	沖鼠29 歲煞北	倉庫碓 外西北	寅卯 巳未

16日	星期一		十四	癸未	木	黑	開	張	○協宜嫁娶 ●忌安葬火葬破土開市動土入宅安香	歲煞西	外西北	午未
17日	星期二	顯星吉日 福德正神千秋 太陰娘娘聖誕 南宮孔恩師聖誕 臨水夫人林姑千秋 南鯤鯓朱王爺千秋	十五	甲申	水	白一	閉	翼	◎宜出行嫁娶出火拆卸修造動土起基上樑安門安床入殮移柩破土啟攢安葬火葬進塔修墳立碑 ●忌安床開光塑繪祈福設醮開市求醫治病入宅安香	沖虎27 歲煞南	占門爐 外西北	卯辰 巳未
18日	星期三	曲星吉日月建凶日	十六	乙酉	水	紫九	建	軫	◎宜祭祀出行 ●忌動土設醮破土	沖兔26 歲煞東	碓磨門 外西北	丑寅 辰巳
19日	星期四		十七	丙戌	土	白八	除	角	◎宜祭祀開光塑繪設醮提親納采嫁娶動土起基 ●忌作灶行喪火化安葬進塔安門	沖龍25 歲煞北	廚灶栖 外西北	卯巳 午未
20日	星期五	九天玄女娘娘千秋	十八	丁亥	土	赤七	滿	亢	◎宜開光塑繪求嗣出行會親友出火拆卸修造起基上樑安門安床開市立券交易納財簽約	沖蛇24 歲煞西	倉庫床 外西北	寅卯 午未
21日	星期六	秋社	十九	戊子	火	白六	平	氐	○協宜移徙入宅 ●忌嫁娶行喪火化安葬進塔作灶	沖馬23 歲煞南	房床碓 外正北	丑辰 巳未
22日	星期日	三合吉日	二十	己丑	火	黃五	定	房	◎宜祭祀平治道塗修飾垣牆 ●忌嫁娶出行求醫治病移徙入宅出火作灶 ◎宜祭祀開光塑繪齋醮出行訂盟提親納采嫁娶會親友出火拆卸修造動土起基上樑安床安門入宅安香掛匾掛開運吉祥畫開市立券交易納財簽約入殮成除服移柩破土啟攢安葬火葬進塔	沖羊22 歲煞東	占門廁 外正北	巳午 申酉

秋分

日出：05時43分
台灣戌時20時44分
日沒：17時50分

植種

北部：韭菜、胡椒、蒲公英、萵苣、白菜
中部：蘿蔔、牛蒡、大蔥、茄子、甘薯
南部：西瓜、苦瓜、蘿蔔、花椰菜、萵苣

撈漁

澎湖：鰮魚
淡水：鰮魚
安平：烏格魚

23日	星期一		廿一	庚寅	木	綠四	執	心	◎宜開光塑繪訂盟提親納采會親友拆卸修造動土起基上樑入殮成除服移柩啟攢破土安葬火葬進塔修墳立碑 ●忌祭祀祈福出行嫁娶出火移徙入宅安門安床	沖猴21 歲煞北	碓磨爐 外正北	午未 酉戌
24日	星期二	月破凶日 燃燈古佛萬壽 廣澤尊王千秋	廿二	辛卯	木	碧三	破	尾	◎宜祭祀求醫治病破屋壞垣月破凶日諸事少取	沖雞20 歲煞西	廚灶門 外正北	寅午 未戌
25日	星期三		廿三	壬辰	水	黑二	危	箕	◎宜祭祀開光塑繪出行訂盟提親納采嫁娶會親友出火拆卸修造動土起基上樑安門安床入宅安香開市立券交易納財簽約入殮成除服移柩啟攢破土安葬火葬進塔	沖狗19 歲煞南	倉庫栖 外正北	卯巳 申酉
26日	星期四	三合吉日 顯星吉日 南鯤鯓萬善爺千秋	廿四	癸巳	水	白一	成	斗	◎宜祭祀開光塑繪冠宇祈福求嗣求醫治病訂盟提親納采嫁娶會親友出火拆卸修造動土起基上樑安門安床移徙入宅開市立券交易納財簽約 ●忌出行喪啟攢破土安葬火葬進塔	沖豬18 歲煞東	占房床 房內北	子丑 卯巳
27日	星期五	曲星吉日刀砧日	廿五	甲午	金	紫九	收	牛	◎宜祭祀嫁娶會親友作灶成除服移柩 ●忌破土啟攢安葬火葬進塔開市	沖鼠17 歲煞北	占門碓 房內北	寅卯 未戌
28日	星期六		廿六	乙未	金	白八	開	女	◎宜祭祀成除服移柩啟攢修墳 ●忌求醫治病入殮安葬火葬進塔開市交易納財簽約動土破土嫁娶	沖牛16 歲煞西	碓磨廁 房內北	子寅 卯午
29日	星期日		廿七	丙申	火	赤七	閉	虛	◎宜嫁娶安門納財入殮移柩啟攢安葬火葬進塔修墳立碑 ●忌作灶安床開光塑繪開市動土移徙入宅祈福破土	沖虎15 歲煞南	廚灶爐 房內北	辰巳 午酉
30日	星期一	月建凶日	廿八	丁酉	火	白六	建	危	◎宜祭祀出行大掃除開運 ●忌作灶動土破土月建凶日諸事少取	沖兔14 歲煞東	倉庫門 房內北	辰巳 午酉

國曆十月大

農曆九月小　流月甲戌月令

自九月初六日寅時寒露起至十月初七日卯時立冬前

月煞在北方

國曆	星期	節日	農曆	干支	五行	九星	建除	星宿	宜忌	每日沖煞年齡	每日占胎神方	每日吉時
1日	星期二	中華聖母聖誕	廿九	戊戌	木	五黃	除	室	◎宜祭祀出行提親納采嫁娶修造動土起基上樑安床開市大掃除開運 ●忌行喪安葬火葬進塔作灶安門	沖龍13 歲煞北	房床栖 房內南	卯巳午未
2日	星期三		三十	己亥	木	四綠	滿	壁	◎宜開光塑繪出行訂盟提親納采會親友出火拆卸修造起基上樑安門安床掛開運匾畫開市立券交易納財簽約 ●忌嫁娶作灶設醮齋醮動土破土行喪安葬火葬進塔	沖蛇12 歲煞西	占門房 床內南	寅卯午未
3日	星期四	南斗星君聖誕	九月初一	庚子	土	三碧	平	奎	◎宜祭祀鋪路造橋修飾垣牆 ●忌求醫治病嫁娶出行上樑移徙入宅安門安床作灶	沖馬11 歲煞南	占碓磨 房內南	辰未申酉
4日	星期五	三吉日合	初二	辛丑	土	二黑	定	婁	◎宜開光塑繪冠宇祈福求嗣會親友修造動土安門安床 ●忌嫁娶提親納采訂盟出火祭祀作灶探病移徙入宅	沖羊10 歲煞東	廚灶廁 房內南	寅巳午申
5日	星期六	探病凶日	初三	壬寅	金	一白	執	胃	◎宜開光塑繪會親友拆卸修造動土起基上樑入殮成除服移柩破土啟攢安葬火葬進塔修墳立碑 ●忌祭祀祈福出火移徙入宅嫁娶安床訂盟提親納采作灶探病	沖猴9 歲煞北	倉庫爐 房內南	子卯巳午
6日	星期日	月破凶日	初四	癸卯	金	九紫	破	昴	◎宜求醫治病拆舊屋及圍牆月破凶日諸事少取	沖雞8 歲煞西	房床門 房內南	卯巳未戌
7日	星期一		初五	甲辰	火	八白	危	畢	◎宜祭祀開光塑繪求嗣出行嫁娶會親友出火拆卸修造動土起基上樑入殮成除服移柩破土	沖狗7 歲煞南	占門栖 房內東	寅未申酉
8日	星期二	三合吉日	初六	乙巳	火	七赤	成	觜	◎宜祭祀開光塑繪冠宇祈福求嗣求醫治病訂盟提親納采嫁娶會親友出火拆卸修造動土起基上樑安門安床移徙入宅掛開運匾畫開市立券交易納財簽約 ●忌行喪安葬火葬進塔◎節後宜訂盟提親納采嫁娶會親友安床 ●忌出行求治病祈福安葬火葬進塔作灶	沖豬6 歲煞東	碓磨床 房內東	寅卯申酉

寒露

日出：05時49分

台灣寅時03時00分

日沒：17時34分

植種

北部：荷蘭豆、蘿蔔、豌豆、茄子

中部：豌豆、茄子、白菜、菠菜、馬鈴薯

南部：馬鈴薯、苦瓜、西瓜、花椰菜、荷蘭豆

撈漁

澎湖：鰮魚

蘇澳：沙魚、加蚋魚、硼串、目吼

基隆：赤鯮、烏賊、卓鯤

國曆	星期	節日	農曆	干支	五行	九星	建除	星宿	宜忌	每日沖煞年齡	每日占胎神方	每日吉時
9日	星期三	三合吉日 刀砧日	初七	丙午	水	六白	成	參	◎宜祭祀開光塑繪冠宇祈福求嗣出行求醫治病訂盟提親納采會親友嫁娶出火拆卸修造動土起基上樑安門安床移徙入宅掛匾掛開運吉祥畫開市立券交易納財簽約入殮成除服移柩破土啟攢安葬火葬進塔 ●忌作灶設醮	沖鼠5 歲煞北	廚灶碓 房內東	巳未酉戌
10日	星期四		初八	丁未	水	五黃	收	井	◎宜祭祀 ●忌作灶開市安葬火葬進塔求醫治病	沖牛4 歲煞西	倉庫廁 房內東	卯巳午酉
11日	星期五	天赦日 斗母星君聖誕 九皇大帝聖誕 中壇元帥千秋 臨水夫人李姑千秋 天上聖母飛升	初九	戊申	土	四綠	開	鬼	◎宜祭祀開光塑繪冠宇祈福求嗣出行求醫治病會親友動土起基 ○協宜開市納財簽約 ●忌修墳立碑嫁娶入宅安香安門作灶	沖虎3 歲煞南	房床爐 房內東	丑辰巳午
12日	星期六		初十	己酉	土	三碧	閉	柳	◎宜祭祀 ●忌嫁娶	沖兔2 歲煞東	占大門 外東北	辰巳午申
13日	星期日	顯星吉日 月建凶日	十一	庚戌	金	二黑	建	星	◎宜祭祀出行嫁娶會親友上樑 ●忌行喪安葬火葬進塔動土	沖龍1 歲煞北	碓磨栖 外東北	寅卯午未
14日	星期一	曲星吉日	十二	辛亥	金	一白	除	張	◎宜祭祀開光塑繪冠宇祈福設醮求嗣求醫治病出行會親友出火拆卸修造起基上樑安床 ○協宜移徙入宅 ●忌訂盟提親納采作灶嫁娶動土破土修墳立碑安葬火葬進塔	沖蛇60 歲煞西	廚灶床 外東北	寅卯午未
15日	星期二		十三	壬子	木	九紫	滿	翼	◎宜開光塑繪會親友開市立券交易納財簽約入殮成除服移柩啟攢安葬火葬進塔 ●忌嫁娶作灶移徙入宅安香安門祈福上樑出火出行	沖馬59 歲煞南	倉庫碓 外東北	卯辰巳申

日	星期	紀事	農曆	干支	五行	九星	建除	星宿	宜忌	沖煞	胎神	吉時
1[illegible]日	星期三		十四	癸[illegible]	木	白	平	軫	◎宜平治道塗[illegible] ●忌[illegible]	歲煞東	外東北	巳酉
17日	星期四	三合吉日 無極老母聖壽 朱聖夫子聖誕 南鯤鯓無王爺千秋	十五	甲寅	水	赤七	定	角	◎宜結網捕魚狩獵入殮成除服移柩破土啟攢安葬火葬進塔 ●忌嫁娶提親入宅安香上樑作灶	沖猴57 歲煞北	占門爐 外東北	丑寅 午未
18日	星期五		十六	乙卯	水	白六	執	亢	◎宜祭祀齋醮入殮成除服移柩破土啟攢安葬火葬進塔 ●忌嫁娶開市交易納財簽約入宅安香安床	沖雞56 歲煞西	碓磨門 外東北	卯未 申戌
19日	星期六	月破凶日	十七	丙辰	土	黃五	破	氐	◎宜祭祀破屋壞垣 ●凡事不取	沖狗55 歲煞南	廚灶栖 外正東	巳午 申酉
20日	星期日	刀砧日	十八	丁巳	土	綠四	危	房	◎宜求嗣訂盟提親納采嫁娶會親友 ●忌作灶出行安門上樑求醫治病火化安葬進塔	沖豬54 歲煞東	倉庫床 外正東	丑巳 午申
21日	星期一	三合吉日 刀砧日 觀世音菩薩出家紀念	十九	戊午	火	碧三	成	心	◎宜祭祀開光塑繪出行求醫治病訂盟提親納采嫁娶會親友出火拆卸修造起基上樑安門安床移徙入宅安香掛匾掛開運吉祥畫 ●忌開市動土行喪火化安葬進壙修墳立碑	沖鼠53 歲煞北	房床碓 外正東	寅巳 午未
22日	星期二	顯星吉日	二十	己未	火	黑二	收	尾	◎宜祭嫁娶祀作灶納財簽約 ●忌求醫治病火化安葬進塔修墳立碑開市	沖牛52 歲煞西	占門廁 外正東	子卯 巳午
23日	星期三	曲星吉日	廿一	庚申	木	白一	開	箕	◎宜祭祀開光塑繪冠宇祈福求嗣出行求醫治病訂盟提親納采嫁娶會親友出火拆卸修造動土起基上樑移徙入宅掛匾掛開運吉祥畫開市立券交易納財成除服移柩破土啟攢謝土 ●忌安床火化安葬入殮設醮齋醮	沖虎51 歲煞南	碓磨爐 外東南	辰巳 未申

霜降

日出：05時56分
台灣卯時06時15分
日沒：17時20分

植種
北部：馬鈴薯、卷心菜、胡椒草、皇帝豆、角菜
中部：蕃椒、火餤菜、蕃茄、大蒜
南部：芹菜、蕃椒、蕃茄、火餤菜、萵苣

撈漁
淡水：赤鬃、龍蝦
東港：烏賊
安平：硼串、卓鯤

日	星期	紀事	農曆	干支	五行	九星	建除	星宿	宜忌	沖煞	胎神	吉時
24日	星期四		廿二	辛酉	木	碧三	閉	斗	◎宜祭祀冠宇祈福求嗣齋醮嫁娶動土安床入殮成除服移柩破土啟攢安葬火葬進塔 ●忌開光求醫治病會親友安門	沖兔50 歲煞東	廚灶門 外東南	丑寅 辰巳
25日	星期五	月建凶日	廿三	壬戌	水	黑二	建	牛	◎宜祭祀開光塑繪冠宇祈福求嗣出行求醫治病訂盟提親納采嫁娶會親友上樑安門安床移徙入宅 ●忌動土行喪安葬火葬進塔破土	沖龍49 歲煞北	倉庫栖 外東南	寅卯 巳午
26日	星期六		廿四	癸亥	水	白一	除	女	◎宜祭祀開光塑繪求嗣設醮出行求醫治病會親友出火拆卸修造起基上樑安門安床 ●忌嫁娶動土破土行喪安葬火葬進塔	沖蛇48 歲煞西	占房床 外東南	子寅 卯未
27日	星期日		廿五	甲子	金	白六	滿	虛	◎宜訂盟提親納采會親友安床入殮成除服移柩破土啟攢安葬火葬進塔 ●忌嫁娶祈福謝土修墳上樑安門入宅安香出行作灶動土	沖馬47 歲煞南	占門碓 外東南	卯辰 未申
28日	星期一		廿六	乙丑	金	黃五	平	危	◎宜祭祀修飾牆面鋪馬路 ●忌嫁娶入宅安香求醫治病安葬火葬進塔安床開市交易簽約	沖羊46 歲煞東	碓磨廁 外東南	寅卯 巳申
29日	星期二	三合吉日 曲星吉日	廿七	丙寅	火	綠四	定	室	◎宜入殮成除服移柩破土啟攢安葬火葬進塔 ●忌作灶祭祀求醫治病出行	沖猴45 歲煞北	廚灶爐 外正南	巳午 酉戌
30日	星期三	五顯大帝千秋	廿八	丁卯	火	碧三	執	壁	◎宜祭祀開光塑繪冠宇祈福求嗣出行訂盟提親納采嫁娶會親友拆卸修造動土起基上樑安門安床入殮成除服移柩破土啟攢安葬火葬進塔 ●忌作灶開市立券交易簽約移徙入宅	沖雞44 歲煞西	倉庫門 外正南	巳午 未戌
31日	星期四	月破凶日 藥師如來聖誕	廿九	戊辰	木	黑二	破	奎	◎宜祭祀拆舊屋及圍牆月破凶日諸事少取 ●忌嫁娶上樑移徙入宅出行旅遊	沖狗43 歲煞南	房床栖 外正南	巳未 申酉

國曆十一月小

農曆十月大　流月乙亥月令　自十月初七日卯時立冬起　至十一月初七日子時大雪前

月煞在西方

國曆	星期	吉凶日・聖誕	農曆	干支	五行	九星	建除	星宿	宜忌	每日沖煞年齡	每日胎神占方	每日吉時
1日	星期五	刀砧日 台北府城隍聖誕	十月初一	己巳	木	白一	危	婁	◎宜求嗣嫁娶會親友安門安床納財簽約 ●忌出行求醫治病祈福齋醮作灶入宅安香	沖豬 歲煞東 42	占門床 外正南	巳午 申酉
2日	星期六	三合吉日刀砧日	初二	庚午	土	紫九	成	胃	◎宜祭祀開光塑繪冠宇祈福求嗣齋醮出行求醫治病訂盟提親納采嫁娶會親友出火拆卸修造動土起基上樑安門安床移徙入宅掛開運匾畫開市立券交易納財簽約入殮成除服移柩破土啟攢安葬火葬進塔 ●忌探病	沖鼠 歲煞北 41	占碓磨 外正南	丑寅 未申
3日	星期日		初三	辛未	土	白八	收	昴	◎宜祭祀嫁娶會親友作灶納財簽約 ●忌求醫治病破土修墳安葬火葬進塔開市動土	沖牛 歲煞西 40	厨灶廁 外西南	寅卯 午申
4日	星期一		初四	壬申	金	赤七	開	畢	◎宜祭祀開光塑繪冠宇祈福求嗣齋醮出行求醫治病嫁娶動土起基開市納財簽約成除服移柩破土啟攢謝土 ●忌安床入殮安葬火葬進塔上樑安門入宅安香作灶	沖虎 歲煞南 39	倉庫爐 外西南	子卯 辰巳
5日	星期二	達摩祖師佛辰	初五	癸酉	金	白六	閉	觜	◎宜祭祀出行嫁娶安床入殮成除服移柩破土啟攢安葬火葬進塔 ●忌開光會親友求醫治病安門	沖兔 歲煞東 38	房床門 外西南	子丑 辰巳
6日	星期三	顯星吉日 月建凶日	初六	甲戌	火	黃五	建	參	◎宜祭祀出行修造上樑安門安床 ●忌動土破土安葬火葬進塔	沖龍 歲煞北 37	門雞棲 外西南	寅卯 午未
7日	星期四	曲星吉日	初七	乙亥	火	綠四	除	井	◎宜祭祀開光設醮出行求醫治病訂盟提親納采會親友出火拆卸修造起基上樑安門安床移徙入宅 ●忌嫁娶動土作灶◎節後宜祭祀 ●忌嫁娶動土行喪安葬火葬進塔作灶齋醮破土修墳	沖蛇 歲煞西 36	碓磨床 外西南	寅卯 未申
8日	星期五	顯星吉日	初八	丙子	水	碧三	除	鬼	◎宜開光塑繪齋醮出行求醫治病訂盟提親納采嫁娶會親友出火拆卸修造動土起基上樑移徙入宅掛匾掛開吉祥晝開市立券交易納財簽約入殮成除服移柩破土啟攢安葬火葬進塔修墳立碑	沖馬 歲煞南 35	厨灶碓 外西南	丑辰 巳申
9日	星期六	曲星吉日	初九	丁丑	水	黑二	滿	柳	●凡事不取	沖羊 歲煞東 34	倉庫廁 外正西	巳午 酉亥
10日	星期日		初十	戊寅	土	白一	平	星	◎宜開光塑繪出行訂盟提親納采嫁娶會親友起基上樑安門安床開市立券交易納財入殮成除服移柩啟攢安葬火葬進塔修墳立碑 ○協宜移徙入宅 ●忌祈福祭祀求醫治病作灶動土破土謝土	沖猴 歲煞北 33	房床爐 外正西	丑巳 午未
11日	星期一	三合吉日	十一	己卯	土	紫九	定	張	◎宜祭祀開光塑繪冠宇祈福求嗣齋醮出行訂盟提親納采嫁娶會親友出火拆卸修造動土起基上樑安門安床移徙入宅掛匾掛開運吉祥晝入殮成除服移柩破土啟攢安葬火葬進塔修墳立碑謝土	沖雞 歲煞西 32	占大門 外正西	子午 未申
12日	星期二	齊天大聖佛辰	十二	庚辰	金	白八	執	翼	◎宜祭祀開光塑繪冠宇祈福求嗣齋醮求醫治病出行嫁娶會親友出火拆卸修造起基上樑安床安門移徙入宅掛匾掛開運吉祥晝入殮成除服移柩啟攢安葬火葬進塔 ●忌動土開市立券交易納財簽約作灶破土	沖狗 歲煞南 31	碓磨棲 外正西	丑未 申酉
13日	星期三	月破凶日	十三	辛巳	金	赤七	破	軫	◎宜求醫治病破屋壞垣諸事少取	沖豬 歲煞東 30	厨灶床 外正西	寅午 申酉
14日	星期四	探病凶日	十四	壬午	木	白六	危	角	◎宜祭祀開光塑繪冠宇祈福求嗣齋醮出行訂盟嫁娶會親友出火拆卸修造起基上樑安床安門斗入宅安香掃舍宇安機械掛匾動土開市立券交易納財 ●忌求醫治病行喪安葬火葬探病	沖鼠 歲煞北 29	倉庫碓 外西北	寅卯 巳未
15日	星期五	三合吉日 下元水官大帝聖誕	十五	癸未	木	黃五	成	亢	◎宜祭祀開光塑繪冠宇祈福求嗣訂盟提親納采會親友起基入殮成除服移柩啟攢安葬火葬進塔修墳立碑 ○協宜開市立券交易納財簽約 ●忌求醫治病嫁娶出行移徙入宅安床作灶	沖牛 歲煞西 28	房床廁 外西北	卯巳 午未

立冬

日出：06時05分
台灣卯時06時20分
日沒：17時10分

植種

北部：馬鈴薯、野蜀葵、茄子、皇帝豆、菜豆
中部：蕗蕎、百合、玉米、胡蘿蔔
南部：西瓜、苦瓜、石刁柏、球莖甘藍、大小麥

撈漁

澎湖：卓鯉
高雄：卓鯉、沙魚
東港：馬鮫、鰛魚、沙魚

日	星期	節日	農曆	干支	五行	九星	建除	星宿	宜忌	沖煞	胎神	吉時
16日	星期六	刀砧日	十六	甲申	水	綠	收	氐	●忌嫁娶開市安葬火葬進塔交易納財簽約修墳安門作灶	歲煞南	外西北	巳未
17日	星期日	顯星吉日 刀砧日	十七	乙酉	水	碧三	開	房	◎宜祭祀開光塑繪冠宇祈福求嗣齋醮出行訂盟提親納采嫁娶拆卸修造動土起基安床開市立券交易納財簽約成除服移柩破土啟攢修墳立碑謝土 ●忌會親友安門入宅安香作灶入殮安葬火葬進塔	沖兔26 歲煞東	碓磨門 外西北	丑寅 辰巳
18日	星期一	曲星吉日 地母至尊千秋	十八	丙戌	土	黑二	閉	心	◎宜祭祀求嗣嫁娶安床入殮成除服移柩破土啟攢 ●忌作灶開光開市	沖龍25 歲煞北	厨灶棲 外西北	卯巳 午未
19日	星期二	月建凶日	十九	丁亥	土	白一	建	尾	◎宜祭祀求嗣 ●忌作灶嫁娶行喪火化安葬進塔動土破土開市	沖蛇24 歲煞西	倉庫床 外西北	寅卯 午未
20日	星期三		二十	戊子	火	紫九	除	箕	◎宜開光塑繪出行求醫治病求嗣訂盟提親納采嫁娶出火拆卸修造動土起基上樑安門移徙入宅入殮成除服移柩破土火化安葬進塔 ●忌安床作灶	沖馬23 歲煞南	房床碓 外正北	丑辰 巳未
21日	星期四		廿一	己丑	火	白八	滿	斗	◎宜開光塑繪會親友安門床 ●忌嫁娶出行祈福火化安葬進塔動土出火移徙入宅安香	沖羊22 歲煞東	占門廁 外正北	巳午 申酉
22日	星期五	青山靈安尊王千秋	廿二	庚寅	木	赤七	平	牛	◎宜開光塑繪出行訂盟提親納采嫁娶會親友出火拆卸修造動土起基安床上樑移徙入宅開市立券交易納財簽約入殮成除服移柩破土啟攢謝土火化安葬進塔立碑 ●忌祭祀安門求醫治病祈福謝土作灶	沖猴21 歲煞北	碓磨爐 外正北	午未 酉戌

小雪

日出：06時16分
台灣寅時03時56分
日沒：17時04分

植種

北部：萵苣、芹菜、胡椒、刈菜
中部：馬鈴薯、大蔥、玉米、蘿蔔
南部：關刀豆、胡瓜、蘿蔔、大蔥、玉米

撈漁

蘇澳：旗魚
基隆：赤鬃、梳魚、目吼
淡水：加蚋魚、旗魚、赤鬃

日	星期	節日	農曆	干支	五行	九星	建除	星宿	宜忌	沖煞	胎神	吉時
23日	星期六	三合吉日 南天周倉將軍聖誕	廿三	辛卯	木	白六	定	女	◎宜祭祀開光塑繪冠宇祈福求嗣出行嫁娶會親友出火拆卸修造動土起基上樑安門安床移徙入宅開市立券交易納財簽約入殮成除服移柩破土啟攢安葬火葬進塔修墳立碑 ●忌求醫治病	沖雞20 歲煞西	厨灶門 外正北	寅午 未戌
24日	星期日		廿四	壬辰	水	黃五	執	虛	◎宜祭祀提親納采嫁娶 ●忌動土出行入宅上樑安門安葬火葬進塔破土作灶造開市	沖狗19 歲煞南	倉庫棲 外正北	卯巳 申酉
25日	星期一	月破凶日 許真人千秋	廿五	癸巳	水	綠四	破	危	◎宜求醫治病拆舊屋及圍牆其他諸事少取	沖豬18 歲煞東	占房床 房內北	子丑 卯巳
26日	星期二	顯星吉日 白鶴先師誕辰 八卦祖師成道	廿六	甲午	金	碧三	危	室	◎宜祭祀開光塑繪冠宇祈福求嗣齋醮出行訂盟提親納采嫁娶會親友出火拆卸修造動土起基上樑安門安床移徙入宅掛開運匾畫納財簽約入殮成除服移柩破土啟攢安葬火葬進塔修墳立碑謝土 ●忌求醫治病	沖鼠17 歲煞北	占門碓 房內北	寅卯 未戌
27日	星期三	三合吉日 曲星吉日 紫微星君聖誕	廿七	乙未	金	黑二	成	壁	◎宜祭祀開光塑繪冠宇祈福求嗣齋醮訂盟提親納采會親友拆卸修造起基上樑安門安床掛開運匾畫入殮成除服移柩啟攢安葬火葬進塔修墳立碑謝土 ●忌嫁娶出火移徙入宅出行求醫治病	沖牛16 歲煞西	碓磨廁 房內北	子寅 卯午
28日	星期四	刀砧日	廿八	丙申	火	白一	收	奎	●忌多諸事不取本日凶星多吉星無法解制故少用多積德行善來開運	沖虎15 歲煞南	厨灶爐 房內北	辰巳 午酉
29日	星期五	刀砧日	廿九	丁酉	火	紫九	開	婁	◎宜祭祀開光塑繪冠宇祈福求嗣齋醮出行嫁娶拆卸動土起基安床開市立券交易納財簽約成除服移柩破土啟攢修墳立碑謝土 ●忌入殮安葬火葬進塔作灶會親友上樑安門入宅安香	沖兔14 歲煞東	倉庫門 房內北	辰巳 午酉
30日	星期六		三十	戊戌	木	白八	閉	胃	◎宜嫁娶安床入殮成除服移柩破土 ●忌開光求醫治病作灶	沖龍13 歲煞北	房床棲 房內南	卯巳 午未

※僅防假冒，請認明本人親自服務，坊間有冒名代理安排或代理執行鑑定造福之不肖之徒，請勿受騙，特此通告。風水地理陰陽宅造福開運權威—陳冠宇大師。陳冠宇本人預約電話：02-27723487 0928279865

國曆十二月大

農曆十一月大　流月丙子月令

自十一月初七日子時大雪起　至十二月初六日巳時小寒前

月煞在南方

										每日沖煞年齡	每日胎神占方	每日吉時
1日	星期日	月建凶日	十一月初一	己亥	木	赤七	建	昴	◎宜出行月建凶日諸事少取 ●忌嫁娶動土破土安葬火葬進塔齋醮作灶開市	沖蛇12 歲煞西	占門房 床內南	寅卯 午未
2日	星期一		初二	庚子	土	白六	除	畢	◎宜祭祀開光塑繪冠宇祈福求嗣齋醮出行求醫治病訂盟提親納采嫁娶會親友拆卸修造動土起基上樑安門移徙入宅掛開運匾畫入殮成除服移柩破土啟攢安葬火葬進塔修墳立碑謝土 ●忌作灶安床	沖馬11 歲煞南	占碓磨 房內南	辰未 申酉
3日	星期二		初三	辛丑	土	黃五	滿	觜	◎宜開光塑繪會親友凶星多故諸事少取 ●忌祈福謝土安葬火葬進塔開市嫁娶出行入宅安香動土上樑作灶	沖羊10 煞東	廚灶廁 房內南	寅巳 午申
4日	星期三	安南尊王千秋	初四	壬寅	金	綠四	平	參	◎宜出行嫁娶會親友出火拆卸修造動土起基上樑安門移徙入宅掛開運匾畫開市立券交易納財簽約 ●忌祭祀安葬火葬進塔作灶修墳求醫治病謝土祈福探病	沖猴9 歲煞北	倉庫爐 房內南	子卯 巳午
5日	星期四	三合吉日 女媧娘娘誕辰	初五	癸卯	金	碧三	定	井	◎宜祭祀開光塑繪冠宇祈福求嗣齋醮出行訂盟提親納采嫁娶會親友作灶出火拆卸修造動土起基上樑安門安床移徙入宅掛開運匾畫開市立券交易納財簽約入殮成除服移柩破土啟攢安葬火葬進塔修墳立碑謝土 ●忌求醫治病	沖雞8 歲煞西	房床門 房內南	卯巳 未戌
6日	星期五	曲星吉日	初六	甲辰	火	黑二	執	鬼	◎宜祭祀開光塑繪冠宇祈福求嗣齋醮出行求醫治病訂盟嫁娶會親友出火拆卸修造起基上樑安床移徙入宅掛開運匾畫作灶入殮成除服移柩啟攢安葬火葬進塔謝土※冠宇大師從業五十週年紀念 ●忌安門開市立券交易納財簽約動土破土◎節後宜祭祀開光塑繪冠宇祈福求嗣齋醮出行訂盟提親納采嫁娶會親友出火拆卸修造動土起基上樑安門安床移徙入宅掛匾掛開運吉祥畫入殮成除服移柩破土安葬火葬進塔 ●忌求醫治病作灶安門	沖狗7 歲煞南	占門栖 房內東	寅未 申酉
7日	星期六	月破凶日	初七	乙巳	火	白一	執	柳	◎宜祭祀求醫治病拆舊屋及圍牆月破凶日諸事少取	沖豬6 歲煞東	碓磨床 房內東	寅卯 申酉
8日	星期日	月破凶日	初八	丙午	水	紫九	破	星	◎宜治病破屋壞垣凡事少取	沖鼠5 歲煞北	廚灶碓 房內東	巳未 酉戌
9日	星期一		初九	丁未	水	白八	危	張	◎宜祭祀開光冠宇祈福求嗣設醮提親動土起基安床交易簽約 ●忌作灶求醫治病安門	沖牛4 歲煞西	倉庫廁 房內東	卯巳 午酉
10日	星期二	三合吉日 刀砧日	初十	戊申	土	赤七	成	翼	◎宜祭祀開光塑繪設醮出行求醫治病會親友出火拆卸修造起基上樑安門移徙掛匾掛開運吉祥畫入殮成除服移柩啟攢安葬火葬進塔修墳立碑〇協宜開市立券交易納財簽約 ●忌安床動土	沖虎3 歲煞南	房床爐 房內東	丑辰 巳午
11日	星期三	刀砧日 太乙救苦天尊聖誕	十一	己酉	土	白六	收	軫	◎宜掃舍宇 ●忌嫁娶提親安葬火葬進塔上樑入宅安香作灶安門	沖兔2 歲煞東	占大門 外東北	辰巳 午申
12日	星期四		十二	庚戌	金	黃五	開	角	◎宜祭祀開光塑繪冠宇祈福求嗣設醮提親納采會親友拆卸修造動土起基上樑安門安床成除服移柩破土 ●忌嫁娶出行出火移徙入宅入殮安葬火葬進塔	沖龍1 歲煞北	碓磨栖 外東北	寅卯 午未
13日	星期五	顯星吉日	十三	辛亥	金	綠四	閉	亢	◎宜修造動土安門〇協宜開市立券交易納財簽約移徙入宅 ●忌嫁娶行喪安葬火葬進塔開光祈福安床	沖蛇60 歲煞西	廚灶床 外東北	寅卯 午未
14日	星期六	曲星吉日 月建凶日	十四	壬子	木	碧三	建	氐	◎宜入殮成除服移柩啟攢行喪安葬火葬進塔 ●忌作灶動土破土嫁娶求醫治病	沖馬59 歲煞南	倉庫碓 外東北	卯辰 巳申
15日	星期日	無極瑤池金母聖誕	十五	癸丑	木	黑二	除	房	◎宜祭祀冠宇祈福求嗣出行求醫治病嫁娶會親友出火拆卸修造動土起基上樑安床安門移徙入宅掛匾掛開運吉祥畫開市立券交易納財簽約 ●忌行喪安葬火葬進塔開光作灶	沖羊58 歲煞東	房床廁 外東北	子卯 巳酉

大雪

日出：06時26分

台灣子時23時17分

日沒：17時04分

植種

北部：冬瓜、南瓜、扇蒲、卷心白菜

中部：南瓜、扇蒲、韭菜、款冬、蘿蔔、玉米

南部：西瓜、苦瓜、胡瓜、甜瓜、扇蒲、韭菜

撈漁

澎湖：梳齒魚

淡水：旗魚、赤鬃

基隆：梳齒魚、赤鬃

日	星期	紀念日	農曆	干支	五行	九星	建除	星宿	宜忌	沖煞	胎神	吉時
16日	星期一	探病凶日	十六	甲寅	水	一白	滿	心	納財簽約入殮成除服移柩啟攢行喪安葬火葬修墳立碑 ●忌嫁娶出火祭祀祈福設醮作灶移徙入宅謝土	歲煞北5	外東北	午未
17日	星期二	阿彌陀佛佛誕	十七	乙卯	水	九紫	平	尾	◎宜祭祀修飾垣牆 ●忌嫁娶提親上樑入宅安香	沖雞 歲煞西56	碓磨門 外東北	卯未申戌
18日	星期三	三合吉日	十八	丙辰	土	八白	定	箕	◎宜祭祀開光塑繪冠宇祈福求嗣齋醮訂盟提親納采嫁娶會親友出火拆卸修造動土起基上樑安床安門入宅安香掛匾掛開運吉祥畫入殮成除服移柩破土火化安葬火葬進塔 ●忌作灶求醫治病開市	沖狗 歲煞南55	廚灶栖 外正東	巳午申酉
19日	星期四	九蓮菩薩佛誕	十九	丁巳	土	七赤	執	斗	◎宜祭祀捕捉畋獵 ●忌作灶出行開市交易簽約嫁娶火化安葬上樑	沖豬 歲煞東54	倉庫床 外正東	丑巳午申
20日	星期五	月破凶日	二十	戊午	火	六白	破	牛	◎宜祭祀求醫治病破屋壞垣凡事少取 ●忌動土修造上樑安門入宅安香作灶嫁娶提親出行	沖鼠 歲煞北53	房床碓 外正東	寅巳午未
21日	星期六		廿一	己未	火	五黃	危	女	◎宜祭祀冠宇祈福求嗣齋醮動土安床入殮成除服移柩破土 ●忌作灶求醫治病安門	沖牛 歲煞西52	占門廁 外正東	子卯巳午

冬至

日出：06時35分

台灣酉時17時21分

日沒：17時10分

植種

北部：皇帝豆、菜豆、蘿蔔

中部：胡蘿蔔、石刁柏

南部：冬瓜、茄子、蕗蕎、韭菜、蘿蔔、大蔥

撈漁

高雄：硼串、過仔魚、沙魚

東港：過仔魚、沙魚、馬鮫、烏魚

安平：馬鮫、烏魚

日	星期	紀念日	農曆	干支	五行	九星	建除	星宿	宜忌	沖煞	胎神	吉時
22日	星期日	三合吉日 顯星吉日	廿二	庚申	木	三碧	成	虛	◎宜開光塑繪冠宇祈福求嗣齋醮出行求醫治病訂盟提親納采嫁娶會親友出火拆卸修造起基上樑安門移徙入宅掛匾掛開運吉祥畫入殮成除服移柩啟攢火化安葬火葬進塔 ●忌動土安床	沖虎 歲煞南51	碓磨爐 外東南	辰巳未申
23日	星期一	曲星吉日 刀砧日 張仙大帝聖誕	廿三	辛酉	木	四綠	收	危	◎宜祭祀開光設醮安床作灶陽宅大掃除開運 ●忌會親友破土安葬火葬進塔開市交易簽約動土	沖兔 歲煞東50	廚灶門 外東南	丑寅辰巳
24日	星期二		廿四	壬戌	水	五黃	開	室	◎宜祭祀開光塑繪冠宇祈福求嗣訂盟提親納采會親友拆卸修造動土起基上樑安門安床掛開運匾畫成除服移柩破土 ●忌移徙入宅嫁娶出行上官赴任就職出火入殮安葬火葬進塔	沖龍 歲煞北49	倉庫栖 外東南	寅卯巳午
25日	星期三		廿五	癸亥	水	六白	閉	壁	◎宜修造沐浴合帳裁衣坐樑開柱眼作灶開廁作陂築隄塞穴斷蟻 ●忌嫁娶詞訟開光行喪安葬火葬進塔祭祀祈福安床開井療目求醫治病	沖蛇 歲煞西48	占房床 外東南	子寅卯未
26日	星期四	天赦日月 建凶日	廿六	甲子	金	一白	建	奎	◎宜祭祀交易納財簽約入殮成除服移柩啟攢安葬火葬進塔修墳 ●忌修造動土破土設醮上樑移徙入宅	沖馬 歲煞南47	占門碓 外東南	卯辰未申
27日	星期五	董公真仙聖誕	廿七	乙丑	金	二黑	除	婁	◎宜祭祀冠宇祈福求嗣求醫治病出行訂盟提親納采嫁娶會親友出火拆卸修造動土起基上樑安門安床移徙入宅掛開運匾畫開市立券交易納財簽約大掃除開運 ●忌行喪安葬火葬進塔齋醮	沖羊 歲煞東46	碓磨廁 外東南	寅卯巳申
28日	星期六	顯星吉日	廿八	丙寅	火	三碧	滿	胃	◎宜訂盟提親納采會親友拆卸修造起基上樑安門安床開市立券交易納財簽約入殮成除服移柩啟攢安葬火葬進塔修墳立碑 ●忌祭祀作灶祈福出火移徙入宅嫁娶求醫治病	沖猴 歲煞北45	廚灶爐 外正南	巳午酉戌
29日	星期日		廿九	丁卯	火	四綠	平	昴	◎宜祭祀鋪平馬路其他諸事少取 ●忌作灶求醫治病嫁娶上樑移徙入宅	沖雞 歲煞西44	倉庫門 外正南	巳午未戌
30日	星期一	三合吉日	三十	戊辰	木	五黃	定	畢	◎宜祭祀開光塑繪冠宇祈福求嗣求醫治病出行訂盟提親納采嫁娶會親友出火拆卸修造動土起基上樑安門安床移徙入宅掛開運匾畫入殮成除服移柩破土安葬火葬進塔 ●忌作灶求醫治病	沖狗 歲煞南43	房床栖 外正南	巳未申酉
31日	星期二		十一月初一	己巳	木	六白	執	觜	◎宜祭祀開光塑繪冠宇祈福求嗣設醮嫁娶會親友出火拆卸修造動土起基上樑安門安床移徙入宅掛開運匾畫冠宇大師為你祈福	沖豬 歲煞東42	占門床 外正南	巳午申酉

公元二〇二五年 國曆一月大

民國一一四年

農曆十二月小 流月丁丑月令 自十二月初六日巳時小寒起 至正月初六日亥時立春前

月煞在東方

國曆	星期	紀事	農曆	干支	五行	九星	建除	星宿	宜忌	每日沖煞年齡	每日胎神占方	每日吉時
1日	星期三	月破凶日 探病凶日	初二	庚午	土	赤七	破	參	◎宜求醫治病拆舊屋及圍牆月破凶日諸事少取 ●忌探病若不得不的狀況之下需要前往醫院探病請準備一張護身符鹽米艾草紅色鈔票置於紅包袋中帶於身上可免代人受災	沖鼠 歲煞北 41	占碓磨 外正南	丑寅 未申
2日	星期四		初三	辛未	土	白八	危	井	◎宜祭祀開光出行安門立券交易簽約入殮成除服移柩破土啟攢修墳安葬火葬進塔 ●忌求醫治病作灶安門	沖牛 歲煞西 40	廚灶廁 外西南	寅卯 午申
3日	星期五	三合吉日 三代祖師聖誕	初四	壬申	金	紫九	成	鬼	◎宜祭祀開光塑繪冠宇祈福求嗣齋醮出行求醫治病訂盟提親納采嫁娶會親友出火拆卸修造起基上樑安門移徙入宅掛開運匾畫入殮成除服移柩啟攢安葬火葬進塔修墳立碑 ●忌動土安床破土	沖虎 歲煞南 39	倉庫爐 外西南	子卯 辰巳
4日	星期六		初五	癸酉	金	白一	收	柳	◎宜祭祀納財凶星多無法制化故諸事少取 ●忌會親友開市行喪安葬火葬進塔移徙入宅出火作灶安門安床	沖兔 歲煞東 38	房床門 外西南	子丑 辰巳
5日	星期日	普庵祖師聖誕	初六	甲戌	火	黑二	開	星	◎宜祭祀開光塑繪冠宇祈福求嗣齋醮訂盟提親納采會親友拆卸修造動土起基上樑安門安床立券交易納財簽約成除服移柩破土 ●忌出行嫁娶出火移徙入宅入殮安葬火葬進塔◎節後宜祭祀開光塑繪冠宇祈福求嗣設醮作灶 ●忌破土安葬火葬進塔修墳開市安床	沖龍 歲煞北 37	門雞栖 外西南	寅卯 午未
小寒		日出：06時40分 台灣巳時10時33分 日沒：17時18分	**植種**						北部：菜豆、蘿蔔、皇帝豆 中部：南瓜、胡瓜、冬瓜、西瓜 南部：南瓜、冬瓜、茄子 **撈漁** 澎湖：沙魚、狗母、龍蝦、赤鯮 蘇澳：梳齒、釘鮸、赤鯮 基隆：釘鮸、赤鯮			
6日	星期一	曲星吉日	初七	乙亥	火	碧三	開	張	◎宜祭祀開光繪冠宇祈福求嗣設醮訂盟提親納采會親友出火拆卸修造動土起基上樑安門安床移徙入宅開市立券交易納財簽約 ●忌嫁娶入殮安葬火葬進塔	沖蛇 歲煞西 36	碓磨床 外西南	寅卯 未申
7日	星期二	釋迦如來成佛	初八	丙子	水	綠四	閉	翼	◎宜祭祀齋醮安床立券交易納財簽約入殮成除服移柩啟攢安葬火葬進塔修墳立碑 ●忌作灶動土嫁娶入宅安香	沖馬 歲煞南 35	廚灶碓 外西南	丑辰 巳申
8日	星期三	月建凶日	初九	丁丑	水	黃五	建	軫	◎宜祭祀其它不取 ●忌作灶動土破土嫁娶出行入宅安香安葬火葬進塔	沖羊 歲煞東 34	倉庫廁 外正西	巳午 酉亥
9日	星期四		初十	戊寅	土	白六	除	角	◎宜開光塑繪訂盟提親納采嫁娶會親友出火拆卸修造動土起基上樑安門安床入宅安香掛匾掛開運吉祥畫開市立券交易納財簽約入殮成除服移柩破土啟攢安葬火葬進塔修墳立碑 ●忌祭祀出行作灶	沖猴 歲煞北 33	房床爐 外正西	丑巳 午未
10日	星期五		十一	己卯	土	赤七	滿	亢	◎宜提親納采嫁娶會親友安床開市立券交易納財簽約 ●忌修造動土上樑安門入宅安香安葬火葬進塔祈福作灶	沖雞 歲煞西 32	占大門 外正西	子午 未申
11日	星期六		十二	庚辰	金	白八	平	氐	◎宜祭祀嫁娶安床 ●忌求醫治病作灶結婚	沖狗 歲煞南 31	碓磨栖 外正西	丑未 申酉
12日	星期日	三合吉日	十三	辛巳	金	紫九	定	房	◎宜祭祀冠宇祈福訂盟提親納采嫁娶會親友動土起基 ●忌出行安門入宅安香安葬火葬進塔開市作灶	沖豬 歲煞東 30	廚灶床 外正西	寅午 申酉
13日	星期一		十四	壬午	木	白一	執	心	◎宜祭祀開光塑繪冠宇祈福求嗣齋醮出行嫁娶會親友修造動土起基上樑移徙入宅入殮成除服移柩破土啟攢安葬火葬進塔修墳立碑 ●忌開市立券交易納財簽約安門作灶	沖鼠 歲煞北 29	倉庫碓 外西北	寅卯 巳未
14日	星期二	顯星吉日 月破凶日	十五	癸未	木	黑二	破	尾	◎宜祭祀破屋壞垣凡事少取	沖牛 歲煞西 28	房床廁 外西北	卯巳 午未
15日	星期三	曲星吉日 刀砧日 福德正神千秋 尾牙	十六	甲申	水	碧三	危	箕	◎宜開光塑繪求嗣齋醮出行訂盟提親納采嫁娶會親友出火拆卸修造動土起基上樑移徙入宅掛匾掛開運吉祥畫開市立券交易納財入殮成除服移柩破土啟攢安葬火葬進塔修墳立碑◎宜安床求醫治病祈福設醮	沖虎 歲煞南 27	占門爐 外西北	卯辰 巳未

日	星期	備註	農曆	干支	五行	九星	建除	星宿	宜忌	沖煞	胎神	吉時
16日	星期四	三合吉日刀砧日	十七	乙酉	水	綠[illegible]	成	斗	◎宜[illegible]土開市立券交易納財簽約 ●忌嫁娶提親入宅安香	歲煞東[illegible]	外西北[illegible]	辰巳[illegible]
17日	星期五		十八	丙戌	土	黃 五	收	牛	◎祭祀嫁娶捕捉 ●忌作灶火化安葬進塔開市安床	沖龍25 歲煞北	廚灶栖 外西北	卯巳午未
18日	星期六		十九	丁亥	土	白 六	開	女	◎宜祭祀開光塑繪冠宇祈福求嗣設醮入殮求醫治病訂盟提親納采出火拆卸修造動土起基上樑安門安床移徙入宅開市立券交易納財簽約 ●忌嫁娶行喪火化安葬進塔入殮作灶	沖蛇24 歲煞西	倉庫床 外西北	寅卯午未
19日	星期日		二十	戊子	火	赤 七	閉	虛	◎宜安床立券交易簽約入殮成除服移柩火化安葬進塔 ●忌開光求醫治病動土破土嫁娶出行入宅安香	沖馬23 歲煞南	房床碓 外正北	丑辰巳未
20日	星期一	月建凶日	廿一	己丑	火	白 八	建	危	◎宜祭祀 ●忌嫁娶動土破土行喪火化安葬進塔出行作灶	沖羊22 歲煞東	占門廁 外正北	巳午申酉

大寒

日出：06時40分
台灣寅時04時00分
日沒：17時29分

植種

北部：絲瓜、胡蘿蔔、胡瓜、萵苣、菠菜
中部：絲瓜、菠菜、胡瓜、胡蘿蔔、小白菜
南部：絲瓜、土白菜、蓮藕、白芋、水芋

撈漁

新港：釘鮀、硼串
東港：狗母、過仔魚
安平：馬鮫、沙魚、烏魚

日	星期	備註	農曆	干支	五行	九星	建除	星宿	宜忌	沖煞	胎神	吉時
21日	星期二		廿二	庚寅	木	紫 九	除	室	◎宜開光塑繪出行求醫治病訂盟提親納采嫁娶會親友動土起基立券交易納財簽約入殮成除服移柩啟攢破土火化安葬進塔修墳立碑 ●忌祭祀安門入宅安香作灶出火謝土	沖猴21 歲煞北	碓磨爐 外正北	午未酉戌
22日	星期三		廿三	辛卯	木	白 一	滿	壁	◎宜入殮出行嫁娶會親友安床開市立券交易納財簽約移柩啟攢火化安葬進塔修墳立碑 ●忌安門祈福謝土入宅安香上樑修造作灶動土	沖雞20 歲煞西	廚灶門 外正北	寅午未戌
23日	星期四	顯星吉日 謝神送神	廿四	壬辰	水	黑 二	平	奎	◎宜平治道塗 ●忌求醫治病作灶	沖狗19 歲煞南	倉庫栖 外正北	卯巳申酉
24日	星期五	三合吉日 曲星吉日 天神下降	廿五	癸巳	水	碧 三	定	婁	◎宜祭祀開光塑繪訂盟提親納采嫁娶會親友出火拆卸修造動土起基上樑安門安床入宅安香掛匾掛開運吉祥畫 ●忌出行求醫治病行喪火化安葬進塔開市	沖豬18 歲煞東	占房床 房內北	子丑卯巳
25日	星期六		廿六	甲午	金	綠 四	執	胃	◎宜祭祀開光塑繪冠宇祈福齋醮求嗣出行訂盟提親納采嫁娶會親友出火拆卸修造動土起基上樑安床入宅安香入殮成除服移柩啟攢破土火化安葬修墳立碑謝土 ●忌開市立券交易納財簽約安門作灶	沖鼠17 歲煞北	占門碓 房內北	寅卯未戌
26日	星期日	月破凶日	廿七	乙未	金	黃 五	破	昴	◎宜祭祀破屋壞垣 ●月破凶日凡事少取	沖牛16 煞西	碓磨廁 房內北	子寅卯午
27日	星期一	刀砧日	廿八	丙申	火	白 六	危	畢	◎宜開光塑繪求嗣出行訂盟提親納采嫁娶出火拆卸修造動土起基上樑入宅安香掛匾掛開運吉祥畫開市立券交易納財簽約入殮移柩啟攢火化安葬進塔修墳立碑 ●忌作灶安床求醫治病祈福設醮謝土	沖虎15 歲煞南	廚灶爐 房內北	辰巳午酉
28日	星期二	三合吉日 刀砧日 除夕 華嚴菩薩佛誕 南北斗星君下降	廿九	丁酉	火	赤 七	成	觜	◎宜祭祀齋醮入殮成除服移柩破土啟攢火化安葬進塔修墳立碑 ●忌作灶會親友嫁娶提親上樑入宅安香	沖兔14 歲煞東	倉庫門 房內北	辰巳午酉
29日	星期三	元始天尊萬壽 彌勒佛祖佛誕	正月初一	戊戌	木	白 八	收	參	◎宜祭祀納財捕捉畋獵 ●忌火化安葬進塔開市破土作灶安床啟攢	沖龍14 歲煞北	房床栖 房內南	卯巳午未
30日	星期四		初二	己亥	木	紫 九	開	井	◎宜祭祀冠宇祈福求嗣設醮求醫治病訂盟提親納采會親友 ●忌嫁娶行喪火化安葬進塔上樑安門入宅安香作灶	沖蛇13 歲煞西	占門房 床內南	寅卯午未
31日	星期五	孫真人千秋	初三	庚子	土	白 一	閉	鬼	◎宜祭祀冠宇祈福求嗣齋醮提親安床立券交易納財簽約入殮成除服移柩啟攢火化安葬進塔修墳立碑謝土 ●忌動土開光開市嫁娶移徙入宅作灶	沖馬12 歲煞南	占碓磨 房內南	辰未申酉

國曆二月小

農曆正月大 自正月初六日亥時立春起
流月戊寅月令 至二月初六日申時驚蟄前

月煞在北方

國曆	星期	節日	農曆	干支	五行	九星	建除	星宿	宜忌	每日沖煞年齡	每日胎神占方	每日吉時
1日	星期六	月建凶日	初四	辛丑	土	黑二	建	柳	◎宜祭祀 ●忌嫁娶動土出行入宅安香作灶火化安葬進塔	沖羊11 歲煞東	廚灶廁 房內南	寅巳 午申
2日	星期日		初五	壬寅	金	碧三	除	星	◎宜開光塑繪齋醮嫁娶會親友出火拆卸修造動土起基上樑安門安床入宅安香掛匾掛開運吉祥畫入殮成除服移柩啟攢破土火化安葬進塔修墳立碑 ●忌祭祀出行訂盟謝土作灶提親納采	沖猴10 歲煞北	倉庫爐 房內南	子卯 巳午
3日	星期一	清水祖師千秋	初六	癸卯	金	綠四	滿	張	◎宜出行訂盟提親納采嫁娶會親友起基安床立券交易納財簽約入殮移柩啟攢火化安葬進塔修墳立碑 ●忌祈福動土上樑安門入宅安香作灶	沖雞9 歲煞西	房床門 房內南	卯巳 未戌
立春		日出：06時36分 台灣亥時22時10分 日沒：17時39分	植種	北部：茄子、蕃茄、大蔥、牛蒡、水稻 中部：莿瓜、胡瓜、甜瓜、肉豆、甕菜 南部：薑、甜菜、醃瓜、芋頭、刀豆					撈漁 澎湖：梳齒、釘鯢、沙魚、狗母 蘇澳：梳齒、釘鯢、龍蝦、沙魚 基隆：釘鯢、沙魚、梳齒、加蚋			
4日	星期二	曲星吉日	初七	甲辰	火	黃五	滿	翼	◎宜開光塑繪求嗣嫁娶會親友安床 ●忌安門設醮開市交易簽約安葬火葬進塔動土作灶	沖狗8 歲煞南	占門栖 房內東	寅未 申酉
5日	星期三	五殿閻羅王聖誕	初八	乙巳	火	白六	平	軫	◎宜平治道塗 ●忌出行祈福行喪安葬火葬進塔安門	沖豬7 歲煞東	碓磨床 房內東	寅卯 申酉
6日	星期四	三合吉日 玉皇上帝萬壽	初九	丙午	水	赤七	定	角	◎宜祭祀提親出行開市立券交易納財簽約冠宇祈福求嗣安機械開光訂盟塑繪嫁娶會親友出火拆卸修造起基動土上樑安門安床掛匾及開運吉祥畫入殮成除服移柩破土啟攢安葬火葬進塔謝土 ●忌作灶求醫治病	沖鼠6 歲煞北	廚灶碓 房內東	巳未 酉戌
7日	星期五		初十	丁未	水	白八	執	亢	◎宜祭祀冠宇祈福求嗣出行訂盟提親嫁娶會親友出火拆卸修造動土起基上樑安床移徙入宅入殮移柩破土啟攢安葬火葬進塔 ●忌作灶開市立券簽約	沖牛5 歲煞西	倉庫廁 房內東	卯巳 午酉
8日	星期六	月破凶日	十一	戊申	土	紫九	破	氐	◎宜祭祀求醫治病掃舍宇破屋壞垣 ●忌安床作灶移徙入宅	沖虎4 歲煞南	房床爐 房內東	丑辰 巳午
9日	星期日		十二	己酉	土	白一	危	房	◎宜祭祀開光塑繪冠宇祈福求嗣齋醮出行出火拆卸修造動土起基上樑安門斗開市移徙入宅掛匾及開運吉祥畫入殮成除服移柩啟攢破土火化安葬火葬進塔 ●忌訂盟嫁娶會親友安床作灶	沖兔3 歲煞東	占大門 外東北	辰巳 午申
10日	星期一	三合吉日 關聖帝君飛昇	十三	庚戌	金	黑二	成	心	◎宜塞穴斷蟻結網捕魚狩獵入殮成除服移柩破土安葬火葬進塔●忌嫁娶納采 會親友入宅安香安床出行	沖龍2 歲煞北	碓磨栖 外東北	寅卯 午未
11日	星期二	刀砧日	十四	辛亥	金	碧三	收	尾	◎宜祭祀開光塑繪冠宇祈福求嗣出行訂盟會親友修造動土起基上樑安門斗安床〇協宜開市納財簽約 ●忌嫁娶破土行喪安葬火化進塔	沖蛇1 歲煞西	廚灶床 外東北	寅卯 午未
12日	星期三	刀砧日 顯星吉日 上元天官大帝聖誕 臨水夫人陳靖姑千秋	十五	壬子	木	綠四	開	箕	◎宜祭祀開光塑繪冠宇祈福求嗣齋醮出行求醫治病訂盟嫁娶會親友動土安床成除服移柩啟攢破土〇協宜開市納財簽約 ●忌火化安葬火葬出行入宅安香安香	沖馬60 歲煞南	倉庫碓 外東北	卯辰 巳申
13日	星期四	曲星吉日	十六	癸丑	木	黃五	閉	斗	◎宜祭祀安床入殮成除服移柩啟攢火化安葬火葬進塔 ●忌提親納采入宅安香	沖羊59 歲煞東	房床廁 外東北	子卯 巳酉
14日	星期五	探病凶日	十七	甲寅	水	白六	建	牛	◎宜會親友立券交易簽約 ●忌祭祀嫁娶安葬火葬進塔	沖猴58 歲煞北	占門爐 外東北	丑寅 午未
15日	星期六	探病凶日	十八	乙卯	水	赤七	除	女	◎宜祭祀開光塑繪冠宇祈福求嗣齋醮出行求醫治病訂盟提親納采嫁娶會親友出火拆卸修造動土起基上樑安門安床移徙入宅開市立券交易簽約入殮成除服破土啟攢安葬火葬進塔 ●忌作灶	沖雞57 歲煞西	碓磨門 外東北	卯未 申戌

16日	星期日		十九	丙辰	土	白八	滿	虛	…入宅掛開運匾畫 ○協宜開市納財簽約 ●忌作灶設醮破土行喪探喪安葬火葬進塔	沖狗歲煞南5…	廚灶栖外正東	巳午申酉
17日	星期一		二十	丁巳	土	紫九	平	危	◎宜修牆鋪路 ●忌作灶出行安門安葬火葬進塔	沖豬歲煞東55	倉庫床外正東	丑巳午申
18日	星期二	三合吉日	廿一	戊午	火	白一	定	室	◎宜祭祀開光塑繪冠宇祈福求嗣出行訂盟嫁娶會親友出火拆卸修造起基上樑安門安床移徙入宅掛開運匾畫開市立券交易納財簽約入殮成除服移柩破土啟攢安葬火葬進塔謝土 ●忌作灶求醫治病	沖鼠歲煞北54	房床碓外正東	寅巳午未

雨水

日出：06時27分
台灣酉時18時07分
日沒：17時49分

植種

北部：絲瓜、韭菜、玉蜀黍、落花生
中部：絲瓜、烏豆、紫蘇、胡瓜、甜瓜
南部：蓮藕、絲瓜、紫蘇、茭白筍

撈漁

新港：釘鯇
東港：烏魚、石鯽魚、烏鰎
安平：馬鮫、沙魚、白帶魚

19日	星期三	沈祖公聖誕	廿二	己未	火	白八	執	壁	◎宜訂盟嫁娶會親友動土入殮移柩破土安葬火葬進塔 ●忌作灶開市簽約安床上樑移徙入宅	沖牛歲煞西53	占門廁外正東	子卯巳午
20日	星期四	月破凶日	廿三	庚申	木	紫九	破	奎	◎宜求醫治病修改牆垣 ●忌安床嫁娶作灶上樑移徙入宅祈福安門月破凶日諸事少取	沖虎歲煞南52	碓磨爐外東南	辰巳未申
21日	星期五	顯星吉日 雷都光耀大帝聖誕	廿四	辛酉	木	白一	危	婁	◎宜祭祀齋醮入殮成除服移柩破土安葬火葬進塔 ●忌求醫治病嫁娶上樑安床作灶移徙入宅	沖兔歲煞東51	廚灶門外東南	丑寅辰巳
22日	星期六	三合吉日 曲星吉日	廿五	壬戌	水	黑二	成	胃	◎宜祭祀入殮成除服移柩破土安葬火葬進塔謝土○協宜開市納財簽約 ●忌嫁娶上樑安門移徙入宅出行祈福	沖龍歲煞北50	倉庫栖外東南	寅卯巳午
23日	星期日	刀砧日	廿六	癸亥	水	碧三	收	昴	◎宜祭祀作灶 ●忌嫁娶行喪探喪安葬火葬進塔開市簽約	沖蛇歲煞西49	占房床外東南	子寅卯未
24日	星期一	刀砧日	廿七	甲子	金	赤七	開	畢	◎宜祭祀開光冠宇祈福求嗣出行求醫治病嫁娶會親友動土開市立券交易納財簽約 ●忌安葬火葬進塔行喪探喪作灶	沖馬歲煞南48	占門碓外東南	卯辰未申
25日	星期二	月煞凶日	廿八	乙丑	金	白八	閉	觜	◎宜祭祀冠宇祈福求嗣求醫治病入殮成除服啟攢謝土 ●忌穿耳洞開光出行動土破土嫁娶移徙入宅	沖羊歲煞東47	碓磨廁外東南	寅卯巳申
26日	星期三		廿九	丙寅	火	紫九	建	參	◎宜開光塑繪提親會親友上樑立券交易納財簽約入殮成除服移柩啟攢安葬火葬進塔 ●忌作灶嫁娶出行移徙入宅動土破土	沖猴歲煞北46	廚灶爐外正南	巳午酉戌
27日	星期四	顯星吉日	三十	丁卯	火	白一	除	井	◎宜祭祀求醫治病開光塑繪冠宇祈福求嗣齋醮出行訂盟嫁娶會親友拆卸修造動土起基上樑安門安床掛開運匾畫入殮成除服移柩破土啟攢安葬火葬進塔謝土 ●忌作灶	沖雞歲煞西45	倉庫門外正南	巳午未戌
28日	星期五	曲星吉日 一殿秦廣王千秋	二月初一	戊辰	木	黑二	滿	鬼	◎宜開光塑繪求嗣嫁娶會親友安床 ●忌作灶動土破土行喪安葬火葬進塔開市立券交易簽約設醮	沖狗歲煞南44	房床栖外正南	巳未申酉

※謹防假冒，請認明本人親自服務，坊間有冒名代理安排或代理執行鑑定造福之不肖之徒，請勿受騙，特此通告。

風水地理陰陽宅造福開運權威—陳冠宇大師。陳冠宇本人預約電話：02-27723487 0928279865

◎擇日用事術語註解

為應各界讀者之意見，茲將每日所用術語，加以解釋，以供讀者加以參考。

★祭祀：指祠堂的祭祀，亦即祭祖先、拜神明或廟宇的祭祀等事。

★祈福酬神：祈求神明降福，或還願答謝神恩等。

★沐浴：即洗澡清潔身體多指齋戒沐浴而言。

★求嗣：指向神明祈求後嗣（子孫）之事。

★開光：寺廟神佛像塑就後擇日供奉上位之事。

★齋醮：建立道場設醮祈拜平安祈福等事。

★出行：指外出旅行觀光出國考察等。

★求醫治病：即治療疾病及 手術之事。

★訂盟：即訂婚又云過定、文定。

★嫁娶：女嫁男娶舉行結婚典禮的日子。

★出火：即移 神位到別處安置。

★拆卸：拆掉建築物。

★修造：指陽宅之修理。

★起基土：即陽基建築時開始 工。

★豎柱上樑：豎立柱子和安置屋頂梁木。

★安床：結婚安置新床或搬移舊床再安置。

★移徙入宅：搬家移住所或遷入新宅。

★安香：堂上新供奉神明或搬遷供奉之神明。

★豎旗掛匾：豎立旗柱和懸掛招牌或各種匾額。

★開市：商店開張做生意新年之開業開工等。

★立券交易：訂立各種契約互相買賣之事。

★納財：即商人置貨收租討債收帳五穀入倉等。

★補垣塞穴：修補破牆堵塞蟻穴或其他洞穴。

★修飾垣牆：即粉刷牆壁。

★平治道塗：把道路鋪平。

★破屋壞垣：拆除舊屋圍牆之事。

★入殮：將屍體放入棺材和蓋棺材之意。

★成除服：穿上喪服和除去喪服。

★移柩：舉行葬儀時將棺木移出屋外之事。

★破土：指埋葬的破土與一般陽宅破土不同。

★起攢：謂「洗骨」（遷葬）之世俗云「拾金」。

★安葬：舉行埋葬或進金等。

★謝土：建築物安成後所舉行的祭典。

◎解時法

一晝夜廿四點鐘分成十二時辰。每一時辰即二點鐘。每一時辰分八刻。每刻15分例如一時後三時前為丑時。夜子即屬前日早子即屬現日請詳見左表←

一時後 三時前	丑時
三時後 五時前	寅時
五時後 七時前	卯時
七時後 九時前	辰時
九時後 十一時前	巳時
十一時後 十三時前	午時
十三時後 十五時前	未時
十五時後 十七時前	申時
十七時後 十九時前	酉時
十九時後 廿一時前	戌時
廿一時後 廿三時前	亥時
廿三時後 一時前	夜子 早子

彭祖百忌

甲日不開倉　乙日不栽種　丙日不修灶　丁日不剃頭　戊日不受由　己日不破券　庚日不經絡　辛日不合醫　壬日不汲水　癸日不詞訟　子日不問卜　丑日不帶冠　寅日不祭祀　卯日不穿井　辰日不哭泣　巳日不出行　午日不脊蓋　未日不服藥　申日不安床　酉日不會客　戌日不吃犬　亥日不行嫁

探病凶日

壬寅壬午庚午日
甲寅乙卯己卯日
仙人留下此六日
探人疾病代人亡

陽公忌日

忌入宅移徙出歸火分居

正月	十三日
二月	十一日
三月	初九日
四月	初七日
五月	初五日
六月	初三日
七月	初一日 廿九日
八月	廿七日
九月	廿五日
十月	廿三日
十一月	廿三日
十二月	十九日

初一忌嫁娶　初九忌上樑　十七忌安葬　廿五忌移徙

刀砧日

忌伐木牧養納畜造畜稠

春亥子日　夏寅卯日　秋己午日　冬申酉日

二〇二四年歲次甲辰太歲李成星君安奉儀式

屬龍之人：1 13 25 37 49 61 73 85 歲者逢太歲之年

詩曰：太歲當頭座，無喜恐有禍

屬狗之人：7 19 31 43 55 67 79 91 歲者與太歲對沖

詩曰：太歲對沖來，無病恐破財

※凡男女老幼如右列年齡者，請安奉太歲符，以求本年平安無事，福運亨通，財源廣進，祿馬扶持，腳踏四方，方方皆利，萬事清吉，事事圓滿。

一、安奉太歲星君，可安在廳堂，神佛同位，灶君神位，清潔之處。

二、安奉太歲星君應在正月十五以前，選擇吉日良辰，宜用水果、清茶、發糕、紅圓、麵線、香燭、太極金、壽金、刈金(南部四方金)、福金，焚香禮請太歲星君到此，安鎮合家平安。祭祀在於誠心，不在祭品多寡，禱畢許願後，燒金紙後儀式完成。

三、謝太歲是十二月二十四日早上，用鮮花、水果、清茶、壽金，感恩太歲星君一年來的關心與照顧，祭祀完畢之後，取下太歲星君符令與壽金三把同焚之。

四、安奉太歲符時要唸三遍「恭請太歲星君咒」：

奉請三星照符令，天上日月來供照，南斗北斗推五行，唵佛顯靈敕真令，八卦祖師現真形，玉旨奉命太歲甲辰年，值年太歲李成星君到此鎮守，七星五雷護兩邊，六甲神將到宮前，六丁天兵守後營，天官賜福神共降，招財進寶聚光明，弟子一心三拜佛，拜請太歲星君保安寧，鎮宅光明人尊敬，合家平安萬事興，當今天子值年太歲星君，保命護身鎮宅，太歲星君降來臨，急急如律令。

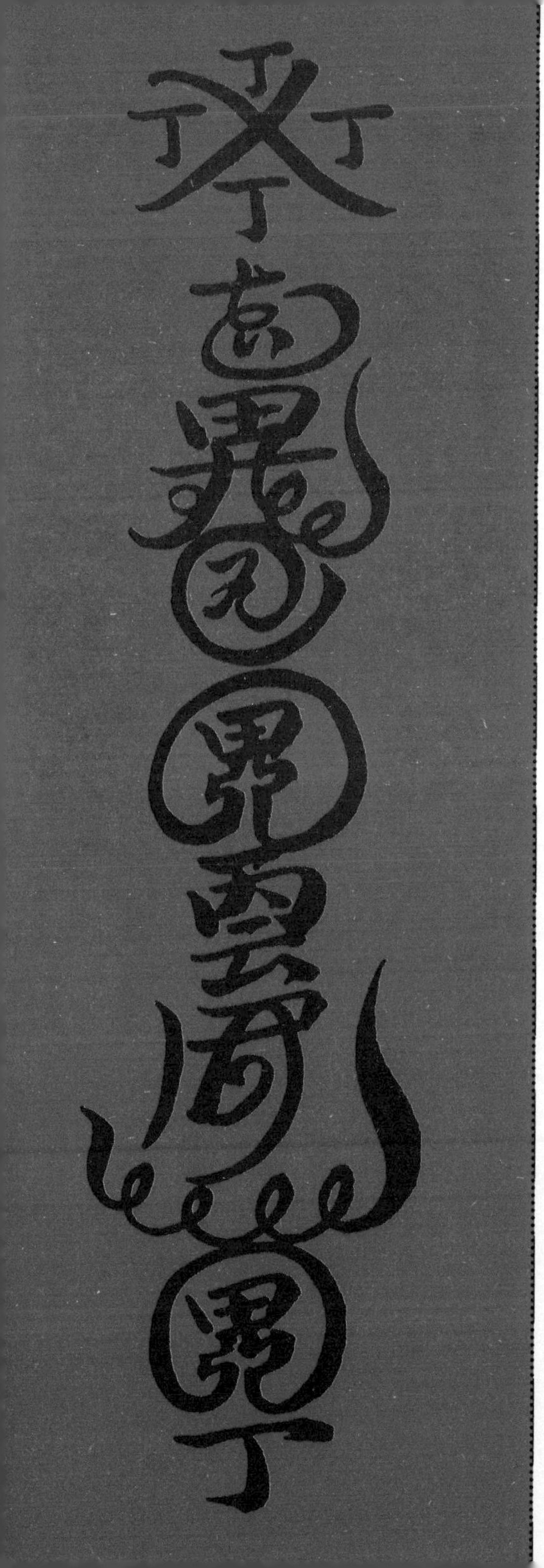

陳冠宇獨門秘藏正財符籙使用方法

請選在一年當中的財旺日、旺時（請參考本書所附時間表），手持九柱清香，人朝當日旺位焚香祈福，以自己內心所祈求之事，秉呈十方諸神佛聖尊，行九鞠躬禮，然後將九柱清香插於土地上或陽台上均可。在招財符籙背後填妥個人的姓名、生辰八字，焚香祭拜後以刈金（或四方金）一把，連同符籙一起焚燒即可。

（《風水聖經》另有陳冠宇獨門秘藏五路財神符）

※本招財符若能配合開運招財祈福疏文一併使用，招財求財效果更佳！

祈求

方方皆利、財源廣進、富貴興旺
聖靈顯赫人安康
無災無禍財常來
五路財神統齊到
福祿自有進家來

姓名：

地址：

生辰八字：　年　月　日　時

年　月　日　時

※符籙用的開運日

西元二〇二四年開運祈福旺財日、旺財時、旺財方向

一、西元二〇二四年2月10日，農曆正月初一日　旺財方向：東北方
旺時：子時半夜十一點五十分至十二點二十分。
巳時上午九點十五分至十點十五分。

二、西元二〇二四年3月11日，農曆二月初二日　旺財方向：東北方
旺時：巳時上午九點三十分至十點十五分。

三、西元二〇二四年4月23日，農曆三月十五日　旺財方向：正南方
旺時：午時上午十一點十五分至十二點十五分。

四、西元二〇二四年4月27日，農曆三月十九日　旺財方向：正西方
旺時：午時中午十一點十五分至十二點四十五分。

五、西元二〇二四年6月10日，農曆五月初五日　旺財方向：正東方
旺時：午時中午十一點四十五分至十二點三十分。

六、西元二〇二四年9月17日，農曆八月十五日　旺財方向：東北方
旺時：巳時上午九點四十五分至十點四十五分。
亥時下午九點十五分到十點十五分。

七、西元二〇二四年10月3日，農曆九月初一日　旺財方向：西南方
旺時：卯時上午五點十五分至六點十五分。
酉時下午五點十五分至六點十五分。

八、西元二〇二四年11月7日，農曆十月初七日　旺財方向：正東方
旺時：卯時上午五點五十八分到六點二十五分。

九、西元二〇二四年11月26日，農曆十月二十六日　旺財方向：東北方
旺時：卯時上午五點三十分到六點三十分。

十、西元二〇二四年12月21日，農曆十一月二十一日　旺財方向：正南方
旺時：酉時下午五點十五分到五點四十五分。

陳冠宇獨門秘藏偏財符籙使用方法

請選在一年當中的財旺日、旺時(請參考本書所附時間表)，手持九柱清香，人朝當日旺位焚香祈福，以自己內心所祈求之事，秉呈十方諸神佛聖尊，行九鞠躬禮，然後將九柱清香插於土地上或陽台上均可。在招財符籙背後填妥個人的姓名、生辰八字，焚香祭拜後以刈金(或四方金)一把，連同符籙一起焚燒即可。

(《風水聖經》另有陳冠宇獨門秘藏五路財神符)

※本招財符若能配合開運招財祈福疏文一併使用，招財求財效果更佳！

祈求

方方皆利、財源廣進、富貴興旺
聖靈顯赫人安康
無災無禍財常來
五路財神統齊到
福祿自有進家來

姓名：

地址：

生辰八字：　年　月　日　時

年　月　日　時

※符籙用的開運日

西元二〇二四年開運祈福旺財日、旺財時、旺財方向

一、西元二〇二四年2月10日，農曆正月初一日　旺財方向：東北方
旺時：子時半夜十一點五十分至十二點二十分。
巳時上午九點十五分至十點十五分。

二、西元二〇二四年3月11日，農曆二月初二日　旺財方向：東北方
旺時：巳時上午九點三十分至十點十五分。

三、西元二〇二四年4月23日，農曆三月十五日　旺財方向：正南方
旺時：午時上午十一點十五分至十二點十五分。

四、西元二〇二四年4月27日，農曆三月十九日　旺財方向：正西方
旺時：午時中午十一點十五分至十二點四十五分。

五、西元二〇二四年6月10日，農曆五月初五日　旺財方向：正東方
旺時：午時中午十一點四十五分至十二點三十分。

六、西元二〇二四年9月17日，農曆八月十五日　旺財方向：東北方
旺時：巳時上午九點四十五分至十點四十五分。
亥時下午九點十五分到十點十五分。

七、西元二〇二四年10月3日，農曆九月初一日　旺財方向：西南方
旺時：卯時上午五點十五分至六點十五分。
酉時下午五點十五分至六點十五分。

八、西元二〇二四年11月7日，農曆十月初七日　旺財方向：正東方
旺時：卯時上午五點五十八分到六點二十五分。

九、西元二〇二四年11月26日，農曆十月二十六日　旺財方向：東北方
旺時：卯時上午五點三十分到六點三十分。

十、西元二〇二四年12月21日，農曆十一月二十一日　旺財方向：正南方
旺時：酉時下午五點十五分到五點四十五分。

二〇二四年甲辰木龍年開運特別記事

西元二〇二四年民國一一三年歲次為甲辰年，天干為甲木，地支為辰土，為森林之龍。

◎六十花甲納音五行為覆燈火。

代表夕陽西下，燈火復明，此火如黑暗中的明燈，照日月不照之處，明天地未明之時，為夜間明燈，告誡我們要成功必須懂得犧牲自己，照亮別人，懂得奉獻，有責任與原則，好運自然到臨。

一、開運吉祥色系為黃色、紅色。

二、不宜動土方位【要動土須作制煞動作】：

A、房子的正西方兌卦位置不宜動土（五黃關煞）。

B、座南朝北陽宅今年不宜修造動土。

C、東南方巽卦的辰山、東南方巽卦的巳山為今年戊己都天煞方。八卦二十四山位的辰山與巳山中間夾了一山為東南巽卦的巽山。巽山為辰巳兩山相夾中，故為夾都天煞。亦即巽卦三山為戊己都天煞。

D、太歲流年星為三碧木運值星，故房子的東南巽卦位置為二黑病符星及西北卦位的戌山為歲破。

三、東南巽卦之位置為病符星到，宅中的東南方位置好壞會影響身體健康問題。

※所以必須保持家居的東南方位置明亮、整齊劃一。

※房子的東南位置，若設置為厠所位置，那今年宜特別注意保持乾燥、清潔、沒有臭味，最好能放一盆綠色植物來幫助吸收二氧化碳，化解宅煞及病符之煞氣。

※對應之六親為宅中之女性、長女之身體健康受影響。

※假若住家或公司辦公室的東南方位置在動土，在今年必定會影響宅中成員之健康非常嚴重，須特別注意環境因素之影響為妙。

四、A：流年財祿方為正北位置（房子的坎卦位置）。

B：偏財方為東北方（宅屋艮卦的位置）。

C：求事業名譽方為宅之西南方位置。

五、流年文昌位為宅屋西北方乾卦的位置。

六、飲食以黃色、紅色蔬果為最佳色系。

七、吉祥物－申（猴）、子（鼠）三合、酉（雞）六合之器物、字畫飾品。忌狗之器物、字畫飾品。

八、最佳開運擺飾為靈猴獻寶開運雕塑或金雞獻瑞雕塑品。

農曆神佛聖尊聖誕千秋表

◎正月
初一日 元始天尊萬壽
初一日 彌勒佛祖尊佛佛誕
初三日 孫真人千秋
初六日 清水祖師千秋
初八日 五殿閻羅王聖誕
初九日 玉皇上帝萬壽
十三日 關聖帝君飛昇
十五日 上元天官大帝聖誕
十五日 臨水夫人陳靖姑千秋
廿二日 武德尊侯沈祖公聖誕
廿四日 雷都光耀大帝聖誕

◎二月
初一日 一殿秦廣王千秋
初二日 濟公聖佛聖誕
初二日 福德正神千秋（頭牙）
初三日 文昌帝君聖誕
初八日 宜蘭城隍爺千秋
初八日 三殿宋帝王千秋
十五日 九天玄女娘娘聖誕
十五日 太上老君聖誕
十五日 精忠岳武穆王千秋
十六日 開漳聖王千秋
十八日 四殿五官王千秋
十九日 觀世音菩薩佛誕
廿一日 普賢菩薩佛誕
廿五日 三山國王千秋
廿六日 南官趙真聖君聖誕

◎三月
初一日 二殿楚江王千秋
初三日 玄天上帝萬壽
初八日 六殿卞城王千秋
十五日 無極瑤池金母聖壽
十五日 保生大帝吳真人千秋
十五日 中路財神趙元帥聖誕
十六日 準提菩薩佛誕
十九日 太陽星君千秋
二十日 註生娘娘千秋
廿三日 天上聖母媽祖聖誕
廿六日 鬼谷先師千秋
廿七日 七殿泰山王千秋
廿八日 倉頡先師聖誕
廿八日 東獄大帝聖誕

◎四月
初一日 八殿都市王千秋
初四日 文殊菩薩佛誕
初八日 釋迦如來佛祖萬壽
初八日 九殿平等王千秋
十四日 呂純陽祖師聖誕
十五日 釋迦如來佛祖得道
十七日 十殿轉輪王千秋
十八日 北極紫微帝君聖誕
十八日 華陀神醫先師千秋
廿六日 五穀神農大帝聖誕
廿六日 南鯤鯓李王爺千秋
廿七日 南鯤鯓范王爺千秋

◎五月
初一日 南極長生帝君千秋
初六日 清水祖師得道
初七日 巧聖魯班先師千秋
十一日 都城隍爺千秋
十三日 關平太子千秋
十七日 蕭府王爺千秋
十八日 張府天師聖誕

◎六月
初三日 韋馱尊佛佛辰
初六日 九天李恩師聖誕
十一日 田都元帥千秋

※求神拜佛有撇步，想知道如何拜出平安好運、財源滾滾來嗎？請看風水大師陳冠宇所著《億萬富翁開運大法》及《祈福招財農民曆》。

十五日　無極瑤池金母聖壽
十六日　先天王靈官聖誕
十八日　南鯤鯓池王爺千秋
十九日　觀音菩薩得道紀念
廿四日　關聖帝君聖誕
廿四日　西秦王爺千秋
廿四日　南極大帝聖誕

◎七月

初七日　七星娘娘千秋
初七日　大成魁星聖誕
十二日　驪山老母聖誕
十二日　救苦真君聖誕
十三日　大勢至菩薩聖誕
十五日　中元地官大帝聖誕
十八日　瑤池王母娘聖誕
十九日　值年太歲星君千秋
十九日　天然古佛聖誕
廿一日　普庵菩薩佛誕
廿三日　法主聖君千秋
廿五日　武德侯沈祖公千秋
三十日　地藏王菩薩佛辰

◎八月

初三日　北斗星君聖誕
初三日　九天司命灶君千秋
初三日　姜相太公子牙千秋
初三日　九天朱恩師聖誕
初五日　雷聲普化天尊聖誕
十五日　福德正神千秋
十五日　太陰娘娘聖誕
十五日　南宮孔恩師聖誕
十五日　臨水夫人林姑千秋
十五日　南鯤鯓朱王爺千秋
十八日　九天玄女娘娘千秋
廿二日　燃燈古佛萬壽
廿二日　廣澤尊王千秋
廿四日　南鯤鯓萬善爺千秋
廿九日　中華聖母聖誕

◎九月

初一日　南斗星君聖誕
初九日　斗母星君聖誕
初九日　九皇大帝聖誕
初九日　中壇元帥千秋
初九日　臨水夫人李姑千秋
初九日　天上聖母飛昇
十五日　無極老母聖壽
十五日　朱聖夫子聖誕
十五日　南鯤鯓吳王爺千秋
十九日　觀音菩薩出家紀念
廿八日　五顯大帝千秋
廿九日　藥師如來聖誕

◎十月

初一日　台北府城隍聖誕
初五日　達摩祖師佛辰
十二日　齊天大聖佛辰
十五日　下元水官大帝聖誕
十八日　地母至尊千秋
廿二日　青山靈安尊王千秋
廿三日　南天周倉將軍聖誕
廿五日　感恩大帝許真人千秋
廿六日　白鶴先師誕辰
廿六日　八卦祖師成道
廿七日　紫微星君聖誕

◎十一月

初四日　安南尊王千秋
初五日　女媧娘娘誕辰
十一日　太乙救苦天尊聖誕
十五日　無極瑤池金母聖誕
十七日　阿彌陀佛佛誕
十九日　九蓮菩薩佛辰
廿三日　張仙大帝聖誕
廿七日　董公真仙聖誕

◎十二月

初四日　三代祖師聖誕
初六日　普庵祖師聖誕
初八日　釋迦如來成佛
十六日　福德正神千秋（尾牙）
廿四日　送神
廿五日　天神下降
廿九日　華嚴菩薩佛誕
廿九日　南斗北斗星君下降

二〇二四年開幕營商開市選便吉課

二〇二三年十二月令
十一月廿八壬申日辰巳時
十二月初二乙亥日卯辰午
十二月初五戊寅日卯辰巳
十二月初六己卯日卯午時
十二月十一甲申日卯辰巳
十二月十四丁亥日辰午吉
十二月十八辛卯日卯午吉
十二月廿三丙申日卯巳午

二〇二四年正月令
十二月廿七庚子日卯巳吉
十二月三十癸卯日卯巳時
正月初三丙午日卯巳吉利
正月初六己酉日寅午時冠
正月初九壬子日卯巳吉宇
正月十二乙卯日卯辰巳吉
正月十三丙辰日卯午大利
正月十五戊午日卯午大吉
正月十九壬戌日卯巳午吉
正月廿一甲子日卯巳吉冠

二月令
正月廿六己巳日辰午時冠
正月廿八辛未日卯午時宇
二月初二甲戌日卯巳時吉
二月初三乙亥日卯辰午時
二月初九辛巳日卯午大吉
二月十一癸未日卯午大吉
二月十四丙戌日卯巳午利
二月十五丁亥日午時大吉
二月廿一癸巳日卯辰巳吉

三月令
二月廿八庚子日卯巳吉利
二月三十壬寅日卯巳午吉
三月初四丙午日辰巳午利
三月十二甲寅日辰巳午時
三月十六戊午日辰巳午吉
三月廿二甲子日卯巳吉冠
三月廿四丙寅日卯巳午宇

四月令
四月初二癸酉日寅午時冠
四月初六丁丑日卯巳午宇
四月初八己卯日卯午時吉
四月十一壬午日卯午大利
四月十四乙酉日辰午吉冠
四月十七戊子日辰巳大宇
四月十八己丑日卯辰巳吉
四月二十辛卯日卯午大吉
四月廿五丙申日辰巳午吉
四月廿六丁酉日辰午吉冠

五月令
五月初二壬寅日辰巳時吉
五月初七丁未日巳午時吉
五月初八戊申日卯辰巳時
五月十三癸丑日巳時大吉
五月十四甲寅日卯巳午吉
五月十九己未日卯巳午吉
五月二十庚申日辰巳午吉
五月廿二壬戌日卯巳午吉
五月廿六丙寅日辰巳午時
六月初一辛未日卯巳午吉

六月令
六月初三癸酉日寅午時冠
六月初五乙亥日卯辰午宇

六月初八戊寅日卯辰巳祈
六月初九己卯日卯午時福
六月十一辛巳日卯午時吉
六月十四甲申日卯巳午利
六月十五乙酉日辰巳午時
六月二十庚寅日卯巳午吉
六月廿一辛卯日卯午大吉
六月廿六丙申日辰巳午時
六月廿七丁酉日辰巳午吉
七月初三壬寅日卯巳午吉
七月初四癸卯日卯時大吉

七月令

七月十七丙辰日卯午大吉
七月廿九戊辰日卯辰巳吉

八月令

八月十一庚辰日卯午大吉
八月十二辛巳日辰巳午時
八月十八丁亥日辰午時吉
八月二十己丑日卯辰時吉
八月廿三壬辰日辰巳午吉
八月廿四癸巳日卯辰巳吉
八月廿九戊戌日卯巳午時
八月三十己亥日卯午大吉

九月令

九月初七丙午日卯巳吉利
九月初九戊申日卯辰巳時
九月十三壬子日卯巳吉冠
九月廿一庚申日巳午大吉
十月初二庚午日辰巳午時
十月初四壬申日辰巳時吉

十月令

十月初八丙子日卯時吉利
十月初十戊寅日卯辰巳吉
十月十四壬午日卯巳午冠
十月十五癸未日卯午大吉
十月十七乙酉日巳午大吉
十月廿二庚寅日卯巳午吉
十月廿三辛卯日卯午大吉
十月廿九丁酉日辰巳午吉
十一月初四壬寅日辰巳吉
十一月初五癸卯日卯巳時

十一月令

十一月初十戊申日卯辰巳
十一月十三辛亥日辰午時
十一月十五癸丑日巳時吉
十一月十六甲寅日卯巳午
十一月廿七乙丑日巳午吉
十一月廿八丙寅日卯辰巳

十二月令

十二月初七乙亥日卯辰午
十二月初十戊寅日卯辰巳
十二月十一己卯日卯午時
十二月十六甲申日卯辰巳
十二月十七乙酉日辰午冠
十二月十九丁亥日辰午吉
十二月廿三辛卯日卯午吉
十二月廿八丙申日辰巳午

二〇二五年正月令

正月初九丙午日卯巳吉利
正月十二己酉日寅午時冠
正月十四辛亥日卯辰午宇
正月十五壬子日卯巳吉冠
正月十八乙卯日卯辰巳吉
正月廿一戊午日卯午大吉
正月廿五壬戌日卯巳午吉

※開市吉日最好配合陽宅座山卦位五行，再配合主事者之財祿日更能提升財運之財氣。

二〇二四年移徙入宅選便吉課

二〇二三年十二月令
十一月廿五己巳日卯巳時吉
十二月初二乙亥日丑卯時吉
十二月初五戊寅日寅冠宇吉
十二月初九壬午日辰午時吉
十二月十一甲申日子卯巳午
十二月十四丁亥日丑午時吉
十二月二十癸巳日卯辰巳午
十二月廿一甲午日丑寅卯時
十二月廿三丙申日丑巳時吉

二〇二四年正月令
十二月三十癸卯日寅卯巳時
正月初四丁未日巳午時大吉
正月初六己酉日子丑巳時冠
正月十二乙卯日子卯巳時宇
正月十三丙辰日子寅午時吉
正月十五戊午日寅卯辰巳利

二月令
正月廿六己巳日寅卯午時吉
正月廿九壬申日丑辰巳時吉
二月初二甲戌日寅卯巳時吉
二月初三乙亥日丑卯時吉利
二月初五丁丑日子卯時吉利
二月十一癸未日寅卯午時利
二月十二甲申日子卯巳午冠
二月十四丙戌日子寅卯午宇
二月十五丁亥日丑午時大吉
二月十七己丑日子卯巳午利
二月廿三乙未日寅卯午時吉
二月廿四丙申日子丑卯午吉
二月廿六戊戌日子丑午時吉

三月令
二月三十壬寅日子丑辰巳冠
三月十二甲寅日子寅卯時宇
三月廿二甲子日丑卯辰吉利
三月廿四丙寅日寅卯午時祈
三月廿五丁卯日子辰巳午福
三月廿七己巳日寅卯時吉利

四月令
四月初二癸酉日寅辰巳時吉
四月初五丙子日丑卯時吉利
四月初九庚辰日子卯辰巳時
四月初十辛巳日丑寅卯午吉
四月十四乙酉日丑巳時吉利
四月十五丙戌日寅卯午時吉
四月十七戊子日寅卯辰巳時
四月十九庚寅日寅午冠宇吉
四月廿三甲午日丑寅卯時吉
四月廿五丙申日子丑卯午時
四月廿六丁酉日子丑巳時冠
四月廿七戊戌日寅卯巳午吉
四月廿九庚子日丑卯時吉利

五月令
五月初四甲辰日子卯巳時吉
五月初七丁未日巳午時大吉
五月初八戊申日子丑辰巳時
五月十一辛亥日寅卯午吉利
五月十六丙辰日子寅午時吉
五月十九己未日子寅卯午時
五月二十庚申日子丑辰巳吉
五月廿二壬戌日子丑午時吉
五月廿八戊辰日卯辰巳時吉
六月初一辛未日巳午時吉利

六月令
六月初五乙亥日丑卯時吉冠
六月初八戊寅日寅午祈福宇
六月初九己卯日丑巳時吉利
六月廿一辛卯日丑寅卯午時
六月廿六丙申日子辰巳吉利
七月初三壬寅日子丑辰巳冠

七月初四癸卯日寅卯時吉利
七月令
七月初五甲辰日子寅卯時吉
七月初九戊申日子卯辰巳利
七月十三壬子日子辰時大吉
七月十七丙辰日子寅午時吉
七月十八丁巳日寅卯時吉利
七月廿三壬戌日子丑午時吉
七月廿五甲子日子丑寅卯吉
七月廿八丁卯日子丑巳午利
七月廿九戊戌日子丑午時吉
八月初二辛未日寅卯午時吉
八月初三壬申日子卯辰巳利
八月令
八月初六乙亥日子寅卯辰時
八月十一庚辰日子卯辰巳時
八月十二辛巳日丑寅卯午時

八月十八丁亥日丑午時大吉
八月二十己丑日子卯巳午利
八月廿三壬辰日丑辰巳時吉
八月廿四癸巳日子丑卯巳吉
九月令
九月初七丙午日丑卯午時吉
九月十二辛亥日丑午時大吉
九月十九戊午日寅辰午時吉
九月廿一庚申日子丑巳時冠
九月廿三壬戌日子丑午時吉
十月初二庚午日丑寅卯吉利
十月令
十月初八丙子日丑辰時吉利
十月初十戊寅日寅午祈福吉
十月十一己卯日丑寅卯午吉
十月十二庚辰日子卯辰巳吉
十月十四壬午日辰午時吉利

十月十六甲申日子卯巳午利
十月二十戊子日寅卯辰時吉
十月廿二庚寅日子卯辰巳利
十月廿三辛卯日丑寅卯午吉
十月廿六甲午日丑寅卯時利
十一月初二庚子日丑辰吉利
十一月初四壬寅日丑辰巳冠
十一月初五癸卯日寅卯午時
十一月令
十一月初六甲辰日子巳時吉
十一月十五癸丑日卯巳時吉
十一月十八丙辰日子寅午時
十一月廿二庚申日子卯辰巳
十一月廿七乙丑日丑卯大吉
十一月三十戊辰日卯辰巳吉
十二月初一己巳日寅卯時吉
十二月初四壬申日丑辰巳時
十二月令

十二月初七乙亥日丑卯時吉
十二月初十戊寅日寅冠宇吉
十二月十四壬午日辰午時吉
十二月十六甲申日子巳午利
十二月十九丁亥日丑午時吉
十二月廿五癸巳日子丑卯巳
十二月廿六甲午日丑寅卯時
十二月廿八丙申日子卯午時
正月初五壬寅日丑辰巳冠吉
二〇二五年正月令
正月初十丁未日巳午時大吉
正月十二己酉日子丑巳時冠
正月十八乙卯日子卯巳時宇
正月十九丙辰日子寅午時吉
正月廿一戊午日寅卯辰巳利

※移徙入宅吉日須配合貴宅之座山立向及家中成員之生肖，座山之時令與生肖沖剋為求旺宅旺人財運之準繩。

二〇二四年酬神祈福選便吉課

二〇二三年十二月令
十一月廿五己巳日卯午時
十一月廿六庚午日丑巳時
十二月初一甲戌日卯巳時
十二月初二乙亥日子辰時
十二月初八辛巳日寅午吉
十二月初九壬午日丑巳時
十二月十四丁亥日子辰午
十二月廿一甲午日丑卯時

二〇二四年正月令
十二月廿六己亥日寅午冠
十二月廿七庚子日卯巳宇
十二月廿八辛丑日子午祈
十二月三十癸卯日寅辰福
正月初三丙午日丑卯時大
正月初四丁未日子午時吉
正月初六己酉日子寅午利
正月初八辛亥日寅午時如
正月初九壬子日丑卯巳意
正月十二乙卯日子丑卯吉
正月十五戊午日卯辰巳祥
正月廿一甲子日丑卯時吉
正月廿二乙丑日丑卯大利
正月廿四丁卯日巳午吉時

二月令
正月廿八辛未日寅午時吉
二月廿九壬申日丑巳吉利
二月初二甲戌日卯巳時吉
二月初五丁丑日子午時利
二月十一癸未日寅辰大吉
二月十二甲申日丑卯巳時
二月十五丁亥日辰午吉利
二月十七己丑日子寅午吉
二月廿二甲午日丑卯時利
二月廿三乙未日子寅時吉
二月廿四丙申日丑巳吉利

三月令
二月廿八庚子日丑卯巳時
三月初三乙巳日丑辰吉利
三月初六戊申日卯辰巳吉
三月初七己酉日子寅午時
三月初九辛亥日寅午大吉
三月初十壬子日丑卯巳時
三月十五丁巳日午時吉利
三月廿二甲子日丑卯時吉
三月廿四丙寅日寅午大吉

四月令
三月廿八庚午日丑巳吉利
四月初二癸酉日寅辰時冠
四月初五丙子日丑卯吉宇
四月初六丁丑日子午時吉
四月初八己卯日子寅午時
四月初九庚辰日丑卯巳吉
四月十一壬午日丑巳時利
四月十四乙酉日子辰巳吉
四月十五丙戌日子卯午時
四月十八己丑日丑寅大吉
四月二十辛卯日寅午吉利
四月廿三甲午日丑卯時吉
四月廿六丁酉日子寅午利
四月廿七戊戌日丑卯巳時
四月廿九庚子日卯巳吉宇

五月令
五月初一辛丑日子午時宇
五月初七丁未日子午時吉
五月初十庚戌日丑卯巳時
五月十一辛亥日寅午大吉
五月十六丙辰日子巳午時
五月十九己未日子寅午時
五月廿二壬戌日子巳午吉
五月廿八戊辰日卯辰巳吉
六月初一辛未日寅午時吉

六月令
六月初二壬申日丑巳吉利

六月初五乙亥日子辰時吉
六月初九己卯日子寅午時
六月十一辛巳日日寅午時
六月十四甲申日丑卯巳吉
六月十七丁亥日辰午時冠
六月廿一辛卯日寅午大吉
六月廿三癸巳日辰午時吉
六月廿九己亥日寅午大吉
七月初一庚子日丑卯巳時

七月令
七月初五甲辰日丑卯吉利
七月初六乙巳日子寅吉宇
七月初七丙午日辰卯時吉
七月初八丁未日子巳午吉
七月初九戊申日卯巳時吉
七月十三壬子日子辰巳吉
七月十七丙辰日寅卯午吉
七月十八丁巳日午時吉利
七月十九戊午日卯辰巳吉
七月廿五甲子日丑卯時吉

七月廿八丁卯日巳午時吉
七月廿九戊辰日寅卯午吉
七月三十己巳日午時大利
八月初三壬申日丑巳時吉
八月初四癸酉日子寅午利

八月令
八月初八丁丑日子午時吉
八月十一庚辰日子卯巳利
八月十二辛巳日寅午大吉
八月廿四癸巳日卯辰巳利
九月初二辛丑日子午時宇

九月令
九月初七丙午日丑卯時吉
九月初九戊申日丑巳時利
九月十二辛亥日寅午大吉
九月廿一庚申日丑卯巳利
九月廿二辛酉日子寅午吉
九月廿三壬戌日子巳午利
九月廿八丁卯日寅午大吉

十月初二庚午日丑巳時利
十月初四壬申日丑巳吉利

十月令
十月十一己卯日子寅午時
十月十二庚辰日子卯巳吉
十月十四壬午日辰巳午利
十月十五癸未日卯辰巳吉
十月十七乙酉日子辰巳利
十月廿三辛卯日寅午吉冠
十月廿六甲午日丑卯時利
十月廿七乙未日子寅時吉
十月廿九丁酉日子辰午利
十一月初二庚子日卯巳宇
十一月初五癸卯日寅辰時

十一月令
十一月初九丁未日子巳午
十一月十二庚戌日丑卯巳
十一月十五癸丑日卯巳時
十一月十八丙辰日巳午吉

十一月廿一己未日子寅午
十一月廿二庚申日丑卯巳
十一月廿四壬戌日子巳午
十一月廿七乙丑日子卯巳
十一月三十戊辰日卯辰巳
十二月初一己巳日午時利
十二月初四壬申日丑巳時
十二月初六甲戌日卯時吉

十二月令
十二月初七乙亥日寅午吉
十二月十三辛巳日寅午時
十二月十四壬午日丑卯吉
十二月十九丁亥日寅午吉
十二月廿六甲午日丑卯吉
正月初二己亥日寅午時吉
正月初三庚子日丑卯巳時

※祈福開運最佳之日時選用，最好配合生肖的貴人日或財祿日為用，效果會更好。

二〇二四年嫁娶選便吉課

二〇二三年十二月令
十一月廿五己巳日巳午申酉冠宇祈
十一月廿六庚午日辰巳午未申酉戌
十一月廿八壬申日辰巳午未申酉吉
十二月初五戊寅日辰巳午未酉戌吉
十二月初六己卯日辰巳午未申戌吉
十二月初八辛巳日巳午未申酉戌吉
十二月初九壬午日辰巳午未申戌冠
十二月十一甲申日辰巳午未申酉宇
十二月十七庚寅日辰巳午未酉戌吉
十二月十八辛卯日辰巳午未申戌吉
十二月二十癸巳日辰巳午申酉戌吉
十二月廿一甲午日辰巳午未申酉戌
十二月廿三丙申日辰巳午未申酉戌
二〇二四年正月令
十二月廿七庚子日辰巳未申酉戌吉
十二月三十癸卯日辰巳午未申戌吉

正月初一甲辰日辰巳午未冠宇祈福
正月初三丙午日辰丑午未酉戌吉利
正月初四丁未日巳午未申酉戌吉利
正月初九壬子日辰申酉戌吉時吉利
正月十二乙卯日辰巳午未申戌吉利
正月十三丙辰日辰巳午未酉祈福吉
正月十五戊午日辰巳午未申酉吉利
正月十六己未日辰巳午未申酉戌利
正月廿一甲子日辰申酉戌吉時吉利
二月令
正月廿七庚午日辰巳午未申酉戌吉
正月廿八辛未日辰巳午未申酉戌吉
正月廿九壬申日辰巳午未申酉吉利
二月初二甲戌日巳午未申冠宇祈福
二月初四丙子日辰巳未申酉戌吉利
二月初五丁丑日巳午申酉戌時吉利
二月初七己卯日辰巳午大吉冠宇利

二月初十壬午日辰巳午未申酉戌時
二月十一癸未日辰巳午未申酉戌吉
二月十二甲申日辰巳午未申酉戌吉
二月十四丙戌日巳午未申酉戌時吉
二月十六戊子日辰巳未申酉戌時吉
二月十七己丑日辰巳午申酉戌時吉
二月十九辛卯日辰巳午未申戌時吉
二月廿二甲午日辰巳午未申酉戌吉
二月廿三乙未日辰巳午未酉戌時吉
二月廿六戊戌日巳午未申大吉大利
三月令
二月三十壬寅日巳午未酉婚姻吉利
三月初一癸卯日辰巳午未申戌吉利
三月初三乙巳日巳午申酉婚姻大吉
三月初四丙午日辰巳午未申酉吉利
三月十二甲寅日辰巳午未酉戌吉利
三月十三乙卯日辰巳午未申戌吉利

三月十五丁巳日辰巳午未申酉戌吉
三月十六戊午日辰巳午未申酉吉利
三月廿四丙寅日辰巳午未酉戌吉利
三月廿五丁卯日辰巳午未申戌大吉

四月令

三月廿八庚午日辰巳午未申酉戌吉
三月廿九辛未日辰巳午未申酉戌吉
四月初二癸酉日辰巳午未申酉戌吉
四月初三甲戌日巳午未申冠宇福吉
四月初五丙子日辰巳未申吉利冠吉
四月初八己卯日辰巳午未申戌大吉
四月初九庚辰日辰巳午申酉時吉利
四月十一壬午日辰巳午未申戌吉冠
四月十四乙酉日辰巳午未申酉戌吉
四月十五丙戌日巳午未申酉戌吉利
四月十七戊子日辰巳未申酉戌時吉
四月二十辛卯日辰巳午未申戌時吉
四月廿一壬辰日辰午巳申酉時吉利
四月廿三甲午日辰巳午未申酉戌利
四月廿四乙未日巳辰午未酉戌吉利
四月廿五丙申日辰巳午未申酉戌吉
四月廿六丁酉日辰巳午未申酉戌時
四月廿七戊戌日巳午未申酉戌時吉

五月令

五月初一辛丑日巳午酉戌冠宇祈福
五月初四甲辰日辰巳午未婚姻吉利
五月初五乙巳日巳午申酉冠宇祈福
五月初七丁未日巳午未申酉戌吉利
五月初十庚戌日巳午婚姻吉利冠宇
五月十三癸丑日巳午申酉戌時吉利
五月十六丙辰日辰巳午未酉時祈福
五月十七丁巳日辰巳午未申酉戌時
五月十九己未日辰巳午未申酉戌吉
五月二十庚申日辰巳午未申酉戌吉
五月廿一辛酉日巳午未申酉戌吉利
五月廿二壬戌日巳未酉戌冠宇祈福
五月廿五乙丑日巳午申酉戌時吉利
五月廿八戊辰日辰巳午申酉時吉利
五月廿九己巳日辰巳午未申酉戌吉
六月初一辛未日辰巳午未申酉戌利

六月令

六月初二壬申日辰巳午未申酉戌利
六月初三癸酉日辰巳午未申酉戌吉
六月初四甲戌日巳午未申冠宇祈福
六月初八戊寅日辰巳午未酉戌吉利
六月初九己卯日辰巳午大吉冠宇利
六月十一辛巳日巳午未申酉戌吉利
六月十三癸未日辰巳午未申酉戌吉
六月十四甲申日辰巳午未申酉戌吉
六月十五乙酉日辰巳午未申酉戌吉
六月二十庚寅日辰巳午未申酉戌吉
六月廿一辛卯日辰巳午未申戌時吉
六月廿三癸巳日辰巳午申酉戌時吉
六月廿五乙未日辰巳午未酉戌時吉

※嫁娶擇日須配合女命新娘男命新郎之八字及雙方父母之生肖，嫁娶神煞眾多，請敦請老師擇時日，以免有誤，大師嫁娶擇日服務潤金為六千六百元整。預約電話：0928-279865

二〇二四年嫁娶選便吉課

六月廿六丙申日辰巳午未申酉戌吉
六月廿七丁酉日辰巳午未申酉戌吉
七月初三壬寅日辰巳午未酉戌吉利

七月令
七月初五甲辰日辰巳午未冠宇祈福
七月初六乙巳日巳午申酉婚姻吉利
七月初七丙午日辰丑午未酉戌吉利
七月初八丁未日巳午未申酉戌吉利
七月十一庚戌日巳午婚姻吉利冠宇
七月十三壬子日辰申酉戌吉時吉利
七月十七丙辰日辰巳午未酉祈福吉
七月十八丁巳日辰巳午未申酉戌時
七月十九戊午日辰巳午未申時吉利
七月廿三壬戌日巳未酉戌時大吉利
七月廿五甲子日卯辰巳未申酉戌吉
七月廿八丁卯日辰巳午冠宇祈福吉
七月廿九戊辰日辰巳午未酉時大吉

七月三十己巳日巳午申酉冠宇祈福
八月初一庚午日辰巳午未申酉戌吉
八月初二辛未日辰巳午未申酉戌吉
八月初三壬申日辰巳午未申酉吉利
八月初五甲戌日巳午未申冠宇祈福

八月令
八月初八丁丑日巳午申酉戌時吉利
八月十一庚辰日辰巳午申酉時吉利
八月十二辛巳日巳午未申酉戌吉利
八月十三壬午日辰巳午未申戌吉冠
八月十五甲申日辰巳午未申酉戌利
八月十七丙戌日巳午未申酉戌吉利
八月二十己丑日辰巳午申酉戌時吉
八月廿三壬辰日辰午巳申酉時大吉
八月廿四癸巳日辰巳午申酉戌時吉
八月廿五甲午日辰巳午未申酉戌吉
八月廿七丙申日辰巳午未申酉戌吉

八月廿九戊戌日巳午未申酉戌時吉
九月初五甲辰日辰巳午未冠宇祈福

九月令
九月初六乙巳日巳午申酉冠宇祈福
九月初七丙午日辰丑午未酉戌吉利
九月十一庚戌日巳午申酉婚姻吉利
九月十八丁巳日辰巳午未申酉戌時
九月十九戊午日辰巳午未申酉吉利
九月二十己未日辰巳午未申酉戌利
九月廿一庚申日辰巳午未申酉戌時
九月廿二辛酉日巳午未申酉戌時吉
九月廿三壬戌日巳未酉戌時大吉利
九月廿八丁卯日辰巳午時大吉大利
十月初一己巳日辰巳午未申酉戌吉
十月初二庚午日辰巳午未申酉戌吉
十月初三辛未日辰巳午未申酉戌吉
十月初四壬申日辰巳午未申酉吉利

十月初五癸酉日辰巳午未申酉戌吉

十月令

十月初八丙子日辰巳未申酉戌吉利
十月初十戊寅日辰巳午未酉戌吉利
十月十一己卯日辰巳午未申戌大吉
十月十二庚辰日辰巳午申酉時吉利
十月十四壬午日辰巳午未申酉戌吉
十月十七乙酉日辰巳午未申酉戌吉
十月十八丙戌日巳午未申酉戌吉利
十月二十戊子日辰巳未申酉戌時吉
十月廿二庚寅日辰巳午未酉戌吉利
十月廿三辛卯日辰巳午未申戌吉利
十月廿四壬辰日辰午巳申酉時吉利
十月廿六甲午日辰巳午未申酉戌吉
十月三十戊戌日巳午未申酉戌時吉
十一月初二庚子日辰巳未申酉戌吉
十一月初四壬寅日辰巳午未酉戌吉
十一月初五癸卯日辰巳午未申戌吉
十一月初六甲辰日辰巳午婚姻吉利

十一月令

十一月十五癸丑日巳午申酉戌時吉
十一月十八丙辰日辰巳午未酉祈福
十一月廿二庚申日辰巳午未申酉吉
十一月廿七乙丑日巳午申冠宇祈福
十一月三十戊辰日辰巳午未酉吉利
十二月初一己巳日巳午申酉婚姻吉
十二月初四壬申日辰巳午未申酉吉

十二月令

十二月初十戊寅日辰巳午未酉戌吉
十二月十一己卯日辰巳午大吉冠利
十二月十二庚辰日辰巳午申酉時吉
十二月十三辛巳日巳午未申酉戌吉
十二月十四壬午日辰巳午未申戌冠
十二月十六甲申日辰巳午未申酉宇
十二月廿二庚寅日辰巳午未酉戌吉
十二月廿三辛卯日辰巳午未申戌吉
十二月廿五癸巳日辰巳午申酉戌吉
十二月廿六甲午日辰巳午未申酉戌
十二月廿八丙申日辰巳午未申酉戌
正月初六癸卯日辰巳午未申戌吉利

二〇二五年正月令

正月初七甲辰日辰巳午未冠宇祈福
正月初九丙午日辰丑午未酉戌吉宇
正月初十丁未日巳午未申酉戌吉利
正月十五壬子日辰申酉戌吉時吉利
正月十八乙卯日辰巳午未申戌吉利
正月十九丙辰日辰巳午未酉祈福吉
正月廿一戊午日辰巳午未申酉吉利
正月廿二己未日辰巳午未申酉戌利
正月廿七甲子日辰申酉戌吉時吉利
二月初一戊辰日辰巳午申酉時吉利

嫁娶擇日須配合女命新娘男命新郎之八字及雙方父母之生肖，嫁娶神煞眾多，請敦請老師擇時日，以免有誤，大師嫁娶擇日服務潤金為六千六百元整。預約電話：0928-279865

根據袁天罡先師神數命理秤骨輕重方式

算法：從以上的年月日時算合共幾兩數，就可查出一身之榮枯評定百年之貴賤斷法於此。以供諸位參考

◎算命不求人◎

出生的年數

鼠	牛	虎	兔	龍	蛇	馬	羊	猴	雞	狗	豬
甲子年生 一兩二錢	乙丑年生 九錢	丙寅年生 六錢	丁卯年生 七錢	戊辰年生 一兩二錢	己巳年生 五錢	庚午年生 九錢	辛未年生 八錢	壬申年生 七錢	癸酉年生 八錢	甲戌年生 一兩五錢	乙亥年生 九錢
丙子年生 一兩六錢	丁丑年生 八錢	戊寅年生 八錢	己卯年生 一兩九錢	庚辰年生 一兩二錢	辛巳年生 六錢	壬午年生 八錢	癸未年生 七錢	甲申年生 五錢	乙酉年生 一兩五錢	丙戌年生 六錢	丁亥年生 一兩六錢
戊子年生 一兩五錢	己丑年生 七錢	庚寅年生 九錢	辛卯年生 一兩二錢	壬辰年生 一兩〇錢	癸巳年生 七錢	甲午年生 一兩五錢	乙未年生 六錢	丙申年生 五錢	丁酉年生 一兩四錢	戊戌年生 一兩四錢	己亥年生 九錢
庚子年生 七錢	壬寅年生 七錢	壬寅年生 九錢	癸卯年生 一兩二錢	甲辰年生 八錢	乙巳年生 七錢	丙午年生 一兩三錢	丁未年生 五錢	戊申年生 一兩四錢	己酉年生 五錢	庚戌年生 九錢	辛亥年生 一兩七錢
壬子年生 五錢	癸丑年生 七錢	甲寅年生 一兩二錢	乙卯年生 八錢	丙辰年生 八錢	丁巳年生 六錢	戊午年生 一兩九錢	己未年生 六錢	庚申年生 八錢	辛酉年生 一兩六錢	壬戌年生 一兩〇錢	癸亥年生 七錢

出生的月數

正月	二月	三月	四月	五月	六月	七月	八月	九月	十月	十一月	十二月
六錢	七錢	一兩八錢	九錢	五錢	一兩六錢	九錢	一兩五錢	一兩八錢	八錢	九錢	五錢

出生的日數

初一	初二	初三	初四	初五	初六	初七	初八	初九	初十	十一	十二	十三	十四
五錢	一兩〇錢	八錢	一兩五錢	一兩六錢	一兩五錢	八錢	一兩六錢	八錢	一兩六錢	九錢	一兩七錢	八錢	一兩七錢

重量	詩曰	格評
一兩一	此乃衣食奔波出外之命也	短命非業謂大凶 平生災難事重重 凶禍頻臨陷逆境 終世困苦事不成
一兩二	此乃幼年勞碌中年清泰之命也	身寒骨冷苦伶仃 此命推來行乞人 勞勞碌碌無度日 終年打拱過平生
一兩三	此乃先難後易出外求人之命也	此命推來骨輕輕 求謀作事事難成 妻兒兄弟應難許 別處他鄉作散人
一兩四	此乃為人智巧多能出家求良之命也	此命推來福祿無 門庭困苦總難榮 六親骨肉皆無靠 流到他鄉作老人
一兩五	此乃身閑心不閑九留藝術之命也	此命推來祖業微 門庭營度似稀奇 六親骨肉如冰炭 一世勤勞自把持
一兩六	此乃先貧後富勞碌之命也	平生衣祿苦中求 獨自營謀事不休 離祖出門宜早計 晚來衣祿自無憂
一兩七	此乃聰明近貴衣祿之命也	一生作事少商量 難靠祖宗作主張 獨馬單鎗空做去 早年晚歲總無長
一兩八	此乃自卓為人才能近貴之命也	一生作事似飄蓬 祖宗產業在夢中 若不過房併改姓 也當移徙二三通
一兩九	此乃才能客商達變智慧之命也	初年運限未曾亨 縱有功名在後成 須過四旬纔可上 移居改姓始為良
二兩	此乃衣食有餘為人近貴成家之命也	勞勞碌碌苦中求 東走西奔何日休 苦使終身勤與檢 老來稍可免憂愁
二兩一	此乃先貧後富近貴衣食足用之命也	忙忙碌碌苦中求 何日雲開見日頭 難得祖基家可立 中年衣食漸無憂
二兩二	此乃性巧過人衣食到老近貴之命也	初年運蹇事謀難 漸有財源如水流 到得中年衣食旺 那時名利一起來
二兩三	此乃衣食豐滿富貴根基之命也	早年做事事難成 百計徒勞枉費心 半世自如流水去 後來運到始得金
二兩四	此乃財穀有餘主得內助富貴之命也	此命福氣果如何 僧道門中衣祿多 離祖出家方得妙 終朝拜佛念彌陀
二兩五	此乃先難後易過房入贅近貴之命也	生平福量不周全 祖業根基覺少傳 營事生涯宜守舊 時來衣食勝從前
二兩六	此乃超群拔類衣祿厚重之命也	不須勞祿過平生 獨自成家福不輕 早有福星常照命 任君行去百般成

三兩七	此乃聰明富貴有福壽之命也	此命般般事不成 弟兄少力自孤成 雖然祖業須微有 來得明時去得時
三兩八	此乃財帛豐厚宜稱之命也	一生骨肉最清高 早入黌門姓名標 待看年將三十六 藍依脫去換紅袍
三兩九	此乃利上近貴有福有祿之命也	此乃終身運不窮 勞勞作事盡皆空 苦心竭力成家計 到得那時在夢中
四兩	此乃富貴近益生匯鼎盛機關之命也	平生衣祿是綿長 件件心中自主張 前面風霜多受過 後來必定享安康
四兩一	此乃稅戶近貴專才衣祿之命也	此命推來事不同 為人能幹異凡庸 中年還有逍遙福 不比前年運未通
四兩二	此乃兵權有職富貴才能之命也	得寬懷處且寬懷 何用雙眉縐不開 若使中年命運濟 那時名利一齊來
四兩三	此乃財祿厚重白手成家之命也	為人心性最聰明 作事軒昂近貴人 衣祿一年天數定 不須勞碌是豐亨
四兩四	此乃才能好學近貴財祿之命也	來事由天莫苦求 須知福祿勝前途 當年財帛難如意 晚景欣然便不憂
四兩五	此乃福祿豐厚極富且貴之命也	名利推來竟若何 前途辛苦後奔波 命中難養男與女 骨肉扶持也不多
四兩六	此乃富貴有餘福壽雙全之命也	東西南北盡皆通 出姓移名更覺隆 衣祿無虧天數定 中年晚景一般同
四兩七	此乃高官厚祿學業飽滿之命也	此命推來旺末年 妻榮子貴自怡然 平生原有滔滔福 可有財源如水流
四兩八	此乃官員財祿厚重之命也	幼年運道未曾亨 若是蹉跎再不興 兄弟六親無皆靠 一身事業晚年成
四兩九	此乃性巧精神倉庫財祿之命也	此命推來福不輕 自立自成顯門庭 從來富貴人親近 使婢差奴過一生
五兩	此乃文武才能錢穀豐盛之命也	為利為名終日勞 中年福祿也多遭 老年是有財星照 不比前番目下高
五兩一	此乃官職財祿榮華富貴之命也	一世榮華事事通 不須勞碌自亨通 弟兄叔姪皆如意 家業成時福祿宏
五兩二	此乃掌握兵權富貴長壽之命也	一世亨通事事能 不須勞思自然能 宗施欣然心皆好 家業豐亨自稱心
五兩三	此乃僧道門中近貴之命也	此格推來氣象真 興家發達在其中 一生福祿安排定 卻是人間一富翁
五兩四	此乃有威權富貴財祿之命也	此命推來厚且清 詩書滿腹看功成 豐衣足食自然穩 正是人間有福人
五兩五	此乃官職財祿豐盛之命也	走馬揚鞭爭利名 少年做事費籌論 一朝福祿源源至 富貴榮華顯六親
五兩六	此乃官職長享榮華富貴之命也	此格推來禮義通 一生福祿用無窮 甜酸苦辣皆嘗過 財源滾滾穩且豐
五兩七	此乃官職文章壓眾精通之命也	福祿盈盈萬事全 一生榮耀顯雙親 名揚威振人欽敬 處世逍遙似遇春
五兩八	此乃官祿旺相才能性直富貴之命也	平生福祿自然來 名利兼全福壽偕 雁塔題名為貴客 紫袍金帶走金瑎
五兩九	此乃官職財祿厚重之命也	細推此格妙且清 必定財高禮義通 甲第之中應有分 揚鞭走馬顯威榮
六兩	此乃官職榮華福壽財祿之命也	一朝金榜快題名 顯祖榮宗立大勳 衣食定然原欲足 田園財帛更豐盈
六兩一	此乃法身官掌風雷權柄之命也	不作朝中金榜名 定為世上一財翁 聰明天付經書熟 名顯高科自是榮
六兩二	此乃官職有權柄之命也	此命生來福不窮 讀書必定顯親榮 紫衣金帶為卿相 富貴榮華皆可同
六兩三	此乃指揮太守萬戶封侯之命也	命主為官福祿長 得來富貴定非常 名題金塔傳金楞 定中高科天下揚
六兩四	此乃官職尚書侍郎之命也	此格權威不可當 紫袍金帶坐高堂 榮華富貴誰能及 積玉堆金滿儲倉
六兩五	此乃威權發無邊財福祿之命也	細推此命福不輕 定國安邦極品人 文繡雕梁徵富貴 威聲照耀四方聞
六兩六	此乃公侯駙馬丞相之命也	此格人間一福人 堆金積玉滿春堂 從來富貴由天定 正笏垂紳謁聖君
六兩七	此乃冠世萬國來朝上格之命也	此命生來福自宏 田園家業最高隆 平生衣祿豐盈足 一世榮華萬事通
六兩八	此乃溫和幸福富貴極吉之命也	富貴由天莫苦求 萬金家計不須謀 十年不比前番事 祖業根基水上舟
六兩九	此乃惠受高位功名顯達之命也	君是人間衣祿星 一生富貴眾人欽 總然福祿由天定 安享榮華過一生
七兩	此乃權力具備志望上流之命也	此命推來福不輕 不須愁慮苦勞心 一生天定衣與祿 富貴榮華主一生
七兩一	此乃大志大業勢如破竹之命也	此命生來大不同 公侯卿相在其中 一生自有逍遙福 富貴榮華極品隆

出生的日數	
十五	一兩〇錢
十六	八錢
十七	九錢
十八	一兩八錢
十九	五錢
二十	一兩五錢
二一	一兩〇錢
二二	九錢
二三	八錢
二四	九錢
二五	一兩五錢
二六	一兩八錢
二七	七錢
二八	八錢
二九	一兩六錢
三十	六錢

出生的時數	
子時	一兩六錢
丑時	六錢
寅時	七錢
卯時	一兩〇錢
辰時	九錢
巳時	一兩六錢
午時	一兩
未時	八錢
申時	八錢
酉時	九錢
戌時	六錢
亥時	六錢

六壬斷事秘訣

一、用法：本六壬神訣為平常碰到事情時，在無所適從的時候，即可用這種方法來斷測事情的過程與結果，舉凡運氣的好壞、行事的時機、謀事的貴人時期，尋找物品、疾厄的徵兆等預先占卜吉凶的最佳利器方法，時常起用，無相靈感會越來越準。

二、算法：首先從1大安處起算正月，算數到所斷之月令，然後於月上起一日順數之。再於日上起時辰，順數斷數之時辰。

三、起算實例：例如目前是三月八日下午二點。正好有件事正在起煩心，無法解決。在沒辦法取決時，可依此法來推斷之。首先要依照掌圖順時針方向來數之：自1大安處起一月，順數三月，則三月在3速喜的位置。再於3速喜的位置起一日。順數到八的數字為八日。正好八落在4赤口的位置，再於赤口位置起時辰，順數之（子、丑、寅、卯、辰、巳、午、未、申、酉、戌、亥）。查下午二點為未時。故於4赤口的位置起子時。順數到未時。未正好落在5小吉的位置。所以對要占卜之事就以小吉之詩句為取決之態度。以此來斷驗結果。其餘的起算就依上例來推占之。

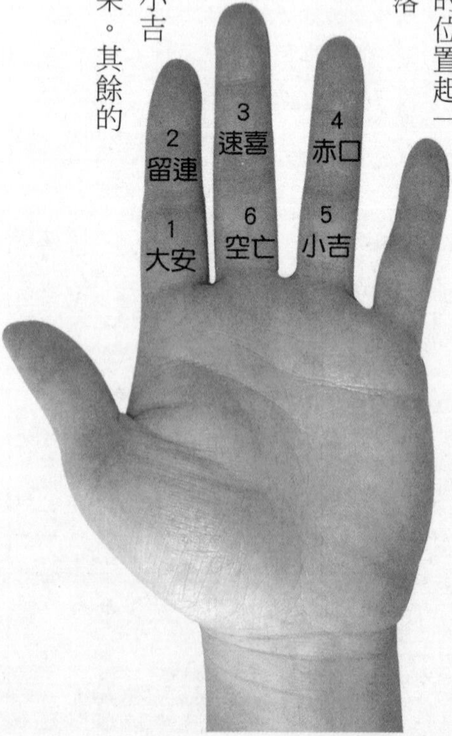

註解：

大安：身不動之時，五行屬木為青龍，凡謀事為一五七為期，身體部位為四肢，貴人方為西南方。沖煞方為東方。

詩曰：大安事事昌，求財於坤方（西南方）。失物去不遠。宅舍保安康。行人身未動。病者主無妨。將軍四田野。仔細壬推詳。

留連：來未歸之時。五行屬水為玄武，凡謀事為二八十為期，身體部位為胃部與腎臟。貴人方為南方。沖煞方為北方。

詩曰：留連留連事難成，求謀之事未明，官事只宜緩，去者未回程，失物尋南方，急討方稱心，須防口舌災，人口亦平平。

速喜：人隨至之時，五行屬木為朱雀，凡謀事三六九為期，身體部位為心臟、腦部。貴人方為西南方。沖煞方為南方。

詩曰：速喜喜來臨，求財向南方，失物申未午（南兼西南的位置）。逢人路上尋，官事有福德，病者無禍侵，田宅六畜旺，行人有音信。

赤口：官事凶之時。五行屬金為白虎，凡謀事四七十為期，身體部位為肺部和胃部。貴人方為東方。沖煞方為西方。

詩曰：赤口主口舌，官非切要防，失物急去尋，行人有驚慌，六畜多作怪，病者出西方，更須防詛咒，恐怕染重病。

小吉：人來喜之時，五行屬木為六合神，凡謀事一五七為期，身體部位為肝及腸。貴人方為西南方，沖煞方為東方。

詩曰：小吉最吉昌，路上好商量，陰人來報喜，失物在坤方（西南方），行人立便至，交關更是強，凡事皆和合，病者禱上蒼。

空亡：音訊特殊之時：五行屬土為勾陳，凡謀事三六九為期，身體部位為脾臟、腦部。貴人方為北方。沖煞方為西方。

詩曰：空亡事不詳，陰人多作怪，求財無利益，行人有災殃，失物尋不見，官事有刑傷，病人逢暗鬼，禳解保安康。

新春開市開工賺大錢

正月初五是五路財神的生日，台灣一般商家都喜歡以這天作為年後開張的日子，希望藉由接財神的儀式能夠得到五路財神的庇祐，讓來年生意興隆、財源廣進。

大部份的商家及工廠都會選在正月初五這一天「開市」，但每年最佳開市開工的時刻都有不同，讀者們可以參考書中開運秘法大公開一文，或開幕營商開市求財吉課，當然也可請老師擇吉時良辰舉行。

開市開工當天，最重要的一件事當然就是敬神拜拜的開工儀式，但是許多人都不知道該準備些什麼東西或該怎麼拜，因此陳冠宇老師特將新春開市開工儀式中所需準備的物品及進行的方式簡述如下，提供大家參考，希望大家都能開心賺大錢！

準備物品：

1、十二碗素碗（這些都是所謂的「乾料」）「乾料」就是金針、木耳、香菇、紅棗、麵線、龍眼、髮菜、花生、腰果、蓮子、冰糖、冬粉。這十二種「乾料」這些在台北的迪化街或賣南北貨的店裡應該都有；現在的「超級市場」應該也都有；各買一點點回來，用碗一碗一碗給它裝著這就是「十二素碗」。

2、酒一瓶：米酒或是洋酒都可以，整瓶就好了不一定要倒。

3、發糕五個（代表「五路招財」的意思）。

4、紅湯圓五碗。

5、糖果、餅乾各一盤。

6、五果：水果五種（因為你過年開市，當然有「五路招財」）所以水果要選五種顏色，

紅色、黃色、白色、黑色、綠色，水果的顏色就是果皮的顏色。

7、三杯清茶

8、金紙：天公金、壽金、刈金、土地公金和壽生錢，量多寡以個人能力及誠意定之。

9、香：一定要用黃色香或是紅色的香，不宜用黑色的香。

10、蠟燭一對（象徵「錢」途光明）。

11、菜頭：用一個紅紙條框一下代表「好彩頭」的意思。

12、鮮花。

13、「請神疏文」一份。請神祝文應以黃色紙長度為六十一公分及寬度三十八公分，依內容填上自己的公司行號名稱及住址，用黑色毛筆或簽字筆書寫（疏文內容可參閱本書56頁或直接洽鴻運公司訂購）。

準備好牲醴供品之後，開始進行敬神請神的祭拜儀式，於祭拜中恭頌「請神疏文」五次以達最高之敬意，然後燒化疏文與金紙，只要虔誠禮拜敬神、必能得到財神爺的庇佑，一開市就能賺大錢。

敬神儀式結束之後，打開店門或生財工具，作為開張或開工的象徵。在店頭掛兩顆帶葉的菜頭，代表新年好彩頭；再放一盆木炭在門邊，代表生意越燒越旺。祭過財神之後，當天還要吃一碗餛飩，稱為「元寶湯」，這有馬上進財的吉祥意義。

做生意的人，可以在進門的地方擺上一盆金桔，或是放個盤子，上面疊九顆大橘子，象徵招財進寶、大吉大利。準備一些甜食或糖果，分送給進門的顧客或過往的民眾，收到糖果的人通常都會說一些吉祥話，可以藉此讓自己的生意得到祝福。

請神祝文

焚香拜請、伏以日吉辰良、天地開張、立案焚香、香煙上昇、直達天庭、香煙陣陣、請神駕臨、香煙繞起、神通萬里。拜請值年功曹、值日使者、值時使者、傳香童子、奏書童郎、為民傳奏。

恭請南無十方一切佛、南無上師、南無佛、南無法、南無僧、南無大慈大悲觀世音菩薩、玄靈關上帝、玉皇大天尊、孚佑帝君呂仙祖、天上聖母、司命灶君、變化仙師、福德正神以及十方五路財神、送財童子、獻財童郎、十方五路交易星君及本地各宮各廟諸佛聖尊、管莊福德正神、各請速速降來臨

今有　　信士　　領導全體員工同仁

住址：

為甲辰年新春、恭迎十方五路財神降臨鎮宅賜福大典。

特予選擇今日吉日良辰、六神通利四道開張點起清香、清油火燭、水茶美酒、香花果品、紅圓發糕、列在堂上。奉請眾佛眾神收領、謹具奉申、一請禮當二請、二請禮當三請、恭請眾佛眾神一來到座、二來領受。領受爐內清香、水茶果品、香花美酒、恭請眾佛眾神、寬寬飲酒、寬寬領受。祈求庇佑　　信士　　及全體員工同仁、財星高照、祿馬扶持、腳踏四方、方方皆利、萬事清吉、求福賜福、求財賜財、行在人前、坐在人上、男添百福、女納千祥、再來保佑全體同仁。闔家平安、身體健康、萬事如意、大興、大旺、大利、大賺錢。

尚饗

中華民國歲次　甲辰　年　正　月　　日吉福

「觀音佛祖祈福文疏」助您永保安康

人的一生運勢總是起起伏伏，有時鴻運當頭，有時烏雲罩頂，沒有人可以一生風平浪靜。相信許多都有相同的經驗，當厄運來臨的時候，真是叫天天不應、叫地地不靈，在真正無助的時候，心中總會自然而然的生起一個念頭「求觀音保祐、求佛祖保祐」。

人生的問題千百種，有些很單純的問題你知道可以求哪位神明賜福幫忙，像是財運找財神、求子找註生娘娘、學業找文昌帝君，但是大多數的問題往往涉及各種層面，像是感情與金錢的糾葛、事業與健康的糾纏，求了這個又漏了那個，事情總是不圓滿，不知道底該怎麼辦才好？如果你也有相同的疑惑，建議您求觀音求佛祖就能一次解決所有煩惱！

觀音菩薩是慈悲的化身，拯救人間所有苦難，佛祖是天界最高位皆的神佛，只要能求得觀音及佛祖的庇佑，則一切問題煩惱皆可迎刃而解！但為了確保你的祈求能被神明清楚的接收到，你必須準備一份最正式的文疏，藉由四值功曹飛捧送達天庭，上呈給觀音佛祖，整個祈福的程序才能算圓滿，冠宇老師為了造福大眾，特別親撰「觀音佛祖祈福文疏」給有緣的讀者朋友，望大家都能平安健康發大財！

使用時機：

運途不順時用於消災解厄、招福納祥、求健康延壽、除小人招貴人，每月初一、十五日定時啟用可永保安泰。

使用方法：

「觀音佛祖祈福文疏」應以黃色紙長度為四十公分及寬度二十七公分。依內容填上自己的姓名、住址及所求之事由，用黑色毛筆或簽字筆書寫。

平時可準備壽桃、麵線（壽麵）、水果五種、素齋、鮮花、清茶、清香以供之（供品可依能力增減），金紙用太極金、壽金、刈金、福金（四方金），求消災解厄可加補運錢和壽生蓮花，祭拜中恭頌文疏三次或五次以表達最高之敬意，以其求佛祖菩薩庇佑。

開運招財祈福疏文

在正統祭祀禮儀中，必須準備一份正式的疏文，疏文是上呈給神明的正式公文，藉以向神明傳達心中所求之願望，是對神明或無相界表達最虔誠禮敬之心的重要工具！正式的疏文格式一般都是法師自用秘藏不傳，陳冠宇大師特別公開，望大家皆能開運發大財！

【包括：請神祝文、禮請五路財神祈禱文、禮請福德正神文疏、觀音佛祖祈福文疏、普渡祈福祝文等五種，及招財符乙張。】

觀音佛祖祈福文疏

※可備黃紙23公分寬、45公分長以毛筆書寫下列疏文

伏以
佛法無邊菩薩慈悲祈保信士信女無災無害
聖功有赫聖水施露懇求賜佑弟子四季平安
今據
中華民國住址：　　吉宅居住
沐恩祈福弟子　　稽首頓首為祈保平安植福事、即日誠心百
拜冒干。
佛造吉宅之中具呈意者、言念弟子生居斯鄉、忝屬人倫、承釋迦牟尼佛、阿彌陀佛、
觀世音菩薩之佛恩加持保護聖荷
聖德下降扶持、愧無寸善、可集千祥、茲有
祈福弟子　　本命生於西元　　年　　月　　日
時建生、現庚　　歲。
緣因：
祈求平安大吉、財源廣進、事業鴻圖大展、四季無災、八節有慶
是以即日誠惶誠恐、誠心敬備清香燭帛、清酌凡儀、敬修文疏一通、恭向佛心禪院聖
神聖佛禱告。祈釋迦牟尼佛、阿彌陀佛、觀世音菩薩暨列位尊神、祈保平安良福一
宗、自今叩許伏望　佛聖赫濯聲靈、大慈大悲救苦救難、保佑弟子　每年吉
利、四季康寧、月月無事、日日平安、十方貴人齊明、心無罣礙、身無災殃、一家納
福老幼康寧、身強體建、時時禮佛報答恩光、言囑不盡、惠保無疆、弟子冒昧陳詞
佛聖朗鑒、不勝雀躍、榮幸之致、敬修文疏恭進以聞
天運　　年　　月　　弟子誠心具立文疏　稽首頓首
百拜上申

考試順利祈願秘法

相信大多數的學子都曾有過到文昌廟祈求考試順利的經驗，文昌帝君是掌管人間功名利祿的神明，因此若能在考前到文昌帝君神前祈福，將可以大大的提升應考者的自信潛能，對自己有信心，考試就不容易臨時失常，金榜題名的機會相對也會大增。

準備事項：

1、供品：蔥仔（聰明）、粽子、包子（包中）、芹菜（勤學）、蒜頭（會算）、菜頭（好彩頭）、竹筍（順利）、桔子（大吉大利）、各式圓形水果（選擇其中幾樣即可）。

2、財帛：大百壽金、壽金、刈金。

3、「禮請文昌帝君祈賜功名疏文」一份。

4、准考證影本、文昌筆四支（考生平常用的文具亦可）、摺扇一把、酥油燈。

步驟說明：

1、誠心抄寫「禮請文昌帝君祈賜功名疏文」一份，內容如後，並仔細填寫各項考試相關資料以求無誤。以請用四十公分長、廿二公分寬之黃紙以毛筆或黑筆書寫。

2、焚香祭拜之後，於文昌帝君神前輕聲恭讀疏文，唸畢，將疏文翻轉過來並高舉過眉請文昌帝君御覽，最後再與金紙一同燒化即可。

3、食用的供品必需帶回家煮給考生吃，不能留在廟裡，准考證影本則可以貼在酥油燈上供在神前（代表加油、前途光明）。

4、文昌筆及摺扇需禮請文昌帝君加持，回家後擺在家中的文昌位上，可庇祐考生妙筆生花、功成名就。

5、可準備一面小圓鏡、一個綠色的福袋、三節細竹節、一張魁星符，把鏡子、竹節、魁星符放於福袋內，給要參加考試之學子配戴於身上，可達到開啟智慧、招來好考運之功效。

※禮請文昌帝君祈賜功名祈禱文

『陳冠宇藏寶造福眾生』

伏以

靈光護祐，廣庇蒼生六府尊師宏禮樂

神恩浩蕩，濟霑玉露三台教化立綱常

弟子：○○○ 年　月　日　時生

現居：

訂於歲次　年　月　日起，至　年　月　日止

前赴（考試地址）：

參加（考試名稱）：

准考證編號為：

考試科目（依考試順序填寫）：

敬備香花素果，誠心誠意，恭請文昌帝君加臨護祐，並伏願庇祐弟子○○○

思緒清明，智慧通達，考試圓滿，金榜題名，學業順利，功成名就。

如能得償所願，當讀書以報社稷國家，廣積善德，不負神恩。

恭此

上聞

天運　年　月　日　弟子○○○百叩上疏

端午節開運秘法

端午節，端午時節乃陽氣之盛極之時，陰氣即將回昇的時候，也就是「純陽日」。

端午開運及化小人增加運氣方法：

1、利用五月五日早上五點面向東方，對著太陽，深呼吸（吐納）36回，增加純陽之氣，對於走霉運之人、犯小人之人，是相當有效果的。完成後吐納之後，靜心冥想就可以許願、祈求可達速成效果。

2、吃五種黃色的食物，如蛋黃、黃豆、玉米、花生或鹼粽等，除可解毒制煞，更能增加自己的陽氣。

3、門上插艾草（形狀像旗，可以祓鬼）和菖蒲（形狀像劍，可以袪邪）和榕枝（除穢辟邪）所繫成的避邪物，可達避毒蟲，避煞氣，風水上稱為趨吉避凶。「蒲劍沖天皇來現，艾旗伸地神鬼驚」。

4、配戴開運香包：9-11 時製作配戴－內置檀香、白芷、桂心、雄黃，硃砂、艾葉、榴花等

5、配戴葫蘆：葫蘆有「福祿」之意，葫蘆的形狀與太極陰陽極為貼近，在風水上也有化煞之用。葫蘆帶在身上，不但能辟邪驅瘟，還能給自己帶來好運。

6、配戴五色線長命縷招姻緣開旺運：未婚男女帶上五色線（男左女右）纏在手臂上、手腕上、腳踝上，則可增進喜氣，招來緣份，開旺運。

7、懸掛鍾馗畫像在家中用來鎮宅驅魔，趨吉避凶，確保家中平安，讓大鬼、小鬼都離你遠去。

8、懸掛凸透鏡或桃木劍避沖煞或斬桃花。

9、雄黃酒殺百蟲，避鬼魅：用雄黃末和米酒或高粱酒調成，灑在屋裡屋外或擦在小孩額頭，可以驅趕蚊蟲，避免生毒瘡。

10、除四方穢氣：可用於居家或公司工廠，將檀香粉末或烏沉香粉末倒於盤中點燃，沿著屋內牆壁薰繞，再走至大門口，將灰燼加水往外傾倒至垃圾桶或水溝，除去家中穢氣。

11、放生消災開運：家中有長年病或常年有災厄的人，可以選在此日去放生，端午節放生的效果較平常日子要明顯很多。

12、出行要遠離醫院、殯葬場所等地方，這些地方往往陰氣較重，陰氣重地方的人便很容易生病，端午日大都視為忌諱。

13、吃五毒餅（蜈蚣、壁虎、蛤蟆、蛇、蠍子）：可以防小人，健康好運的兆頭。

吃粽子：增強考試運高中，求得貴子－中子。

吃茄子：吃茄才會ㄑㄧㄡㄉㄧㄡ。

吃豆子：吃豆吃到老老。

吃翡瓜：吃翡身體勇甲牛。

五毒餅

14、中午時刻可做立蛋比賽開啟下半年的有好運道。

15、午時水：中午時間所取之水謂午時水（泉水或井水：一定不會腐敗不會臭掉）

16、午時水作用：

A、夏天若得病，喝之能治病。

B、來洗臉，可達到美白肌膚，異性緣更強，精神好，氣色佳。

C、淨身：可保平安健康，也可以達到除煞除穢的功效。

D、道士符籙：用午時水作法，寫符咒功效特佳。（午時水＋硃砂）

E、喝午時水（百病不侵）：若是有病就應該請醫師看，別太著迷於午時水的功效，可在用藥時與開水＋午時水，能加強藥的功效。

F、大人、小孩在大熱天發燒、發熱，嚇到或是拉肚子，取出午時水加少許鹽巴煉煎服用，可立即止瀉，可消暑之效。

G、四肢無力狀況，取午時水加酒及薑片煉煎，塗抹患處。若遇犯沖喪喜之狀況，取午時水加芙蓉、茉草淨身即可。

H、鍋子放午時水，再放入銅板煮沸，這水就是錢水，用瓶子裝好，放在家中財位，（要蓋蓋子不要讓水蒸發）拿張紅紙寫上自己的名字，再寫上『財源滾滾、對我生財』。亦可放一些你煮過的銅板硬幣在身上，這就是錢母，錢母會為你生錢子。

I、午時水可以放在正財位或偏財位，在流年的財位上放上一杯午時水，可增加本身的正財運與偏財運。

J、午時水可以放在文昌位可增加考運，放在家運位可增加家庭和諧的運勢。

K、除穢消磁：聚寶盆、開運鎮煞物品、神獸、佛像、項鍊、佛珠等可以在端午節當日

11:00~13:00 午時時刻拿到空地或陽台讓陽光曝曬約 1 小時，將可達到利用天然氣場，正午陽剛正陽的自然氣場能量來達到幫助淨化加持的效果，將可以讓物品更能發揮其功效。

L、拿午時水，放入 12 個一塊錢的銅板，12 銅板代表 12 時辰。

接著把雙手放進午時水中洗一洗，可以幫你換手氣喔！

將過去不好的手氣，藉由午時水，將前半年的穢氣洗淨，自然好運氣連連，把不好的手氣換掉，午時水洗滌，可以讓你下半年擁有好運。之後再將這 12 個銅板帶在身上，等於 12 時辰都讓你「帶錢」在身上，財氣逢身。雙手洗完後，手上帶「財氣」，讓你財氣時時都有。

M、正午禪坐靜坐三十分鐘，可達到去除厄運化解小人五鬼之功效。

N、戶外開運：若自己的運勢一直不彰也可在午時找一條流動乾淨的河水，帶三十六粒桂圓干，把桂圓殼撥開放水流，藉以將一切厄運排除，桂圓身體狀況能吃的朋友就一齊吃掉，連桂圓子也一齊放水流，以祈外在與內在的厄運一致消除。

O、午時水－－陽氣最旺的能量水，用此水喝茶，燒飯，多有益身心健康。

17、端午節又稱「沐蘭節」：利用午時水，加入五色開運花香瓣（桂花瓣、蘭花瓣、玫瑰花瓣、茉莉花瓣、玉蘭花瓣）沐浴除穢開運，可以提升健康運，去邪氣，培元固本。

18、※將午時水放置於陽光照射不到的客廳或神明廳陰涼處，可永久保存。

二〇二四年五鬼招偏財秘法

極生太極，太極生兩儀，兩儀生四象，四象生八卦，八卦當中又分為二十四山，這就是周天運行的排列，在周天的週邊還細分有六十四卦，再細分為三百八十四爻，而周天之天星分佈有二十八星宿，星宿分佈於三百六十度的各個位置當中，三百六十度與三百八十四爻之間互有運行之磁場，也因此在每個爻神當中就和度數磁波產生了互動之關係，也就是爻度五行的運作，所以論三百八十四爻的吉凶對應之時，就會有爻神相兼之共有磁波，也因此要論到一個空間的吉凶禍福之時，必定要非常仔細的作卦理度數分析，方能有精准的吉凶禍福占驗論斷。

但在求財的方位佈局中，讀者因非專業之風水家或有深入研究，所以就無法作到精准之求財造財的佈局，不過有一個方位是每一個人都能運用得到的求財造財卦位，那就是天上的天市垣，也就是天上交易的市集處，此方位卦位就是艮位與坤位，也就是東北方與西南方，東北方與西南方素有鬼門之稱，所以想要以五鬼運財之催財造財必定要使用此一方位為用，方能達到最高之效能，這就是我門每一個人不須仰賴專業之風水師來安排，自己就能運用得當的好方法。

那要怎麼安排催財造財呢？只要準備一個小的瓷甕、一百零八個銅板、一小張紅紙、一個紅色布、一條金色繩子或銅絲，選擇在除夕晚上點個檀香粉，將所有的物品經檀香煙熏清淨之後，將一百零八個銅板放入瓷甕之內。那流年二〇二四年的財祿天星降臨於五鬼招財方位上之磁波力五行是什麼呢？東北方為六白金星，西南方為九紫火星，流年星體為三碧木星，所以另外必須同時準備六顆白色硨磲及九顆紅色的瑪瑙、三顆綠色玉石，一齊放入招財甕之中，再將紅色布蓋上瓷甕之口，然後用繩子或銅絲綁住甕口，再將紅紙寫上招財進寶四字，貼上甕外之身，再將它置放于陽宅的東北方卦位，本年為陽年，所以招偏財必須把甕擺置於看不得到的地方，（陰年則須放須擺放在明顯的地方，才能達到陰陽調和），這就大功告成，此就是創造五鬼偏財之最佳方法，讀者也可用本書所介紹之開運圓滿如意轉氣瓶為招財甕，亦可用五福招財盤來催五鬼運財之正財及事業財。

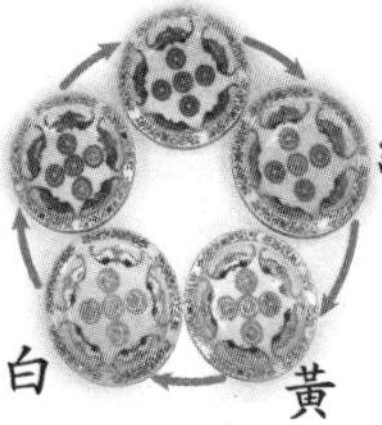

五行招財盤更替通知

五行招財盤因為招財效果一級棒，同時又能夠配合流年及個人生肖的差異，以五行相生之原理調整出最佳之招財功效，因此推出以來年年造成搶購，相信不少人已經體驗過它的神奇魅力，不過陳冠宇大師在此要提醒您，想要在甲辰龍年創造最佳招財磁場，建議以黃色及紅色招財盤為用，或將黃、紅兩色招財盤各擺在陽宅的不同財位上。已經購買其他色系招財盤的朋友可將它放置在家中另一個財位來當作輔助，或待下一波磁場更替時再拿出來使用即可。

七月鬼節防身開運秘法

每年的農曆七月份的時候，民俗上稱之為鬼月，本月鬼門關一開，社會上就會有很多的傳說，事實上農曆七月是為教孝之月令，我們可利用本月來為我們的祖先作超渡法會，歷代的祖先有非常多，在冥界當中，他們有的已早就轉世投胎了，但我們不知到底還有多少祖先沒有投胎轉世，故可利用本月來作完全超渡，幫助他們早日投胎轉世，這樣可為我們積下功德，也能助祖先到達西方極樂世界或其它神的世界，在這個月同時也可作個人累世的冤親債主或個人的累世嬰靈或此生的嬰靈作超渡之法會，此種法會可消除本身的一些業障，讓個人的財運、事業、疾厄健康得以順利無礙，所以我們統稱它為教孝之功德。

七月鬼門一開，所有的孤魂野鬼及一切無主之靈魂均會帶有令旨遊四方，故每個人最好能於本月能作一次的大拜拜，以供養一切靈祇，以作感恩一切靈界一年來的幫忙與賜福及無相助力，假若你想利用本月來改造自己命運，將過去的不好運勢排除，創造未來旺盛之運途的話，可利用本月每一天，也就是從七月一日到七月三十日的每一天，於自己住家的庭院或陽台設香案一桌祭拜遊路將軍，可用個小桌子，上置香爐一個、三杯水杯，每天早晚燒上三柱香懺悔自己、感恩遊路將軍及一切神佛，在早上必須供上三杯茶水，在黃昏時候以一把福金、一把金錢、一把白錢、一把巾衣來焚之供養，沒有金錢、白錢的地方，可用福金或四方金多一點即可，這樣每天的懺悔、感恩，相信你的一切運勢必定從此開朗，財源廣進。還有很多人常會問到底七月份還有那些禁忌呢？茲簡單介紹如下，以供參考。

一、晚間忌出門走動，恐遇鬼魅，導致身受災禍，忌出遠門，主若碰到鬼魅，今年整年會不順，不吉利。

二、防止家有鬼魅出沒：可大掃除、讓陽光充足。

三、家裡多放紅色硃砂畫，牆上可掛珠砂書畫來鎮宅。

四、宅屋客廳可掛太上老君鎮宅化煞招財靈符中堂。

五、宅屋之右前角放一碗白米，可避免鬼魅入侵。

六、身上可帶黑豆或紅豆，以七粒為用。

七、手上可戴紅色線或紅色幸運帶。

八、手上可戴七色線或七色線所綁的中國結。

九、手上常持經書、曆書可化煞。

十、家有孕婦不可將孕婦用洗臉盆拿出外面曝曬。

十一、家有嬰兒用的洗臉盆亦不可拿出外面置放，免遭鬼靈戲弄。

十二、外面所晾之衣服，黃昏時要全部拿進來屋裡，怕惡鬼拿去穿，導致氣入生人而生病或死亡。

十三、家裡可掛二十八星宿鎮宅盤。

十四、腰際可佩戴黑曜石避邪。

十五、前後門掛銅鈴串可防鬼魅侵擾。

大師遇鬼記

專門幫人消災解厄的陳大師，原來也有鬼事一籮筐！精彩的大師遇鬼實錄，告訴你與鬼和平共處的大智慧，教你化解千奇百怪的靈異困擾（現正推出買書送開運招財祈福疏文活動）。

農曆七月普渡所需供品與方法

農曆七月俗稱為鬼月，實質上它是屬於教孝之月令，懺悔之月令，感恩之月令，每一個人在一年當中，一定會碰到一些有相之朋友幫忙，也會受到一些無相貴人之幫忙，七月之時節，鬼門關一開，十方無相貴人、好兄弟全部都雲遊四方，一個人不管這輩子或上輩子所積欠之冤親債主，無相業障，此時正是感恩、懺悔消除業障的最好時機，不管有沒有，反正禮多人不怪，禮多鬼亦不怪之，所以建議你，趁著七月時節來一次感恩、懺悔消除業障吧！

每一年的七月教孝月時節，大師常會接到讀者的來電與來信，詢問普渡拜拜之一切方法與供品，因此為了響應讀者的需要，特將七月鬼月、教孝月的普渡拜拜供品，大略敘述於後以供參考：

一、供品：菜飯、粿、粽、水果、雞、鴨、魚、豬、羊、白米、米粉絲、糖果、餅乾、花生、各式乾糧、罐頭、鮮花、清茶、酒、紅豆、綠豆、黑豆、白芝麻、黃豆、蠟燭。

二、金紙類：大壽金(頂極金、太極金)、壽金、刈金(南部：四方金)、福金、金錢、白錢、巾衣、香、普渡旗。

三、普渡地點：陽台向外、樓下馬路邊、屋頂天台、庭院。

四、普渡時間：以下午一點以後為吉。

五、香的種類：以黑色香為用，所有供品都要插香，拿香姿勢不拘。

六、跟好兄弟拜拜祈禱文如附篇『普渡祈福祝文』，好兄弟拜拜沒特別禁忌，供品越豐富越好。

普渡祈福祝文

※普渡祈福祝文應以28公分×39公分或33公分×48公分之黃色紙張來書寫為吉，方符合祭拜之疏文格式，祭拜之後與金紙一起焚化之。

普渡祈福祝文

維

西元二〇二四年

中華民國一一三年七月　　日

歲次 甲辰年之日良辰

善信：

宅居(店攤、公司)住址：

宅居(店攤、公司)住址：

謹擇本日為中元普渡、恭請普渡公降臨作主、施恩、受敬、弟子誠心齋戒、祭拜普渡公暨十方五路遊路將軍、十方好兄弟、以此黃道吉日、敬備牲禮菜飯、茗茶果品、金銀財寶、巾衣、規矩禮儀、誠心誠意、拈香敬奉、供於本宅(店攤、公司)大門口曰：祈保國泰民安施落魄、中元地官赦罪救孤魂。

茲值中元普渡、敬備蔬食、以慰英靈、謹請境內一切無主好兄弟等、饗格收納、聊表誠堅

伏維

尚饗

・天運歲次甲辰年七月　　日焚香普施

肖鼠之人 本年運氣

子年出生之人

1936	89 歲
1948	77 歲
1960	65 歲
1972	53 歲
1984	41 歲
1996	29 歲
2008	17 歲
2020	5 歲

今年運勢：

三合吉星高照，應可斷言人形光彩，財喜宜人之期，主本年為名利雙全，財源廣進，吉人自有天相，事業興旺之兆。但美中不足，因為本年犯有五鬼星入宮，所以必須慎防小人來暗害，而導致失財心煩，甚至有官訟是非之情形，凡事忍之，凡事避之。俗諺：「五鬼犯劫財祿空，逢事無端怒氣衝，忍之避之放輕鬆，終了還是展春風」。身體今年易有狀況，宜多保重身體為要，五鬼之火氣較旺，防眼疾、心悸、心血管毛病、防中風，多積德造福，少造業，應在年初參加法會制化五鬼星，本年若能作植福補運之祈福法會可達開運效果，切記量大福大之啟示。感情方面須防止三角戀情，錢財不露白，否則易為五鬼傷財之根源，本年行運較會浮沉不定，得意之時，須預防失意之機，守住原本的空間，一切則比較安泰。可在身上配戴千手觀音水晶守護神，或配戴金之五行開運掛飾可助開運，或金色祿馬貴人金卡，五行開運鍊亦吉。

The combination of stars results in an unsatisfactory outcome. Beware the effects of the five ghosts star. Be careful of unreliable people planning evil schemes that result in the loss of wealth. The body would be prone to sickness this year. Focus more on taking care of one's health. Do more good deeds and bring more hope. It is desirable for one to attend ceremonies geared towards praying for luck to open one's doors to fortune. Always remember that the more you give, the more you will receive. Back out of love triangles. Never expose or reveal one's assets. This year is a time of uncertainty. Beware that when one is satisfied, there's always disappointment as well. Abide by one's firm beliefs and principles to experience better peace of mind.

生肖屬鼠今年每月運勢解析：　◎大吉　〇小吉　●凶

正月運勢〇本月一切如意，大致財運進財穩定，但要多往遠方求財利，能有更好的財運，春光煥彩，一切會有超越自己原來預期之結果，行正道可利四方來財，旁門走道或偏財不易得利，反易有損財，慎之！事業有好的機會，與同事間不可意氣用事，否則會生是非，所以還是小心為重，上班職場者會有外調之情形，或為出差之機會較多。健康上主容易火氣大，所以脾氣會比較暴躁一點，應多修身養性。愛情主有桃花緣分出現，能在公眾場合碰到心儀之對象，參加同學會或社團交際能有好機會。於正月十五之前能到廟宇或教堂祈福為吉，最好於正月初九參加禪寺之植福補運制化五鬼星，消災解厄，免五鬼關煞作威！

二月運勢〇本月財運正財不錯，但是股票投機不易賺錢，月令星犯刑剋，易有口舌是非，宜腳踏實地或本業的財祿為吉。刑星容易導致朋友來損財及口舌是非產生，故不與人爭為吉，凡事忍耐，不然容易有官訟之疑。事業工作尚能如預期之順利，但會有同事小人暗害製造是非，因而會有想換工作之心態，建議你還是保守最好。健康上身體有微恙及感冒傷風之疾，注意風寒。愛情桃花緣不錯，多珍惜，勿爭執，少說話為妙，想結交新異性時機不錯。

三月運勢◎本月流月三合拱照，財運進財穩定，偏財投機之財甚佳，若有外債要收回能順利，諸事亨通順暢，可達名利雙收之期。事業工作順心如意，有貴人提拔及會有同行挖角之象，同事或上司間彼此關係也非常融洽。健康身體無礙，年紀大者防血壓升高或中風。愛情桃花緣重，能有理想對象出現，會有同事或朋友介紹之機會，但不要操之過急，多交往多相處會找到滿分之對象。

四月運勢〇本月有財星逢身，財來的平順，財運不會太差，一切否極泰來，有貴人相助而得財，投機股票宜見好就收，須防財來財去，一切尚稱如意，凡事謹慎必能通達。事業工作有障礙會自然化解，應養成與同事或上司能和氣相處與忍耐包容之氣度。健康上須防胃之疾，注意飲食的衛生，以

及飲食的定時定量，還要心情開朗自然無病。愛情桃花緣不錯，談感情會有好機會，多參加社團活動可得好對象。

五月運勢●本月為生肖犯沖之月令，財運上會有五鬼來傷財，股票投機不宜，本月容易有朋友來邀約投資或借錢，因而有破財之慮。事業工作屬於不順利之期，會有想異動的念頭，但此時非好時機，瑣事較多，因此煩惱會較多，再過些時日則吉。健康易有感染或傳染之症，口腔破或潰瘍之現象，易因暴躁而生未來之麻煩，在外須防意外血光，開車不與人衝突，防口舌之災，一切忍之為吉。愛情感情易有障礙，會受朋友破壞造謠，夫妻間的相處也容易有衝突。

六月運勢○本月為犯穿煞之氣，財運進財平和，偏財不佳，吉凶參半，起落較不定的現象，但是貴人明顯，凡是都能逢凶化吉，建議多作善事或志工可幫助行運，會有朋友陷害造謠，不聽那閒言閒語為吉，凡事謙悲為懷。事業工作尚如意，但會與同事有不舒服之意見紛歧，防同事五鬼暗害。健康主莫須有之毛病產生，易有偏頭痛之毛病，脾氣會受週圍之情緒影響。愛情桃花異性緣不錯，舊情人會有再來追求之現象。

七月運勢◎本月流月三合拱照，財運主財源廣進，投機小賺，凡事可逢凶化吉，一切如意，貴人明顯，但因有小凶星照臨，故投機還是要特別小心，在外須防小人是非，應到禪寺作普渡，參加法會度化冤親債主來消除業障，參加法會必可帶來旺盛之氣。事業工作順利，找工作能稱心如意，但會受同事之造謠而生煩惱。健康主冤親債主之干擾，一切都會有感覺不舒服之情形。愛情家庭美滿，戀愛對象有漸入佳境之情形。

八月運勢○本月有吉星拱命，財運穩定，福祿自有進家來，運勢不錯，只要凡事保有愉悅之心情，穩定中求發展都非常好，但無謂之開銷會比較大。事業工作平穩，接生意容易有契約問題，在外處事勿存太剛強之傲骨，否則會美中不足，凡事三思而後行，自作聰明則易誤事。健康宜注意車禍

對象。

九月運勢◎本月有吉星照臨，財源不錯，正財偏財皆利，財源易有突來之財祿，理財投資投機皆吉，故投機股票宜把握，若為投資長線之股票則更佳。事業工作會有好的進展，能得老闆之賞識，貴人之提拔，但會犯同事嫉妒，一切逆境中要逆來順受。健康宜防車禍之意外血光，脾氣會比較暴躁，體內肝虛火旺盛。愛情主有桃花緣，但就是難以進一步交往，會有突來的感情波折。

十月運勢◎本月有貴人吉星逢照，財祿運一切順遂，會帶來長期之利益，有漸入佳境之財運，會有遠方之朋友來創造機會，一切只要能順水推舟，財利必會大進財。事業工作順利，一切會從低點轉為高潮，應思考明年之新計劃。健康上只是流行性感冒而已，出門應多帶衣物防風寒，大致無礙。愛情桃花緣好，親朋好友介紹，但多屬不是很理想之對象，姻緣未到成熟。

十一月運勢●本月為太歲月令，財運差，大起大落之財祿運勢，會有特殊之狀況發生，小心理財為要，在投資投機方面要特別小心，凡事不如人意，有特別計劃或規劃宜延後為吉，運勢會在下個月漸漸明朗，目前一切都在大起大落之領域中進行。事業工作順利，薪水階級行事不順，壓力大，但不宜輕言請辭，否則容易因小失大。健康易有感冒，骨頭酸痛，年長者防中風。愛情桃花緣差，公眾場合心儀之對象很多，但都屬自己不敢主動之對象。

十二月運勢◎本月有福星拱命，財源廣進，有好財祿逢身，萬事亨通，偏財亦旺，貴人明顯，應注意遠方之財利，一切厄運均將遠離，但防在外口舌之災。事業工作如意，能有新計劃產生，營商有來年之訂單，上班族會有人才挖角之象。健康主感冒及氣管差，防出門之意外發生，心神會較不靈。愛情有桃花緣，應趁過年期間多和異性老同學或老同事往來，能得好姻緣。

肖牛之人 本年運氣

丑年出生之人

1925	100歲
1937	88歲
1949	76歲
1961	64歲
1973	52歲
1985	40歲
1997	28歲
2009	16歲
2021	4歲

今年運勢：

太陰吉星當權，屬於女權高張，陰盛陽衰之週期，女人會比較吉利，男人行運則是比較不佳的。同時有勾絞凶星臨宮，所以容易有糾纏受連累的瓜葛。本年亦有紅鸞星動，吉星照臨，因此屬於喜氣洋洋，人財皆美，喜氣入門的一年，但是男人必須預防美人計、仙人跳，感情糾纏的煩惱，家庭的風波較多。在外交友小心，勿多管他人事，不作保，免受糾纏牽連。若要開運宜身上配帶虛空藏水晶守護神可解，或火形開運掛飾亦吉，或紅色祿馬貴人金卡亦吉。

【隨時注意陽宅周圍的環境，防患動土煞之影響，運勢不順，財富、健康有不順暢之情形，宜敦聘陳冠宇大師為你作居家、辦公室、工廠整體的風水總體檢。陽宅鑑定造福開運專線，中國大陸及世界各國均可預約，預約電話&Line ID:0928279865 微信ID:T886-928279865 E-Mail:askmeal15@gmail.com網站:www.tell-you.com.tw】。

The grand yin stars takes hold of power. Yin energy is strong and yang energy is weak. Women would reap better benefits. The men wouldn't be as lucky. A good star aligns to one's way and lights up one's path. Happiness is in the air. Beauty and wealth will come together. The vibrant energy enters one's home. However, the males should be concerned about women's treachery, love affairs and temptations as sources of head ache. Beware of the friends you keep. Avoid meddling in other people's affairs.

生肖屬牛今年每月運勢解析：◎大吉 ○小吉 ●凶

正月運勢○本月有吉星高照，財運理想，凡事稱心如意，但會有小人傷財，保守則可得增加財富之能量。事業工作須謹慎保守作為因應之道，規劃事業的好時機，職場會有想要轉換工作，但不是時機，應從長計議。健康易有骨頭痠痛之疾，流行性之疾病也比較多，應作健康檢查。愛情感情會有意見爭執，外遇防有人無意間露了口風，正常姻緣可得到心心相印。

二月運勢●本月所有煩惱之事較多，財運不穩定，財源不利，在外應酬也多，因而開銷較多且容易產生無謂煩惱，障礙也相對增加，一切較不順心，宜保守為原則。事業工作尚稱順利，會有貴人支持，有升遷之機會。健康容易有障礙，凡事常會有過度擔心，因此有憂鬱之象，末梢神經血液循環不好，但會很快痊癒。愛情感情穩定，能順暢相處，交友對象不錯。

三月運勢○本月吉凶參半，財運財來財去，須防小人損財，不宜投機，異地之財較易得，偏財無法順利得手，多積功德可有助運。事業工作會有調升調職之象，但並非自己想要之職位，建議還是順運而行，不要與上司有意見衝突。健康上宜注意飲食，容易腸胃問題及易有口腔之疾病，外出防意外血光，開車小心。愛情姻緣有好機會，但無法尋覓到理想之對象，參加旅行團或社團可創造好姻緣，但也要注意桃花惹來心煩。

四月運勢◎本月財運財源廣進，偏財運亦不錯，正財偏財同齊到，吉星照臨有投機的好機會，費用開銷亦增加。事業工作機會好，異動可成，成功機率高，事業可作規劃，公司經營可以募集到好人才。健康身體無礙，一切都會順利，身體上的小外傷，一切可逢凶化吉。愛情有很好的異性緣，談愛情戀愛可成，能有機會認識新的對象，婚姻圓滿。

五月運勢●本月有刑星逢命，財運投資不利，投機有損，主不宜投機理財，須防不測之損財之災，有親戚來

借錢，不宜金錢往來。有事可求長輩貴人幫忙可解，凡處理事情應以順理推舟為吉，一切自然可迎刃而解。事業工作會有小人暗害，導致本身有職業倦怠之情形，凡事應多思考。健康主會有腳酸痛之症或骨折，應往北方求治，慎防尿酸之痛風，注意飲食。愛情主有情人終會成眷屬，會有談到婚嫁之情形，無異性朋友者亦能得之好姻緣。

六月運勢●本月財運進財不易，花錢之機會亦多，投資不利，月令星沖命主不吉，難有好的財運，一切平順，但須防突來之憂慮，會有朋友來週轉損財。事業工作平和，但會有思考異動之情形，工作上之職場關係會有不平衡心態產生。健康易患流行性感冒，脾氣會比較難控制，注意胃腸之疾，老年者防氣喘，注意防患流行之疾病。愛情有好姻緣，多和同學或朋友連繫，會有一見鍾情之異性出現，婚姻可成。

七月運勢○本月財運穩定平和，大進大出之時間，吉凶參半，大來則須防大出，見好就收為上策。凡事不可太雞婆，有喜有憂之期，朋友陷害之象，須防口舌是非爭訟之事，在外交際少說話，多聽人言。事業可帶來好的商機，工作順利平和，能有愉快之心情。健康主口腔之疾，虛火旺盛，宜找中醫師調節。愛情主舊緣能持續，新對象也會出現，宜審慎判斷，切勿想要享齊人之福。

八月運勢◎本月吉星拱照，財運穩定進財，偏財亦吉，可作投機性之理財，但須見好就收，名利雙收之期。事業能揚名立萬，一切順暢，只要不好高騖遠，必能創造好吉兆，工作平和，但會與同事有意見的磨擦，不過還是會釋冰解化前嫌，大致都能圓滿。健康主身體狀況佳，女性有婦女病症狀，男性須防酸痛之症。愛情會有親朋介紹異性朋友，能在公眾場合碰到心儀之對象，坦開心胸去接納，自然能得到好對象。

九月運勢○本月有糾纏之星加臨，財運主小人損財，不宜有借貸之關係，投資小利，投機會有小失，也會有較大開銷，凡事求穩定為吉。事業工作平和，會有挖角之情形來干擾職場情緒，易有同事陷害之

現象。健康易有腎疾，注意飲食，腸胃會有脹氣，飲食正常才不會導致胃痛。愛情家庭婚姻平和，戀人會有分手之先兆，應多花心思來構築彼此間之愛。

十月運勢〇本月有煞星加臨，財運主財祿有障礙，一切以保守為原則，不宜躁進，投機不宜，凡事宜保守為原則。事業營商業績平和，職場工作情緒會有震盪，有人邀約合夥投資事宜。健康防意外血光，小心開車意外，注意飲食習慣，容易導致腎臟之疾病產生。愛情交往機會佳，不要有見異思遷之心態，守住原有之對象為吉，不正常之桃花則須防之，以免生煩，不管他人夫妻感情閒事，免製造出長久之感情方面的困擾。

十一月運勢◎本月令星與命垣合拱，財運主財源廣進，有偏財星來照，吉星高照，凡是順心，多積善德來造福田，一切福運常臨，必有吉慶，但須防朋友嫉妒而生是非，不管他人事，凡事以退為進。事業工作順利，升官之現象，但會拖到明年度方能實現，營商能有好訂單。健康易有感冒，脾氣會比較暴躁，心情會比較鬱卒，凡事看開點免生憂。愛情有桃花緣，能在公眾場合碰到心儀之對象，有同學或同事介紹而成功。

十二月運勢〇本月月令太歲，財運較弱，一切較不順心，不宜作超出自己能量的投資或投機，凡事保守，投機有損財之疑，煩惱之事較多，新投資的規劃宜延後。事業工作職場主小人暗害，發生與上司之間的意見相左，凡事退一步，則海闊天空。健康防意外之災，酸痛之症難免，建議多運動，會有明顯改善，脾氣會比較暴躁，導致胃痛之疾。愛情感情有感傷之疑，對象會有他戀之象，應加強本身之修養。

肖虎之人本年運氣

寅年出生之人

1938	87歲
1950	75歲
1962	63歲
1974	51歲
1986	39歲
1998	27歲
2010	15歲
2022	3歲

今年運勢：

有災殺、喪門等星占宮，一切不可言吉，今年同時有地解星照臨，行運為凡事可大事化小，小事化無，逢凶化吉之週期。吉凶之星同時照臨，行運經書論之為「若無光中慮，必有暗裡憂之勢」。故一切還是要審慎為之，凡事必須三思而後行，因為流年正逢喪門星到宮時期。故切記本年勿入喪家，行喪勿看，勿探病人，免遭陰氣干擾運氣。俗諺曰：有喜可破災，無喜百事來，四時勿入喪家，免受鬼邪之侵，福星長照耀，元辰光彩吉。建議宜於正月中旬前制化喪門星以保吉祥，宜多造善果，必可逢凶化吉。建議宜身上配帶虛空藏水晶守護神護祐，或金色祿馬貴人金卡、金形開運掛飾、黑曜石掛飾可達開運作用。

Bad notorious stars abound. Can't say it's good. When one sees no immediate worries, look for hidden troubles present. A good travel star lights one's way. The beneficial effects can be found afar. Target distant wealth-building opportunities. Wealth would be spread far away literally. Everywhere there would be beneficial potentials for one to harness. Remember not to attend funerals. Don't look at funeral processions. Don't expose one's self to sick people. It's best to conduct ceremonies transforming the negative effects of the bad stars at the beginning of the year to bring luck and fortune. Plant more good deeds to reverse bad energy into good energy.

生肖屬虎今年每月運勢解析：◎大吉 ○小吉 ●凶

正月運勢○本月為月令太歲及勾絞星臨，財運為容易損失之時機，不宜有借貸之行為，投機不宜，以守為原則，凡事均應把握現狀，預期未來之財不錯，保持實力，以作為獲利之根基，持盈保泰，不宜投機借貸，免生因為財之問題口角是非糾紛。事業會有新契機，要換工作過程沒那麼順利，須延後處理為佳，雖有過度時期的衝擊，但事緩則吉。健康主疾厄有微恙，注意睡眠充足為最好之方法，應多運動為吉。愛情主家庭平和，有進一步的感情流露，求姻緣朋友介紹可成，多參加社團求姻緣也是好方法。

二月運勢○本月為平順之月令，財運為循序漸進的，投機不理想，吉中有害，凡事三思而後行，易有銀根壓力之時間點，可作新企劃，不可自作聰明而誤事，多種善德行善為先，沒有大財可得，易損財破財。事業工作有新的機會，換工作為好時機，能得長輩提拔，否極泰來吉祥如意。健康主身體易有皮膚之毛病，注意公共衛生的感染，住飯店應注意衛生。愛情主無異性朋友者是好時機，有異性朋友者是談嫁娶之時機，應把握機會。

三月運勢○本月財運正財有契機，偏財得不到，凡事以長線投資為宜，投機不足取，投機不利。事業工作尚能稱心如意，為穩定之運勢週期，凡事應步步為營，心情會較煩亂，須防小人設陷阱暗害。健康主身體健康無礙，一切還能維持穩定，身體感覺不舒服只是短暫，會有較多之幻想症。婚姻感情吉利，有新異性讓你心儀，應主動出擊方能有好姻緣。

四月運勢●本月為月令刑害犯穿之時，財運為損財之時間點，不宜投機，防破財，不宜躁進，理財勿貪現有之假象，凡事看到好的均是表面而已，投資理財營商變化大，宜守不宜攻，慎之。事業會有下屬員工之煩惱，工作職場升遷之徵兆，但一波三折，謙沖為懷，求關聖帝君來助一臂之力。健康有腸胃之感染性疾病，注意飲食之習慣，也須注意飲食衛生。愛情防家庭口角多，家裡成員會有內鬥之情形，外來姻緣不易求。

五月運勢◎本月為命逢三合，可得貴人之財，財運旺，偏財則屬間歇性之狀況。事業營商可計劃下半年之工作進

度，上班族工作壓力大，但此時正是發揮潛能最好時機點，有升遷機會。健康上須防意外，夜晚不開車，深夜出行易發生意外，身體上會有隱疾來傷害，也須注意飲食，會因飲食之關係而染疾，應作健康檢查。愛情穩定，但會碰到對方愛吃醋而生煩心，應多在一起免生煩憂。

六月運勢◎本月為財運旺盛之月令，財運運勢不錯，有旺盛之財，凡事順心，財源廣進，有好的商機，舊帳能收回，新帳無礙，事業營商順暢。上班職場能得意，能得上司的提拔，升遷之機會。健康有全身不舒服之感覺，探喪探病不宜，感覺不對之時，宜收驚或禱告祈福消業障，疾厄之微恙，不探病，不行喪食喪物為佳。感情有好進展，求姻緣吉利，但也須防桃花劫難，愛情家庭有障礙，容易意外惹上桃花，因而易有無法解開之感情煩惱。

七月運勢●本月為月令正沖之時，財運主財遇五鬼小人來傷財，會有財的損耗，凡事均不宜投資，宜保守為要，看不理想或沒有把握之事，則勿涉入，本月為不旺財月令，以靜中求發展為吉，不宜躁進。事業工作會有異動的念頭，但此時不宜，職場上不管同事朋友之閒事，免惹是非，凡事以退為進為最佳之妙方，應酬會較多，但須防人多嘴雜。故建議本月應參加法會，超渡祖靈，超渡冤親債主，保吉祥。健康全身總感覺不舒服，但不用太在意，是感冒或流行之疾病，但還是要看醫生。愛情家庭有意見相左之象，勿腳踏兩條船，談戀愛之感情有出現裂痕，情感最脆弱時期。

八月運勢●本月為星曜磁場不穩定之時期，投機防失財，博弈財難得，財祿不能有好表現，無法收入荷包，所以理財不可得意忘形，投資須有耐心，經商理財宜從長計議，防大意而失財。事業工作易有變動之時機點，合夥股東會有意見的干擾，上班職場會有想要換工作之念頭，建議凡事要有包容心，謹慎謙沖為懷，防朋友之是非口舌，交友小心，換工作不宜。健康身體平和，應注意突來之意外災難，防天災之災難，感冒傷風之現象。愛情宜把握原有之戀愛對象，新朋友不容易投入感情。家庭婚姻無礙。

九月運勢〇本月為三合月令，財運主財源廣進，有偏財星來照，可以多注意股票或投機之商機，投機與投資均吉，萬事如意。事業工作順利，升遷之現象，凡事用心規劃則能有很好之機會，不可太過暴燥之脾氣，多培養自己的包容性。健康易有感冒，脾氣會比較差，心火旺盛，中藥來養身為吉。愛情有桃花緣，能在公眾場合碰到心儀之對象，有同學或同事介紹可成功。

十月運勢●本月為六合吉星拱照，財運主財能有好機會，把握每一個機會，有貴人提拔而得好財運，求財利與名譽均能有好的表現，吉人自有天相，一切順心，漸入佳境，東北方財利旺盛。事業工作能受所有人的讚美，有貴人之提拔，而一切逢凶化吉，會有新的突破，有人來邀約合夥，會勝任愉快，有好機會創造出商機。健康主身體甚佳，一切無大礙，防傷肝臟，酒勿過量，保持足夠睡眠則吉。愛情感情雖有波折，但一切可逢凶化吉，本月有三角戀情，聲色場所勿去。

十一月運勢〇本月為吉凶參半之月令，財運漸漸會有成長，但是凡事都要見好就收，一切不宜躁進，以守為原則，投機不宜，投機須有一番長期之戰，但投資可行。事業主想異動工作，勿見異思遷，你最理想之工作機會尚未出現，防朋友之暗害，勿聽信周圍朋友的建議，不然工作職場會有很長的空窗期，會帶給你更多的煩惱。健康會有業障之干擾，故應遠離陰磁場之環境，免惹莫須有之病纏身。愛情口角發生之期，施放感情宜收斂，有朋友小人來破壞感情，須待一段時間方能修復此段遭破壞之感情，家庭夫妻意見容易相左。

十二月運勢〇本月財運有意外之財收入，貴人提拔之機會，宜投機兼投資理財，投機和投資理財並重，財源運勢旺盛之期，一切大有可為自有好的成就。事業有異動之契機，但會挨到年後方有動靜，先保持穩定，年後在思考。健康會有傷風感冒，支氣管之病症，不行喪和探病，免遭無謂之疾病纏身，出外多保暖，多穿衣物可降低病痛。愛情主舊情會復燃，應該把自己的自尊心放低一點，可幫助未來之姻緣路順暢，家庭和樂。

肖兔之人本年運氣

卯年出生之人

1927	98 歲
1939	86 歲
1951	74 歲
1963	62 歲
1975	50 歲
1987	38 歲
1999	26 歲
2011	14 歲
2023	2 歲

今年運勢：

有太陽吉星高照，俗諺：太陽高照平安宅，一輪明月永無災。人逢喜事精神爽，月到中秋分外明。主本年有光明前程，可利達四方，但是屬於陽盛陰衰之期，主男泰女否，會有吉慶的徵兆現象，人形光彩，財喜盈門，家中生百福，戶外納千祥，只嫌本年有天空星咸池星加臨，難免得中有失，所以要小心色情官非，預防夫妻的不睦，預防盜賊，慎防不測之災，平常不管他人事，免得惹是非及破財。開運也可配戴虛文殊菩薩水晶守護神或金形、木形開運掛飾可達開運效果。黑曜石開運吊飾亦吉。

The grand yang star shines brightly. There's a bright future ahead. Males are highly fortunate while females are moderately fortunate. There are lots of signs that point to a celebration. One glows with a radiance of beauty. Wealth and happiness warms the home. Hundreds of lucky things would happen in the home. Around the home will be unlimited blessings as well. Just beware that a bad star lurks around. There will be losses with the gains made. Beware of court cases related to sex. Avoid husband and wife quarrels. Increase security to prevent theft.

生肖屬兔今年每月運勢解析：◎大吉 ○小吉 ●凶

正月運勢○本月吉星高照，財運財源廣進，萬事順遂，但是勿好高騖遠意氣用事，方能持盈保泰，投資會有高利潤之機會，股票是契機，但要量力為之，多聽一聽專家顧問的建議為吉，以實際之能力來操作為首要。事業工作能順利，但必須要奉公守法，不要躁進，職場能得同事相互支援名利雙收。健康身體無礙，但是痠痛難免，建議多作運動來紓解。愛情有新的異性朋友認識，把握自己得來不易之交友機會親友介紹可成。

二月運勢○本月財運正財平和，偏財難得，月令平順，為月令太歲星臨宮，一切不盡人意，唯有凡事以和為貴，投機理財不宜，投資長線或中線為佳。事業會有新點子，有投資的契機，想投資新行業，工作職場會有想換工作之動機。健康上有小血光，開車在外易有擦撞之小意外，開車小心，另外還會有輕微的感冒或酸痛難免。愛情姻緣主老友重逢之現象，會產生點燃愛苗之根，建議多參加社團是最好策略。

三月運勢○本月有福星照臨，財源廣進，財運主進財能有好機會，掌握旺運，能得貴人支持，應準備今年度之整體計劃，迎接旺運。事業工作職場能受老闆的讚美，勝任愉快，但小人亦同時來作弄，同事吃醋現象多，一切謹言慎行，謙虛就是美德，且能化解一切口舌是非障礙。健康上身體尚好，一切無大礙，防肝臟之疾，酒勿過量，容易會有嗜睡症。愛情感情有波折，但一切可逢凶化吉，容易有三角戀情，聲色場所少去，以免帶來情感的困擾，姻緣成熟者步入禮堂是好時機。

四月運勢○本月吉星高照，財運不錯，投機可得財，可以投資和投機，可以得到大利益，得利機會大。事業工作職場會受到衝擊，能力應再充實，否則跟不上其他同事，一切以謙虛為處事之根本，注意言多必失之情形，找換工作是好時機。健康主出入應小心，防天然災難所導致之血光，不遠行，防意外血光。愛情婚姻無礙，戀人會腳踏雙船，防被拆穿，應持專一之戀情方有好結局，尤其夜總會所認識之異性更應小心，宜防仙人跳。

五月運勢○本月財運財祿平順，有喜慶星照臨，代表貴人明顯，求財可得，但必須謹慎處理財務，一切守住原有

之狀況，不躁進，因為小人暗害多，須防小人損財，但是吉人天相，逢凶化吉，只要循序漸進式的策略，大賺無望，小利必得，投資多投機少為最佳方法。事業會有人扯後腿，謙虛忍讓是化解一切的好方法，工作能如意，有企圖心的新規劃，必能亨通。健康主身體平和，無大病，不過運動得特別注意，易有骨或筋的傷害。姻緣戀愛者一路多彩多姿，夫妻感情和順，談論婚嫁有壓力，稍緩則吉。

六月運勢●本月雖為生肖三合月，但同時有凶星到臨，財運主財會有流失之現象，投機必失，一切以保守為理財原則，行運起落較大，理財處事應謹慎提防，財運未開，投資得待些時日方能回收。須防突然不測之財祿損耗。事業工作會有變卦，自己該爭氣點，積極進取，勿懷憂喪志，多積善德，自然能順暢度過。健康有意外之血光，注意使用刀器之安全，亦會有流行之病毒入侵，防傷風感冒之疾。愛情主男女朋友有心結，注意言行之問題，夫妻因外在因素而產生口角爭執多。

七月運勢●本月財運主財遇五鬼小人來傷財，會有財的損耗，事業談合作會有契機，但還是不成熟，凡事以靜制動，過度反易遭陷害，因有凶星小人也同時到臨，所以必須防五鬼小人暗害，本月財運不旺，凡事均不宜投資，稍緩則吉。事業有異動工作的念頭，但此時不宜，本月有驛馬吉星照，所以工作忙碌遠行特別多，遭忌妒難免，防口舌是非為要。健康主全身總感覺不對勁，但不用太在意，是感冒或流行之疾病，注意疾厄之傷風感冒，多喝水。愛情家庭有意見相左之象，談戀愛之感情有出現裂痕，情感脆弱應小心，參加普渡法會能化解冤親債主消業障。

八月運勢●本月有耗星拱照，但是太歲月沖的月令，財運財祿運逢低點，營商會有突來之困境，凡是較不順遂，宜保守為原則，經營面必須保持財之實力為最基本，一切莫貪求，不然容易有不測之風雲，凡事三思而後行，投機須防失財，防突來的損財。事業工作上遇瓶頸，情緒上較不穩定，盡量降低與同事間的爭執。健康有血光之災，開車小心，容易過度疲勞，而導致意外血光。愛情求姻緣有好機會，未婚之女性易與已婚之男性有感情之牽絆，情難自禁而導致煩惱。

九月運勢〇本月財運財祿運勢佳，有六合吉星照臨，投資投機均宜，宜把握原有的策略，一切自然吉利。事業工

作上會有障礙，與同事會有意見口角，凡事不逞一時口舌之快，以防口舌是非官訟，特別注意勿管朋友之閒事，以免遭無妄之災，逞強會有必然的害處。健康上須特別注意開車小心，以免血光之災，在外不與人爭執，以免生意外之災。愛情姻緣吉利，未婚之女性易與已婚之男性有感情之牽絆，建議凡事要以長期的相處來作規劃，急於一時必定會有是非之災。

十月運勢○本月為三合拱照之月令，財運吉祥如意，投機投資均吉，壞事能逢凶化吉，正財有大好機會，可以加倍獲利，有喜事來逢，處事只要能謙沖為懷，必能得名和得利，投機投資均吉。事業工作深得上司器重，凡事守本份，老闆會有計畫讓你去外面訓練機構學習深造。健康一切尚可，但須防皮膚疾病，小孩會有氣喘及皮膚過敏問題。愛情姻緣吉利，夫妻美滿，年青人愛戀會有更深一層的相處，談婚姻可成。

十一月運勢●本月財運反覆不定，投資小利，投機大損，有刑星剋害，凡事不宜躁進，宜穩定中求發展。事業工作有大震盪，謀事三思，勿管他人閒事，則免生煩惱，經營事業保守為最佳策略，工作職場不宜跳槽，換工作則會有損失，因為此時間點容易因自己的思緒理路不切實際，因而產生障礙，宜培養靜思禪坐之習慣，可以至廟宇祈福補運，工作應作長期計劃為最佳方法。健康身體病痛難免，酸麻頭痛都來纏身，應作柔和之運動來補助。愛情感情分裂之現象，要放下身段去排除，勿腳踏雙船，婚姻家庭會有冷戰。

十二月運勢○本月吉星加臨，財源廣進，投資投機均宜，能作股票之投資，合夥投資亦能得利。事業工作會有突破，多諮詢專家與顧問的建議，只要奉公守法均能得利，工作職場能有升官加薪之利，工作或生意上的困擾都能迎刃而解。健康身體無礙，只有腸胃之疾，所以必須注意飲食衛生，交際應酬勿貪食。姻緣吉利，愛情有新的異性朋友認識，把握自己得來不易之交友機會，但必須是規矩交往，勿操之過急，免生桃花之無謂煩惱。

肖龍之人 本年運氣

辰年出生之人

1928	97 歲
1940	85 歲
1952	73 歲
1964	61 歲
1976	49 歲
1988	37 歲
2000	25 歲
2012	13 歲
2024	1 歲

今年運勢：

本年為太歲之流年，常言之：太歲當頭座，無喜恐有禍。主今年易有破財之現象，所以本年應多行善積德，自然能消災解厄，疾厄健康易有困擾或血光之災，凡事處事態度應多包容，多忍耐，則一切災難就消失於無形，假若家有喜事，結婚嫁娶，新居入宅，懷孕生子，都可化解一切災難，古言之：「一喜破三災」之謂也，另外建議本生肖之人，宜於農曆正月十五日以前安奉太歲星，以保平安，今年又逢劍鋒凶星，恐有不測之災禍發生，且又逢伏屍凶星臨宮，是一顆非常禁忌的壞星。故須防疾病之煩惱，凡事建議皆應謹慎，自然可以平安順利。太歲流年雖屬不吉之運，但只要能懂得開運之道，還是可有很好的表現機會，要脫離惡運也可以在正月自己設壇作消災延壽、植福補運來祈福。可配紅色祿馬貴人金卡或火形開運掛飾可達開運效果，或五行開運項鍊亦吉。

There's too much unguided energy. There's no happiness but only worries. Loss of wealth, serious diseases and blood shed are troubles of this season. Do more good works this year. This would naturally eliminate the potential disasters. Be more understanding in dealing with people and things. Exercise more patience. Bring out the practicality in one's self. These would make all troubles vanish. When there's some happy occasion in the family like a wedding, a housewarming, a pregnancy and birth, then the troubles would be eliminated. As the old saying goes, a celebration overshadows 3 disasters in life. Set up an altar for the grand master star before the 15th of January to meditate for peace and safety. A harmful star visits marking unexpected conflicts or troubles to arrive. Yet, another bad star shines through casting worries for illnesses. Take extra caution and all will be well and peaceful. As a consolation, a good star does shelter and protect. One then is able to venture out safely.

生肖屬龍今年每月運勢解析：　◎大吉　〇小吉　●凶

正月運勢〇本月財運喜憂參半，不宜投機，為不穩定之時期，表面呈現是一片光景，但背地裡會有玄機，故一切還是保守為重。健康身體無大礙，但須防風寒，會有小受傷，皮膚有痼疾，不參加喪禮，不探病。事業工作為上班族之工作反覆不定，工作環境有障礙，但跳槽非好時機。姻緣桃花有利，愛情主有三角之戀，一切都須慎重考慮，否則會導致彼此間痛苦，還易有糾紛。元宵節之前若能到廟裡安太歲或點光明燈會有開運之助力。

二月運勢〇本月財運主財祿吉凶參半，投資投機均應多一份思考，會有朋友或親戚來借錢。須防財來財去，大進則須防大出。事業工作上會有口角風波，長官之間有誤會，一切事情的發生均為自己性格脾氣所致，盡量向長官領導解釋清楚為要。健康主易染感冒傷風，會有頭痛之病症，防腦神經衰弱症，有好的睡眠為上策。愛情姻緣會有好現象，朋友親戚會介紹，會找到心儀之對象。

三月運勢●本月為太歲月令，財祿財運不好，銀根容易緊縮，起落不定，不可亂投資，投機亦不宜，以保守理財為原則。事業工作有莫名的壓力，但建議不宜變動，否則未來會有空窗期，以穩定為主。疾厄健康必須注意精神較會恍忽，防車禍意外血光，小心意外發生，職場工作注意安全為要，工作與操作機械有關者應小心。愛情會有異性追求，但建議要敢表態，多利用巧遇機會來創造空間。

四月運勢〇本月財運進財不易，理財處事不宜躁進，投機不宜，容易有損耗之現象，若為大投資應以遠期規劃為吉。事業工作平和，但有思考異動之情形，上班族有利，但是對工作上之關係會有不平衡心態，慎之！健康容易患流行性疾病，注意胃腸之疾，亦須防意外之災。姻緣吉利，會有一見鍾情之異性出現，脾氣會比較難控制，要多包容才不至於要來的感情運因而突然損失掉，多和同學或朋友連繫也能創造好姻緣。

五月運勢◎本月財運會進大財，為旺盛月令，事業工作規劃是好時機，順勢而為則能得利，可投機與投資。事業工作反覆不定，過程有些障礙，但上班族跳槽非好時機，有困難能得貴人支助，積善積德必可亨通。健康身體無大礙，會有小受傷，耳炎之症，防傷風感冒。愛情運主易有不正常之戀愛，有夫之婦易戀未娶男，有妻之夫戀未嫁女，禍源之開端，注意提醒自己小心應對。

六月運勢○本月財運主得失參半之月令，一切不盡人意，旺財之期已過，凡事多三思，須時時提醒自己，凡事以保守為原則。事業工作會有想異動之情形，想改變環境之，易陷入低潮之期，朋友從中煽風點火，容易讓自己心情感覺更煩躁。健康主身心疲勞，精神頹喪，應注意保肝，易有血壓升高或肝炎或肝指數升高之情形。愛情戀愛沒進展，彼此一直無法完全投入，兩人心思都不定，外面朋友再介紹也難成。

七月運勢◎本月財運穩定進財，有三合吉星加持，貴人明現，能得提拔而生財，多元經營則吉，營商有新契機，貴人幫忙多。事業工作順利平和，能有愉快之心情，能有好的工作表現。健康方面容易有口腔之疾，胃虛火旺盛，口臭明顯，宜找中醫師調節，在外須注意接觸性之感染。愛情會有舊情復燃，新的對象也會出現，但是要審慎取捨，不可想要享齊人之福，不然容易會帶來災難。

八月運勢○本月財運氣勢財源廣進，名利雙收之期，有六合吉星會照，三陽開泰，有善心及多積德，則能帶來好的運勢，投資投機均宜，生意順暢，官運亨通，遠方之財利也特別明顯，股票是契機。事業工作能順利且感覺良好，只要奉公守法均能得利，職場有很好的工作環境。健康上身體無礙，注意身體容易有扭傷，騎車應小心為要，防小血光。愛情有新的異性朋友認識，喜氣滿門，有多方友人介紹，把握自己得來不易之交友機會，求姻緣吉利。

九月運勢●本月為太歲沖月，財運敗退，不宜作超出自己能量的投資或投機，一切財氣較不如人意，應養精蓄

銳，待下月良機，財的運作較辛苦，多積善德來化解厄運，以平常心來作處事之原則。事業的一切規劃宜延後，事業工作小人暗害陷阱多，凡事忍耐，不宜發生與長官之間的意見相左，凡事退一步，則海闊天空。健康容易有酸痛之症，故因而脾氣會比較暴躁，宜多運動紓解。感情事較囉嗦，愛情感情會有傷感之憂慮，對象會有他戀之象，應加強本身之修養。

十月運勢〇本月為平穩之運勢，財運現象雖好，但財無法順利回籠，雖有大生意訂單之機會，但回收之財會有拖延之兆，順勢而為，不貪大，營商自然得利。事業工作有很好的機會，上班得寵，有升官調職之現象。健康容易有腸胃之疾，注意飲食及衛生，海鮮不宜生吃，少吃牛羊肉為吉。姻緣感情不吉，建議凡事忍耐，凡事包容，想結婚則應多忍讓平氣溝通協調。

十一月運勢◎本月有三合吉星會命，財運財源可得貴人支持而得財，財源相對會有明顯的增加，投機投資均吉，一切亨通。事業可得貴人提攜，上班族能有新機會改變自己所規劃之工作環境，職場名譽突顯，容易受長官領導器重。健康一切無礙，能有良好的體魄，身體硬朗。愛情有進一步的感情投入，可細心規劃年底之大喜，求婚是時機。

十二月運勢〇本月財運平穩，但會大來大去，不宜遠方投資，凡事須保守，三思而後行，吉凶參半之期，切莫強求，防不測之災，不可太大意，以免損財又惹口舌官非之災。自營事業會有外移或搬遷異動之現象，上班族換工作請稍候，不宜躁進，不然容易帶來工作的空窗期。健康脾胃有疾，飲食應注意，血壓容易升高，頭痛之障礙，應多作深呼吸調氣，以氣來補氣。愛情姻緣容易受朋友中的小人來傷害，因此帶來戀情彼此間有不爽快之現象。

肖蛇之人 本年運氣

巳年出生之人

1929	96 歲
1941	84 歲
1953	72 歲
1965	60 歲
1977	48 歲
1989	36 歲
2001	24 歲
2013	12 歲

今年運勢：

本年主有紅鸞星照臨，因此今年家中生百福，出外納千祥，財喜臨門之週期，今年會把資金再運作，吉慶的徵兆，對事業職場是有利的一年，企業家會加碼，一般者會有好收成，但有病符星加臨，故須預防身體之毛病，屬財多身弱之運勢，同時因為有紅鸞喜星照臨，故也要防桃色破壞家庭，出門易遭盜賊扒手，血光之災較多，開車宜小心，凡事謹慎提防，處事謹慎忍耐，自然可保安泰，病符星之年不適合去探病，也不宜吃喪家食物，更不要管他人之閒事，凡事守之則安泰，妄動則容易招災噩。宜配帶普賢菩薩水晶守護神，可助行好運，解厄運，或配戴木形開運掛飾來開運，它是一種不錯的選擇，或綠色祿馬貴人金卡、綠色開運福袋亦吉。

A good star shines and hundreds of lucky things would start from the home. Around the home are blessings to be realized. Wealth and happiness arrive at the home. It's something to celebrate about. But one bad star does shed its light. And one's health can be affected negatively. Beware that illicit love affairs destroy the home environment. Beware of theft. Be cautious for dangers of blood shed. As long as one is careful, then one can have peace and stability. Not a suitable year to visit any sick person. Do not eat anything out of a wake or a funeral. Don't meddle in other people's business. Exercise defensive strategies with all things. Being aggressive would only easily bring one to trouble.

生肖屬蛇今年每月運勢解析：　◎大吉　○小吉　●凶

正月運勢●本月有凶星加臨，財運平順，投資投機能得小財，月初吉利，月中會下滑，有損耗之象，行事應中規中矩，宜養雅量免生煩。事業工作會有忙碌之象，職場有異動之念頭，但目前還無法得到理想之工作職場，故還是不宜異動為吉，保守反而容易有收穫。健康須防車關意外，出門易逢陰靈之害，導致較疲勞，不宜到陰廟或掃墓。愛情主夫妻和諧，愛情運則能有好現象，可過得很遐意。

二月運勢●本月財運財祿憂喜參半，營商有擴展之機會，但是易有突來之障礙，與人不要有通財之義，只要能按部就班，凡事包容，凡事忍耐，不與人爭鬥，否則會增加麻煩，不宜投機，否則會損財。事業職場會有想異動之衝動，但本年越換會越差，建議一動不如一靜，守之則安泰。健康方面主應酬多，暴飲暴食之象，防糖尿病之現象，酒多則傷肝。愛情主夫妻和睦，新戀人有進展之跡象，介紹可成，多參加社團聚會可求得好姻緣。

三月運勢○本月吉凶參半之月令，財運平穩，但會大來大去，宜遠方投資，血緣地之投資較為不利，喜投資不喜投機，以守為原則，和氣生財，有遠方之財祿貴人，凡事否極泰來。事業會有外移之現象，不宜躁進，能稍微拖一下會更好，換工作不吉。健康主脾胃有疾，頭部有障礙，應多作運動流汗，以運動來補氣。愛情主朋友中小人來傷害，朋友多口舌，因此帶來戀情之間有不爽快之現象。

四月運勢○本月財運財源廣進，有好的進財，橫財正財統齊到，不須太費心思，但非大財，不義之財或偏財不易得，宜守己安份為吉。事業穩定，會有新的規劃，職場會有異動之象，貴人提拔而有新職場的邀約。健康有代替人受災難之憂，故不到陰氣較濁之處所，不參加喪禮，不入喪家，不夜行，防車禍意外及血光，多積善德可逢凶化吉。婚姻感情平順，愛情感情平和，但會有冷戰之現象，應存平常心，求新姻緣會較難。

五月運勢○本月氣運平順，有大耗星到宮，財運主費用之開銷較大，家裡有較大之支出，來財也平順，凡事不

貪大則吉，投機有損財之疑，一切事情都應延拓些時日較為有利，深入研究再執行最佳。事業工作主職場有好的機會，會出現升遷之運，但不宜躁進，先不急，未來有更好的機會位置。健康氣喘未根治，注意保暖，支氣管有不舒服之現象，有酸痛之疾。愛情主感情會有彼此間的障礙，彼此有意見分歧，須待溝通，凡事多包容，凡事多忍讓，女性有好的桃花運，男性有桃花劫，慎之！

六月運勢○本月氣運平順，財運沒有特別的表現，平和之象，不宜貪大，守住原有，以漸進之方式而為之，自營商會有好的機會。事業工作易有朋友引薦新工作，亦會受上司長官器重，工作會較忙碌，也會思考改變或異動。健康身體平和，一切平安，沒有罣礙，可多去旅行接旺氣，海外旅行可開運。愛情有新的異性朋友交往，彼此也蠻對眼的，繼續追求，會有快樂時光，可得好的桃花，在外人緣好，喜事逢身，心想事成。

七月運勢○本月六合會照，亦有刑剋之星，財運雖好，但屬暴起暴落之情形，投資賺小利，投機易損耗，財運平和，處事理財不可好高騖遠，安份守己為吉。事業工作會有異動之徵兆，朋友的邀約合夥機會也多，不宜辭換工作，應以內部之調升為吉，各種規劃應三思，勿盲目聽信他人，客觀判斷為吉。健康會有腳部之酸痛，為尿酸情形，注意飲食就能化解，多流汗。愛情有好的感情，但會因異性間理念相異而生煩，稍忍耐一下即可度過。

八月運勢◎本月三合來會，財運財祿豐盈，投資能得利，投機小利，否極泰來之際，財祿亨通，理財宜投資和投機，事業宏圖大展，應於中秋之夜，祭拜太陰娘娘以達更好之財富運，要用自己的主觀和長輩的客觀態度來處事，勿盲從為要，加強自己的自信心，處事積極進取。事業工作會有異動，但此時不宜變動，否則會有較長時間沒有工作。健康主有口腔之疾，須注意睡眠與飲食，不吃辛辣，防便秘。愛情主有多次約會之機會，彼此感情能有進展，想追求異性朋友是時機。

九月運勢○本月財運財祿陷入低點，不宜投資與投機，凡事須防不測之憂，小人為惡來傷害，應守住原有之一

切，莫管他人事，不然會因嫉妒而惹是非，凡事以保守為原則。事業工作同事間的是非不斷，一切放自在，不理會他則心不煩，以靜制動為吉。健康疾厄有氣管及感冒咳嗽之症，會拖很久，開車應小心，須防意外。愛情主愛戀間會有冷戰之對待關係，要談婚嫁宜稍微延後，多拜訪雙方家長長輩為吉。

十月運勢●本月月令逢沖，有凶星來照，財運財祿有損耗，朋友會來借錢，裝吝嗇一點會有好處，投機不宜，理財宜以守待攻之策略，營商會有小糾紛。事業工作會有新計劃，在公司內會有小人興風作浪，凡事較不如人意，有口舌是非，易與長輩或長官有意見衝突，凡事應學隨緣一點，宜忍耐包容作最佳策略。健康主莫須有之身體毛病，多運動或其他養身均能對身體有益。愛情有好的機會認識新異性朋友，故應多參加社團活動或接受別人之介紹，姻緣吉利，感情之對待融洽。

十一月運勢○本月有貴人星會照，吉凶參半，財運為財來財去之時間點，少出門多宅在家裡為最佳省錢方式，會有五鬼小人損財，應加強自己之主見，方不至於耗弱財庫。事業工作之情緒會很亂，不虛榮及傲氣勿太重，不可自滿，總感覺自己之能力超出別人，故較會有傲氣。健康為小感冒帶來全身酸軟沒力氣，出門應多帶衣物，免因淋雨而導致風寒。愛情會有親朋介紹異性朋友，求姻緣可成，不正常之男女關係不吉，多接觸多交往會有更深的了解，感覺自然也應運而生。

十二月運勢◎本月三合拱照，財運有進帳之好時機，有親友來借錢，通財之義非好事，小偏財可得，小投機無妨，財運於遠方來，可得遠方之財，凡事積極進取，必有美好光景，不好的事均能逢凶化吉。事業會有進展，工作會有升遷之機會，事業轉換經營模式之契機，職場會有好工作環境，勝任愉快。健康有胸口鬱悶之情形，不參加喪禮，不探病，多接觸喜事，多積善德，容易會有暈眩，探病容易會有偏頭痛，可以泡溫泉化解。愛情熱戀之際，但會有突發之事而產生彼此意見相左，導致會有冷戰，夫妻有爭執。

肖馬之人 本年運氣

午年出生之人

1930	95 歲
1942	83 歲
1954	71 歲
1966	59 歲
1978	47 歲
1990	35 歲
2002	23 歲
2014	11 歲

今年運勢：

天狗星占宮及吊客星臨門，屬於凡事較為浮沉之期，須謹慎預防小人的暗傷，較容易有盜賊或官災的災禍，而且須預防破財損傷，投資無妨，投機之財易有大破之象，凡事謹慎提防。可得遠方的財祿，故主可作遠方之投資事業，但較辛苦勞碌，開車要小心，要預防被綁架恐嚇的災難，恐有外傷血光的危險，慎防孝服的悲傷。天狗星及吊客星之流年主不宜探病送喪，應於正月上旬制化改運，來增吉添福，或可配帶大勢至菩薩守護神護祐，土形或火形開運掛飾及黃色祿馬貴人金卡 可達開運，綠色開運福袋亦可幫助運勢。

Malevolent stars abound. Beware of traitors' misdeeds. Theft and court cases are troubles very likely to be experienced. Beware of loss of wealth and of getting hurt. Be cautious in all things. There are riches to be made from afar but it won't be easy. Avoid night time activities. Drive carefully. Be cautious for threats of kidnapping or black mail. Avoid dangerous tasks prone to physical injuries. Be prepared for the sorrow caused by the death of a loved one. Ask and pray for spiritual guidance in neutralizing bad elements at the beginning of the year to increase good fortune and luck.

生肖屬馬今年每月運勢解析：◎大吉 ○小吉 ●凶

正月運勢◎本月三合星臨宮，財運財源還不錯，但開銷費用相對增加，會有多方機會，正財能進，偏財亦佳，只要克勤克謹，必有好收穫，財運算不錯的月令，能有好的成就。事業工作環境穩定，會談到異動的問題，遠方貴人來助，工作會較忙碌。健康大致還好，但有咳嗽及流鼻涕之氣管問題，注意風寒，保暖為要。愛情有老朋友介紹新異性朋友，彼此都有好感，對方會有愛你的表現，應多表示接受之意，主談婚姻求婚吉利。

二月運勢○本月財運財祿運不理想，宜守住原有的狀況，勿投機防失財，防被倒帳或突來損財，凡事三思而後行，不可太大意，自作聰明，不宜投機，一切以靜制動，防朋友之暗害，會有突來之煩惱，應以平常心來處事，免惹官訟是非，小人損財之期。事業工作遇瓶頸，與同事有意見之爭，營商會有突來之困難。健康有血光之災，開車小心，出外不與人爭執，以免生訴訟之災。愛情未婚之女性易與已婚之男性有感情之牽絆，情難自禁而導致訴訟，慎之！

三月運勢○本月財星旺盛，財運財源廣進，有好的進財，正財橫財統齊到，不須太費心思，凡事應順水推舟，不可自作聰明，聰明容易反被聰明誤。事業工作有異動之象，會有新的規劃，但要異動也要以謙虛態度來留後路，來日方長，未來還是會互相配合到的。健康有代替人受災難之憂，故不到陰氣較濁之處所，不探病，不參加喪禮。愛情感情平和，會有冷戰之現象，應以平常心來度自己，求姻緣會較吃力。

四月運勢○本月有福星及凶星同到，財運有朋友或五鬼小人來損財，不可有通財之義，應以小氣吝嗇理財，理財應特別小心，勿貪大，財不露白為吉，否則會有失竊之問題。事業工作會有衝擊性打擊，要以靜制動，凡事謙沖為懷，不然會有多重困難來襲。健康容易有冤親債主的纏身，故全身都感覺不舒服，應以多排汗排毒為健身之方法，不宜參加喪禮，不食喪物，不探病，必能逢凶化吉。求姻緣得利，會有朋友介紹，而且彼此感覺很好，交往中的愛情男女朋友易有口角，夫妻因家務事而嘔氣，介紹

新異性朋友可成。

五月運勢●本月為太歲月令，財運財祿有損耗，容易有朋友會來借錢，裝吝嗇一點會有好處，投機絕對不宜，損財之象，有簽約之事或進財之事，都會有所延誤之情形，一切原地踏步之時機。事業工作會有新計劃，在公司內會有小人興風作浪，營商會有小糾紛。健康主會有莫須有之身體毛病，多運動或其他養身均能對身體有益，防傷風感冒，注意生活起居，保健康。愛情姻緣吉利，有好的機會認識新異性朋友，故應多參加社團活動或接受別人之介紹。

六月運勢◎本月六合星臨宮，財運財源廣進，一切逢凶化吉，投資投機均吉，可往股票市場多關注，六合星象主有德者必能有旺財之勢，無德或為惡者，則必損財耗業，建議多參加義工志工行列，可達化解開運。事業工作能得長官提拔，會有升職或擴建擴編之現象，工作職位會有異動，業務會有新的契機。健康注意旅遊安全，小心飲食衛生，易有腸胃之疾，精神一切神采飛揚。愛情主夫妻和諧，但彼此間有些意見須統合，戀愛交友能得寵，多參加社團活動亦能得好姻緣。

七月運勢○本月財運平順，目前沒有旺財落袋，但相對未來有好的進財機會，運勢屬平和之期，一切否極泰來，前景旺盛，官運亨通，貴人明顯，故一切能逢凶化吉。事業工作平穩，找工作也容易，工作與名譽都能有所成就，接生意應注意契約問題，自營商則會有貴人帶財來。健康注意意外之發生，暴躁之脾氣導致與人有是非，也易有筋骨之疾，身體上之痠痛較多，應多運動。愛情主異性緣不錯，能在公眾場合碰到一見鍾情之對象，聚餐中得姻緣。

八月運勢○本月一切平平，財運平和，中間之起伏較大，投資須保守，貪大則損耗，投機不宜，否則有失財之疑，凡事應三思而後行，不可自作聰明，否則容易反遭難。事業工作有小人扯後腿，五鬼中傷，導致情緒不是很好，自營商會碰到瓶頸，凡事須要更用心。健康防支氣管炎，少進出公共場所，以免受感染，心臟會有心悸現象。愛情婚姻美滿，有人介紹可成，談戀愛能有好進展，多參加社團可得好姻緣。

九月運勢◎本月財運能有好機會，把握每一個機會，有貴人提拔而得旺盛財祿，三合星臨會，能有喜事逢身，吉人自有天相，投資計劃可行，但不宜躁進，會有新機會。事業工作能受人讚美，貴人提攜，勝任愉快，自營商會有新的機會。健康主身體甚佳，一切無大礙，酒勿過量，防傷肝臟。愛情感情雖有波折，但一切可逢凶化吉，本月有三角戀情，聲色場所勿去，多參加家庭聚會，防夫妻口角及防不正常女色。

十月運勢●本月行運不吉，財運不佳，凡事不宜躁進，來財較辛苦，凡事不貪大，宜穩定中求發展，得中有失，一切美中不足，防五鬼小人製造是非或陷害傷財，積善之家慶有餘，不管他人事，凡事自可化解。事業職場有好的機會出現，但和老闆還是沒交集，不宜躁進，異動工作不是好時機。健康須注意血壓心臟之疾，注意保暖，支氣管亦會有不舒服之現象。愛情感情會有彼此間的障礙，凡事多包容，凡事多忍讓，須防桃花傷神，新異性朋友會出現。

十一月運勢●本月命星逢沖，財運易有損財，一切以守為原則，有所規劃必須稍延後，防失財，易有朋友來借錢，慎之！防財之損耗，小人是非亦多，不聽閒言閒語，保持好脾氣，重修養，有人來邀約合夥投資宜暫緩，可以延後來作決定。事業工作會遇到瓶頸，稍安勿躁，否則必帶來更多之困擾。健康上應注意社會正流行著感冒之病毒，少出入公共場所為最佳之保護方法。愛情主夫妻間有糾紛，戀人有情感之困擾，求偶難成，親朋介紹非時機。

十二月運勢〇本月命星逢穿，費用開銷必然增加很多，投資易有損耗，儘可能以保守為原則，勿貪大喜功，一切應量力而為，腳踏實地的經營，處理事務應以靜制動。事業工作應步步為營，容易碰到小人五鬼來造謠而生煩，異動非好時機，保守為上策，先安定自己的心態，爭執反容易惹禍。健康主頭痛之情形較明顯，腦部之須氧量較高，應多作深呼吸或運動，養成好睡眠，放輕鬆可化解。愛情感情主因朋友的多嘴，造成彼此間有較大之衝突，會繼續冷戰，男方應主動道歉為吉。

肖羊之人本年運氣

未年出生之人

1931	94 歲
1943	82 歲
1955	70 歲
1967	58 歲
1979	46 歲
1991	34 歲
2003	22 歲
2015	10 歲

今年運勢：

有天德吉星、福德、天喜拱照，屬於吉慶之兆。家中生百福，戶外納千祥，事事順利，財祿臨門，名利雙收。只嫌卷舌星到臨，必須慎防小人，避免小人親近，避免一些不必要的口角及爭吵，家中百福臨，戶納千祥瑞之期，一切都能順心如意。若有一些較煩之事，在問題複雜無法解決之狀況之下，宜每月初一、十五早晚叩拜福德正神，可保吉祥。切記！凡事客觀判斷，勿全聽他人之言，就不會生煩。或可配帶大日如來佛水晶守護神聖相保平安，或木形開運掛飾、綠色開運福袋，或紅色祿馬貴人金卡亦吉。【風水大師　陳冠宇是你的人生開運燈塔，陽宅開運造福預約請電或 Line ID:0928279865】。

Good honorable stars abound. This is a good sign. Everything would progress smoothly. Wealth and luck would be at the doorsteps. Fame and fortune are yours to take. The only concern would be a twisted negative star. This points to traitors being around who would want to get close to you. Avoid all arguments and quarrels. And good fortune shall fill the home. All the blessings will be fully realized. It's best to make offerings and prayers every 1st and 15th of the month, just to be thankful for all the blessings being given. This would guarantee the continuous flow of good blessings. As long as one doesn't get misled and get affected by what others are saying, then one can avoid all worries and confusion.

生肖屬羊今年每月運勢解析： ◎大吉 ○小吉 ●凶

正月運勢○本月運勢吉凶參半，財運起落大，勞碌多獲利少，投機不宜，投資應保守，凡事宜三思而後行，以穩定為原則，借貸不宜。春花秋雨之際，一切不強求，悲喜交加之時，出外開車小心，防意外血光，防仙人跳，必須遠離聲色場所，宜於正月初九日祭拜玉皇上帝解厄為吉，參加禪寺之植福補運，消災解厄更吉。事業工作平和，但會受週圍同事干擾，守住原有之職位為最佳策略，過些時日即能自然化解。健康身體注意飲食，海鮮生食不宜，小心無妄之災，意外災傷。愛情感情生涯有傷感，外在謠言干擾，增加很多麻煩，多包容為要。

二月運勢◎本月有三合星會照，財運財祿能有好機會，但不可大意，會有突來之困擾，目前無法落袋，須有耐心，投機可得財祿，多積德行善，能得福報，會有喜事降臨，作事若能積極一點，可創造更多財祿。事業易有變動之契機，宜從長計議，防大意失荊棘，換工作不是時機。健康主身體平和，應注意突來之意外災難，防被砸之天災，容易有刺傷。愛情宜把握原有之戀愛對象，新交往的不容易投入感情。

三月運勢○本月有天德星到宮，財運財祿還不錯，投資為重，投機少許無妨，可得遠方貴人之提拔，投資事業遠景看好，但一切計劃變動大，目前容易是財進財出之象。事業工作勝任愉快，應作新規劃，是忙碌的一個月令，是工作的好契機。健康主平安吉祥，但自己的情緒較難控制，注意睡眠，虛火才不會過旺。愛情姻緣大利，可談婚嫁，結婚時機已來臨，可規劃步入禮堂，介紹新異性朋友可遇貴人。

四月運勢○本月財源廣進，投資投機兩相宜，有福德貴人星到宮，多接觸有智慧之貴人或專家，可助旺運。事業能有大作為，工作會有好的表現，異動無妨，上班族有加薪或異動之情形。健康平安吉祥，有病會痊癒，久病會碰良醫，北方求診最有利。愛情夫妻圓滿，家庭和諧，戀人會有很好的交往，有特別的感情進展，夫妻圓滿，家庭和樂融融。

五月運勢○本月有六合星照臨，財運財源豐盈，日日能得千方財，時時能得萬方祿，投資投機兩相宜，吉人自有天相，財祿迎門而至，憂慮之事可解，持盈保泰，不與人爭訟，多方之財利必得。事業會有投資新契機，工作能得意，外來工作之誘惑力強，可規劃之。健康主健康無礙，身體安康，人逢喜事精神爽。愛情主夫妻和順，家庭圓滿，防桃花之困擾，姻緣有好的對象出現，有人介紹新異性，且多是不錯之人才。

六月運勢○本月財運正財平和，偏財難得，借錢不宜，為太歲月令，凡事雖不盡人意，出外是非也會較多，宜投資理財，投機理財不宜，投資長線或中線為佳。事業會有新點子想投資新行業，但尚未成型，職場會有想換工作之動機。健康開車在外容易有擦撞之小意外，易有小血光，輕微的感冒或酸痛難免。愛情主老友重逢之現象，有點燃愛苗之根源。

七月運勢●本月有小人星加臨，財運財祿為正財之運，故一切以保守來作經營策略，正財方面還算穩定，能比預期還好，凡事須防不測之災，不惹是生非免生煩惱。事業工作上易有小人中傷，因此會有想異動之心態，要防止小人暗害，一切以靜制動，方保太平。健康精神煩心，故有腦神經衰弱之情形，若能參加普渡法會亦能達到開運效果。愛情感情生憂，舊情人又來干擾，煩惱絲剃不完，選定自己想要的對象為吉。

八月運勢○本月有喜星拱照，財運漸漸會有進財之象，凡事應見好就收，投資得利，投機亦可得，順勢理財週期，有穩定投資財。事業工作會想異動，但是你理想之工作環境並未出現，目前虛幻一場，勿見異思遷，保守在穩定中求發展為吉，不然會帶給你更多的煩惱。健康會有替別人挑業障之情事，不宜探病，不行喪，應遠離病重之人，免得莫須有之病纏身，易犯陰煞之害，應以艾草淨身為吉。愛情會有小小的口角發生，家庭夫妻有意見相左之象。

九月運勢●本月財運反覆不定，投資小利，投機大損，應作長期計劃為最佳方法，有卷舌星到宮，防口舌生煩，故而影響財利，凡事不宜躁進，宜穩定中求發展。勿管他人閒事，養成包容雅量，思緒理路才會合實際，方不至於產生障礙，亦可培養靜思禪坐或大廟祈福補運，則免生煩惱。事業有大震盪，工作不宜換，保守經營為最佳策略，換則會有損失。健康身體病痛難免，酸麻頭痛來纏身，應作柔和之運動來補強。愛情感情分裂之現象，要放下身段去排除，勿腳踏雙船，婚姻家庭會有冷戰。

十月運勢◎本月為三合拱照，財運財源廣進，能增加不少財氣，收入穩定成長，也有偏財之運勢，貴人明顯，有雲撥宇宙萬山秀，花開園中千里香之兆，多積德更為有利，凡事勤能補拙。事業可作新規劃，找工作往東北方，一切如意，西南方和東北方為貴人明顯方向。健康無礙，有小病痛，注意風寒，虛火旺，同時應注意長輩之意外。愛情求姻緣往東北方，約會亦如是，多參加社團聚會能得好姻緣。求姻緣有利，一切穩定。

十一月運勢●本月有凶星為禍，財運財祿吉凶參半，投資投機應多一份考慮，不宜躁進，容易會有朋友或親戚來借錢。事業工作上會有口角風波，上司長官之間有誤會，盡量解釋清楚為要，想異動工作，會有挖角之兆，可作下一年之新規劃，原則上會有很好的點子出現，貴人明顯而產生了職場好機會。健康感冒傷風，常有頭痛之病症，防腦神經衰弱症，要有好的睡眠為上策。愛情姻緣會有好機會，朋友親戚會介紹，今年會有心儀之對象，談感情可成。

十二月運勢●本月有吉星與凶星同到，財運財起財落，投機應小心，投資應有限額規劃，貪大則損財，防破財、盜賊之災。事業工作會受到衝擊，能力應再充實，否則跟不上其他同事，職場進展較難控制，起落較大，不宜異動。健康出入應小心，防天然災難所導致之血光，夜行開車注意車關，也應注意飲食起居，防疾病之感染。愛情婚姻無礙，戀人會腳踏雙船，防被拆穿，應有專一之戀情方有結局。

肖猴之人本年運氣

申年出生之人

1932	93 歲
1944	81 歲
1956	69 歲
1968	57 歲
1980	45 歲
1992	33 歲
2004	21 歲
2016	9 歲

今年運勢：

白虎星占宮，凡事吉凶參半，妙有三合吉星，可以逢凶化吉，但不要說太平日，也是要預防不測之災，以及預防小人暗害，因而破財，還要預防盜賊、預防血光之災，白虎星流年行運逢之易有小手術或小血光、應預防車禍的發生，謹慎預防受到外傷，小心財多身弱。不可幫人作保，出外要小心，交友要小心，謹慎預防施恩反受害，屬於朋友反背的運程，家中也易有孝服、官災訴訟，須到廟裡制化白虎星為吉。常言道：運限白虎總未安，不測災殃惹禍端，道家解制當須急，耶穌禱告亦可安。最好是家中有喜事可破解一切凶事，配帶大日如來佛水晶守護神護祐開運，或木形、土形開運掛飾或黃色祿馬貴人金卡，五行開運鍊可達開運，開運福袋亦吉。

A white tiger star dominates. Good and bad things combine equally. Even if everything were calm and peaceful, be aware of uncalculated trouble or of the betrayal of traitors leading to the loss of wealth. Beware of theft or blood shed. One is most likely to have some minor surgery this year. Beware of vehicular accidents. Be careful always to prevent physical injuries. Beware of too much wealth but poor health. Don't be a guarantor. Be careful when traveling. Be cautious especially when making friends. Beware of being generous but being harmed in the process. It's best to have celebrations and happy occasions to break off unfortunate events.

生肖屬猴今年每月運勢解析： ◎大吉 ○小吉 ●凶

正月運勢●本月有煞星沖動之象，理財一切宜守為原則，投機不宜，財運主損財耗財之時間點，投資容易損財，宜守不宜攻。正月初九宜參加消災解厄、植福補運為吉，亦須防車禍意外血光之災，以及口舌是非，在外多忍耐一點，凡事包容，勿意氣用事，防災難厄運之憂，不探病，不行喪及食喪家食物，多到廟裡禮佛拜拜為吉。事業會有升遷調職之象，但一波三折，應求關聖帝君或其祂神祇來助一臂之力。健康主車禍意外血光，有胃腸之疾病，注意飲食之習慣，也須注意飲食衛生。愛情家庭口角多，家裡成員會有內鬥之情形，外來姻緣不易求。

二月運勢○本月財運財祿豐盈，投資之財會在本月回收，投機亦能得財，會有朋友來借錢，不宜借貸關係，免生煩惱，為吉凶參半之月令，做人須以和氣生財為準則，理財以投資投機均宜。事業工作上之煩惱難免，處事應以靜制動，凡事應打順手牌為吉，會與長官之間有誤會，產生口角風波，盡量解釋清楚為要，保守不多話可創造美好工作環境。健康上常有頭痛之病症，傷風感冒，腦神經衰弱症，保持有良好的睡眠為上策。愛情姻緣為好時機，姻緣路會有好現象，親戚朋友會介紹或美言，會得到心儀之對象。

三月運勢◎本月財運平穩，能有好氣運，春風如意，為三合吉星臨，會有再突破之財祿運，有吉慶之兆，可創造美好景象。事業工作勝意，本身之創意也多，但須戒除浮華誇大的作風，方能受長官上司賞識。健康因飲食過度導致身體之不適，應找醫師排除障礙，防感冒來襲，不探病，不送喪，人形必能光彩。愛情能穩住原有之相處關係，外來新異性的交往也能突破，家庭則平安和諧。

四月運勢○本月為六合吉星臨，財運主理財能盡合心中之預期，有長輩提拔而財祿大成長，但若不義之財則敗之，財運亨通之期，宜多參加公眾活動，必可得賺錢之好機會。事業工作有貴人提拔而得以升遷，有好的工作環境，本身亦能適任，但須秉持正義來處理一切事務，自然會從人願。健康主身體平和，

沒有礙事，注意易有流行疾病。愛情多參加社團活動，可有好姻緣，朋友介紹異性可成，家庭夫妻圓滿。

五月運勢○本月財運主財來財去之時期，偏財無法順利得到手，投機不宜，宜靜中觀景，視時勢而為之，令星平順，凡事應三思而後行，理財應眼明手快，否則以投資中長線為最好方法。事業工作會有升遷調職，但並非自己想要之職位，對長官應要懂得奉承。健康防意外血光，開車小心，易有口腔之疾病，夜路不行車，精神易恍惚。愛情有異性緣，但無法尋覓到理想之對象，多參加各種活動，心情放開朗。

六月運勢○本月運勢吉凶參半，財運投資順利，但有冒險，易有損財之象，沒有不勞而獲之財，視時勢而為之，風中休點燭，大浪莫行船，可進財如意，一切順勢而為必有所得。事業工作運反覆不定，過程有障礙，會感覺心煩，但跳槽非好時機，一切稍待些時日再研究，再作最後定奪。健康身體無大礙，但須防風寒，會有小受傷，耳炎之症。愛情易有不倫之戀，已嫁女戀未娶男，有妻夫愛未嫁女，勿太濫用情，否則會惹麻煩。

七月運勢●本月為太歲月令，財運不理想，不如人願，一切以守為原則，一切規劃宜延後，防失財，有新的計劃宜延後商量為吉，此時期無明的憂慮必生，也會有暗的憂愁，防爭訟損財。事業工作會遇到瓶頸，稍安勿躁，否則必帶來更多之困擾。健康主社會正流行著感冒之病毒，少出入公共場所為最佳之保護。愛情主夫妻間有糾紛，戀人有情感之困擾，求偶難成。

八月運勢◎本月為吉星高照，財運財源平穩，有進財之機會，橫財正財統齊到，但為小財較多，多積善德可生財。事業工作會有異動之象，凡事謹慎，不要過度勉強，否則容易產生後面更多的煩惱。健康上主不探病，不參加喪禮，免遭無謂之病痛，防官訟及車禍意外，開車易與人擦撞事故，容易有代替人受災難之憂，故不到陰氣較濁之處所。愛情感情平和，會有冷戰之現象，應以平常心來度自己，求姻緣介紹會成。

九月運勢○本月主貴人明顯，財運財源廣進，順水推舟運作，會有旺財之象，現在開始會有好機會，投資投機均吉。事業工作沒煩惱，自營商也穩定，忙碌著應付突來的生意，凡事可藉勢而為，會有外面同行來挖角，工作運很好。健康應酬過多，飲食須注意，容易有脾胃之疾，頭痛難免，注意血液循環不良之情形。愛情姻緣美好，男女戀人能有美好時光共度，多利用本月密集約會，會儘其大功，可談婚嫁，親戚朋友介紹會得緣。

十月運勢●本月為喜憂參半之月令，財運逢低潮，一切都不順暢，會有週轉之困難，以保守為原則，貪大則大失，煩惱之事難免，美中不足之期，凡事不要自作聰明，否則容易誤事，慎防突來之麻煩，三思而後行為吉。事業工作上老闆會給予壓力，正是自己突破之時期，信心不足可到關帝廟祈福保平安求順利。健康上易有疾病之感染，身體到處都容易感覺不對勁，皮膚癢，精神差，應作一次健康檢查為吉。愛情與異性間會有莫明其妙的衝突，感情會藕斷絲連，剪不斷理還亂。

十一月運勢○本月為三合星臨會，財運財祿正財亨通，有好的機會生財，以較穩定的投資理財為最佳策略，投機理財不吉，投機有大的財損耗，多走正道必順暢，其他事能漸入佳境，但不宜躁進。事業工作能勝意，會有外來挖角，但非好現象，其為五鬼小人來陷害，慎之！健康會常有脹氣，手腳酸麻之現象，應注意飲食習慣，高普林食物勿食。愛情姻緣可成，有貴人介紹好的對象，可把握機會，未來幸福這是一個機會，稍縱即逝。

十二月運勢○本月財運財源廣進，有貴人提拔而生財，但須防財來財去，否極泰來之月令，但要以見好就收為原則，勿貪大喜功，否則易遭損財。事業工作須按步就班，太理想化不合現實，自營商會有突來之障礙。健康容易有傷腳踝之狀況，運動或走路須小心，常有眼皮跳動之情形，腦波神經必須特別關注小心，防中風。愛情感情淡淡的，要多往熱鬧的地方約會，可以增進彼此感情之熱度。

肖雞之人本年運氣

酉年出生之人

1933	92歲
1945	80歲
1957	68歲
1969	56歲
1981	44歲
1993	32歲
2005	20歲
2017	8歲

今年運勢：

紫微吉星照臨，諸事亨通，事事順利，財源廣進，又有龍德星拱照，任何事都可逢凶化吉，雖有天厄星、暴敗星來到，家運稍差，幸有龍德星、地解星之拱照，若能存好心、存善心、說好話、做好事、多積德，必可去禍生祥，吉人天相，自有財福入門來，建議宜配帶黃水晶招財貔貅守護元辰護祐財氣，不動明王菩薩水晶守護神護祐身體健康及防五鬼小人纏身，可達制化災劫，或配帶黑曜石項鍊來開運，五行開運項鍊、綠色開運福袋亦吉。【風水上的疑難雜症，唯有敦請陳冠宇大師來作規劃最為理想，聯絡預約電話&Line ID:0928279865】。

Lucky stars abound and everything is achievable. Projects will flow smoothly. And wealth will come pouring in. A dragon star shines and turns all bad things to good. Even with the presence of bad stars affecting the family's fortune, the presence of the good stars tend to be more powerful. If one can sincerely do good deeds, one can benefit from all the misfortunes ending and all the good fortunes arriving. One would be attractive in all aspects. And wealth and luck would automatically follow.

生肖屬雞今年每月運勢解析：　◎大吉　○小吉　●凶

正月運勢○本月凡事以守為原則，財運表面順利，但實際有不吉之象，易有損財之情形，凡事以穩定中求發展，必須按步就班，持盈保泰，不宜投機借貸，防口角是非糾紛，免小人是非之爭訟。正月十五之前，宜到廟裡拜拜或到教堂禱告祈福。事業上班族之工作反覆不定，過程有障礙，但不宜異動。健康上主開車小心，夜路不行車，精神易恍惚，防意外血光，容易有腸胃之疾病。愛情有好的異性緣，但無法尋覓到理想之對象，多參加各種社團活動，心情放開朗必能得好姻緣。

二月運勢●本月有凶星照臨，財運較不順，會有週轉之煩憂，投資應縮小範圍，投機應停止，行運不吉，宜祭拜福德正神或到大廟祈福，教堂禱告亦吉。事業工作平和，但會較煩心，會有同事中傷而生煩，應重新作有利之規劃。健康主過度憂慮而產生精神方面之疾病，故要注意外出車禍血光。愛情婚姻會有障礙，不應在此時提婚姻之事，應待明年好時機再提。

三月運勢○本月之運勢起落並見，財運不穩，會付出較大之心力，不宜遠方投資，血緣地之投資較為有利，投資股票須多諮詢專家，半吉半凶之運，財運堪憂。事業會有外調或變動之現象，不宜躁進，能稍微拖一下會更好，換工作稍緩，目前來的工作機會都是短利型企業，工作容易再有變化。健康主脾胃有疾，注意飲食，時有偏頭痛，應多作深呼吸，以氣來補氣，飲食應注意多吃紅色蔬果。愛情姻緣夫妻和諧，戀愛可成，朋友親戚介紹異性朋友之機會為吉，姻緣可造。

四月運勢◎本月三合星拱照，主財源廣進，財運貴人來相助，不貪大喜功，則有得大利之機會，防暴起暴落，投機有偏財運，宜見好就收。事業工作有思變動之情形，不宜躁進，工作職場變化大，守住原有工作為吉。健康身體有莫須有的毛病，但不理它很快就會痊癒，不用過度擔心。愛情婚姻融洽，斷掉的感情會回鍋，可考慮續前緣，介紹新異性可成。

五月運勢○本月財運財利旺之時期，宜投資宜投機，但財到則應見好就收，無謂開銷較多。事業工作有異動星照臨，會有想異動之情形，勿好高騖遠，新工作難勝任愉快。健康主身體平和，瑣事煩心，只要能學習放下即能逍遙自在，多喝水是妙方。愛情姻緣長輩介紹可有好姻緣，若有同學或同事要介紹異性認識，則應把握，慎防仙人跳，腳踏兩條船有驚險。

六月運勢○本月財運財祿平順，貴人提拔而生財，不要與財過不去，凡事忍耐有禮，投資多投機少為最佳方法，會有貴人來相助，財源自然順暢。事業工作能如意，有自己的抱負和理想，求工作可得好工作，自己營商會有新規劃，事業漸亨通。健康上主身體平和，無大病，運動注意，易有骨或筋的傷害，多補充水分。愛情主夫妻感情和順，戀愛可得貴人介紹而成功，談論婚嫁有壓力，稍緩則吉。

七月運勢○本月財運平穩，小人傷財，多積點善德為佳，理財應以專家之建議為意見，有長輩助力，多行善德助運勢，吉人自有天相，宜多禮佛懺誨，財運自然順利。事業工作吉人自有天相，有同事協助，但外在防小人之口舌是非傷害，一切多包容忍耐，自營商有貴人提攜。健康主口腔之疾，火氣大，嘴巴容易破，脾氣也倔強，也須防腹痛、腹瀉之症。愛情主遠方有親朋介紹異性朋友，進而有感情之投入，把握好時機，終成眷屬。

八月運勢●本月為太歲月，財運財祿有損耗，朋友會來借錢，裝吝嗇一點會有好處，投機不宜，一切不盡人意，凡事得保守，容易因為財的問題小人暗害及產生官訟，處事躁進恐有大憂愁。事業工作會有新計劃，在公司內會有小人興風作浪，不管他人事，免生憂慮，自營商也會有小糾紛。健康會有莫須有之毛病，多運動或其他養身均能對身體有益，注意傷風感冒之症。愛情姻緣求婚姻可成，會有好的機會認識新異性朋友，故應多參加社團活動或接受別人之介紹。

九月運勢○本月財運主能有好現象，但不宜躁進，平和運勢，投資投機均應稍微緩衝一下，後勢必能得利，目

前貴人不明顯，慎之！。事業工作有升遷或調職之情形，凡事會漸入佳境。健康防病毒之侵害，公共衛生須特別注意，腎臟有疾，勿亂投藥免生憂。愛情桃花劫之月令，男有桃花之難，女有好姻緣，雖然有好的異性緣，但還是要注意對待關係，原有的感情會融洽，新來的防三角戀情，防仙人跳。

十月運勢◎本月喜星臨宮，財運之氣勢不錯，能有進財，投資能得利，投機亦能得小利，不貪大為吉，得意得財之時，勿傲骨太重，否則易遭暗害，應該謙虛為懷。事業工作一切穩定，新計劃實行順利，但過程會受外來之抵制，應尋多重管道來消除正面之障礙。健康精神疲累，但非有病，主因個人之思考思慮過多，有點腦神經衰弱。愛情求偶求婚可有好進展，有人介紹新異性朋友的話，會因此種下好姻緣。

十一月運勢◎本月財運穩定，營商有擴展之機會，故會有增資之現象，注意機會時空，有大發財寶之機，諸事喜多憂少，會有英雄展姿之勢，事事如意，家中生百福，只要保有實力，必定會有大發之運勢。事業工作懷才不遇之感頓然消失，會有想異動之衝動，但本年越換會越差。健康上須防糖尿病之現象，酒多則傷肝，防傳染病，眼睛有乾澀之情形。愛情主夫妻和睦，新戀人有進展之追求，朋友介紹可成，多參加社團聚會。

十二月運勢◎本月為三合拱照月，財運雖然好，但暴起暴落，投資能得利，投機較難有所得，宜保守為原則，開銷費用也會相對增加。事業工作的新規劃可行之，與同事職場會有意見衝突，恐有不睦及是非之煩惱，找工作宜往東北或西方，會遇到伯樂，朋友的邀約合夥自己做生意不吉，此時不宜，上班為吉，免生煩惱。健康會有腰部之酸痛，為短暫之病症情形，注意飲食或去爬山就能化解。愛情有好的感情，但會因彼性間理念不同，因而產生想分手之念頭，稍忍耐一下即可度過。

肖狗之人 本年運氣

戌年出生之人

1934	91歲
1946	79歲
1958	67歲
1970	55歲
1982	43歲
1994	31歲
2006	19歲
2018	7歲

今年運勢：

吉中帶凶，因為歲破（太歲沖）所害，故易謀事不遂，凡事要謹慎考慮後再作，有破財損財之憂慮，謹慎防範小人設計暗害，官災破財，以及口角是非，不然會產生許多煩惱。本年又有大耗星入宮，恐有大破財，甚至於週轉不靈，應該早積善德，得貴相助，必可逢凶化吉，又逢欄干凶星，故宜慎防牢獄之災，宜行善積德，不可妄動招災，不貪不義之財，凡事宜守己安分。建議可配帶阿彌陀佛水晶佛像來護祐或綠色開運福袋、五行開運項鍊來開運，或紅色祿馬貴人金卡亦吉。

Bad things exist within the good. A negative energy causes this. Every task would be a challenge. Study and examine every task carefully before proceeding. There's a high risk of bankruptcy and loss of wealth. Beware of falling into traps laid by unscrupulous people. Court cases, bankruptcy and gossip will raise a lot of worries. A negative star causes one to lose big amounts of wealth leading to poverty or total failure. One would have to do good deeds early on. And with help of one's merits, hopefully, one can transform the bad into the good. Beware that another bad star signals the danger of being imprisoned. Do only the right things. Do not act hastily or foolishly to avoid trouble.

生肖屬狗今年每月運勢解析： ◎大吉 ○小吉 ●凶

正月運勢◎本月財運財源廣進，萬事亨通，正財偏財同齊到，投資投機兩相宜，有意外財，命逢三合之星，主一切吉利，家庭圓滿，事業順利，男女感情姻緣吉利，人逢喜事精神爽，但不貪不義之財免生憂，多積善德，本月應作點布施來補運。事業工作能順利，有好的工作環境，同事間和諧，營商有大訂單，海外訂單多。健康神清氣爽，身體健康，一切無礙，有病可盡消，有遠行之機會。愛情感情姻緣吉利，無者能有好對象來，有者情感可更進一步。

二月運勢○本月命逢六合，財運暴起之現象，可大力投資，只要不貪大喜功，見好就收，財運特旺，理財運佳，投機容易賺錢，但也要慎防五鬼小人攻擊暗害。事業工作會有想變動之心態，凡事不強求則吉，會想要突破目前環境的思考，再創高峰事有機會的。健康莫須有毛病逢身，不宜參加喪禮及醫院探病，防災難意外。愛情感情能有好的進展，戀人可談婚嫁，無異性朋友者，應參加同學會。

三月運勢●本月財運投資之過程宜稍延後，歲破衝動，會有耗財之象，財氣低落，投機不宜，賭局之財為大進大出，凡事以守為原則，投資遠方之財有損耗。事業工作會有不愉快之象，在外與人磨擦宜忍耐點，勿意氣用事，尤其同事間必須和諧，老客戶間也要客氣誠懇相待，工作或業績方不致於出狀況。健康有血光之災，開車小心。愛情感情平淡，無法得到好姻緣，遠方有姻緣線來牽，宜把握好時機。

四月運勢○本月有福星照臨，財運財源平和，應酬會有好的生財機會，有酒食之邀宴，投機理財宜見好就收，凡事不貪大為吉，但要有好的規劃才能更上一層樓，遠方有賺錢之機會出現。事業工作如意，同事一團和氣，自營商會有好業績，但如超過自己能力太大之業務慎思。健康上飲食須注意，易有過敏之情形，容易閃到腰部，故提重的物體或運動應小心。愛情姻緣可在尾指戴上紫色線開運，家庭融洽，求姻緣有機會，能多聽朋友之交友方法，多學習為要。

五月運勢◎本月命逢三合吉星，財運有利，投機亦吉，但應以穩定不超出本身能力為準則，不貪大為吉，會有突來之客戶造就好的業績。事業工作有好的契機，上班族會有好機會升遷。健康身體沒問題，但容易受傷，不作激烈運動，注意心臟毛病。愛情姻緣是好時機，戀愛能有圓滿結局，須防外在之不倫桃花，彼此間的問題須細心去處理。

六月運勢●本月有禍星加臨，財運財祿平和，來財過程較曲折，損財破耗之時期也很多，投資投機均不理想，凡事保守則吉，不躁進，財祿到來會延後數月，投機應以長線為投資計劃。事業工作順心如意，但壓力會比較大，職場的環境擴展壓力導致形成自己的情緒控管容易有問題，慎之！健康主身體火氣大，多充實睡眠，離煙酒辛辣，防痔瘡，人會有虛弱之感。愛情姻緣吉利，但不正規之感情宜戒之，以免傷神煩惱，有好的貴人牽線而成，未婚男女追求者眾，但要學習接納別人的邀約，不要一味的拒絕。所想要尋求的對象自然出現。

七月運勢○本月有驛馬星動，財運時起時落，一切理財以保守為最佳之策略，凡事不宜躁進，一切必須順勢而為，步步為營。事業工作有異動之機會，但會去幫別人背黑鍋，故一切應三思，還是要小心為要。健康身體無礙，但脾氣會較暴躁，注意口舌之疾，導致煩心憂鬱。愛情方面用情勿太過濫情，否則未來會受折磨一輩子，一切須長時間觀察。

八月運勢○本月有凶星加臨，財運雖有好的現象，但一直都無法掌控穩定，大財難得，故還是保守為吉，不宜投機，穩定最重要。事業工作能勝任，業務上有很好的契機，但時間的運作上須等待長時間，吉人自有天相，還是會有貴人來相助。健康身體狀況平和，縱有常年之疾也能有較舒服的狀況，會遇名醫。愛情感情平和，有好的異性認識，但交異性朋友之情況自己容易裹足不前，魄力差，有深厚桃花的姻緣，但也須防情色災害。

九月運勢●本月為太歲月令，財運主景氣雖好但非我所能得之機會，保守中衝刺，不貪大，見好就收方為吉，不

管他人之閒事，防是非口舌之災。事業工作想突破，換工作之規劃或有邀約挖角，但須步步為營，腳踏實地為吉。健康身體微恙，眼睛之疾，游泳傳染或它途，須多看綠色植物養眼保護眼睛，容易有車禍意外，開車小心，勿與人爭執。愛情戀人有口舌之爭，應放輕鬆點，否則會告吹，凡事各退一步則化解。

十月運勢〇本月財運財祿運勢平穩，大財沒有，小財逢之，以穩定方式為理財之方法，有天喜星照臨，一切還算如意，不過喜中有失，有遠方財利，一切逢凶化吉，營商有契機。事業職場上班能穩定成長，變換工作會成為步入危機之境地，慎之！健康上會全身不對勁，肝功能不好，過度疲勞之後遺症，防腦神經衰弱。愛情姻緣夫妻間的爭執口角會較多，戀人有心結，應放開心胸來坦然對待，爭執非好事。

十一月運勢〇本月有吉星加臨，財源廣進，萬事順意，一切逢凶化吉，貴人明現，名與利均能逢身，凡事積極行動，則能完成目標，有好的進帳，投資投機均能有收穫。事業工作會有轉換之心思，貴人明現來邀約，好的客戶相助而轉換跑道的機會，貴人提攜而增加財祿。健康主一切無礙，能有好體魄，有運動之習慣更佳，強迫自己作持續運動保持健康。愛情姻緣亦好，求婚姻可成，無異性朋友者應把握此時機，多參加社團或經朋友介紹。

十二月運勢〇本月有破財星來照，財運平順，貪大則傷財，保守則損耗少，投機絕對不吉，財進財出之象，得失參半之期，作事應以保守為原則，雖然有進財之得意，但亦須防失財之懊惱。事業工作應注意同事相處之情況，內部有壞份子在破壞，上班族能穩定發展。健康上主不探病，不送喪，不食喪家之食物，免得身體易有長期之病痛。愛情姻緣應防情色口角之災，戀人或夫妻都會有冷戰，凡事多包容，男性應主動求和為吉。

肖豬之人本年運氣

亥年出生之人

1935	90 歲
1947	78 歲
1959	66 歲
1971	54 歲
1983	42 歲
1995	30 歲
2007	18 歲
2019	6 歲

今年運勢：

天喜吉星及月德吉星照臨，屬於吉凶參半之流年，但吉人天相，因為月德貴人星能量強勢，故一切自有財福入門來，凡事只要以守住基本為原則，心願必定能夠得到圓滿，事業亦能興旺，財源通達。但只嫌死符星在本流年遮掉了能量，所以必定會有傷害之氣，恐易有小疾病的煩憂。以及小耗凶星來照臨，所以須防小人五鬼暗害，須防小破財，交友小心，不要替人作保，幸喜有月德貴人化下，逢凶化吉，自然可免生橫災及破財意外官非之類的不吉事，建議宜配帶阿彌陀佛守護神保祐平安，或金形開運掛飾、金色祿馬貴人金卡亦吉。【要規劃居住好空間、要規劃發財造氣之空間，陳冠宇大師是你的最佳顧問，預約電話＆Line ID:0928279865】

Two good stars radiate brilliantly illuminating one to a mesmerizing attractiveness. Thus, wealth and luck naturally follows. Perseverance is a must at this time. Stay strong and one's heart's desires will be fulfilled. Careers will be in full bloom. The influx of wealth would be continuous. Although, some bad stars are present. But, a lucky star's energy is able to counteract the negative effects. Be prepared for small losses of wealth. Choose your friends carefully. Don't opt to be a guarantor. This would naturally prevent unforeseen trouble, unexpected loss of wealth and uneventful court cases from happening.

生肖屬豬今年每月運勢解析：　◎大吉　○小吉　●凶

正月運勢◎本月有吉星照臨，財源廣進，投資投機均吉，壞環境也會轉好，一切逢凶化吉，出外獲利，可往股票市場觀察賺錢機會。宜於正月十五之前抽時間到廟裡拜拜或教堂禱告為吉，最好於正月初九參加禪寺之植福補運，消災解厄。事業工作能得長官提拔，會有升職或擴建擴編之現象，業務會有新的契機。健康宜注意旅遊安全，小心飲食衛生，易有腸胃之疾，精神一切順暢。感情則喜上眉梢，求婚姻最好時機，愛情家庭圓滿，夫妻和諧，但彼此間有些意見須統合，戀愛交友能得寵。

二月運勢◎本月有三合吉星，財運財源廣進，有好的進財機會，事業財運均順利，可投機與投資理財，但須防得之而後失，凡事小心謹慎為妙，貴人相助，投機會有所得，能迎福招祥，萬事勝意。事業會有新的規劃產生，會比較忙碌點，職場上班族能更上一層樓。健康一切無礙，但出門在外應防車關意外，年長須防中風，心臟毛病。愛情姻緣良機，婚姻圓滿，交異性朋友有機會。

三月運勢○本月財星照臨，財運財源廣進，投資投機均宜，主財源穩定，有高名譽星之照臨，主高明遠播，能投資較有利潤之行業，可得貴人提拔生財，股票是契機。事業工作能順利，職位易有調動，知恩感恩，謙虛為懷，否極泰來，有漸入佳境之象。身體健康無礙，注意身體容易有挫傷，騎車應小心為要，防小血光。愛情有新的異性朋友認識，把握自己得來不易之交友機會，放開心胸坦然接受異性的邀約。

四月運勢●本月財運財源不好，支出亦很大，支出會有超出收入之狀況，多開源節流。生肖月沖加太歲死符星加臨，主一切不吉，會有小人暗害，勿貪酒色財氣，否則會有煩憂之事。事業工作還算平穩，營商會準備另外之經營軌道，有新契機出現。健康主不宜探病，不宜參加喪禮，否則疾厄必有微恙。愛情主夫妻之間會有很多意見相左，但還是能妥協，戀人會鬧彆扭，求婚結婚不是好時機。

五月運勢○本月財運平順，偏財運也平和，交際應酬可得財，能得貴人之助力，但亦須防小人暗害傷財，謹慎為原則，強求財利則容易惹災禍。事業工作能順利，工作之機會也多，貴人之助力很大，相對的同事間

會有被嫉妒之情形，會有想換工作的念頭。健康主男性身體強壯，女性有婦科之症，其他無礙，可安心從事一切。姻緣家庭圓滿，夫妻和諧，談戀愛可成，有人介紹多看看，有好姻緣。

六月運勢◎本月有三合吉星，財運主能得長輩貴人提拔而得財，投資得利，投機亦吉，有遠方之財，營商有好定單。事業工作會有異動，變動無妨，會有新的突破，能得到好的工作環境，同事間的相處關係亦吉。健康疾厄平安，氣管較差，會有感染之症。愛情路上已開朗，兩人都陷入熱戀之中，夫妻恩愛，家庭圓滿。

七月運勢●本月為吉凶參半之月令，財運有得有失，好壞參半，理財須慎重，有較大之理財問題宜延遲為之，故一切都須慎重，理財與事業均同，營商須保守經營。事業工作有變動之狀況，外在環境誘惑力強，但須慎重，因為你所看到的只是一個表面的鋪排而已。健康一切無礙，但肩膀及脖頸有緊繃酸痛，防車禍小血光，易有陰煞逢身，防突發事件發生，忌食喪物，不送喪，不探病。愛情姻緣雖有利，但須防朋友之小人作弄破害，戀愛對象心性不定，感情容易會有變卦，家庭之意見較多。

八月運勢○本月財運主財祿豐盈，有好的進帳，但同時有較大之開銷，投機能得小利，吉凶參半之月令，但貴人明顯，財運可免意外之失，過去不順的已遠離，吉利之福氣亦跟隨而來。事業工作升遷有機會，亦有兼差之機會，事業能穩定，但會受同事之排擠嫉妒，應於中秋之夜祭拜太陰娘娘，以加強氣運。健康上身體微恙，但沒有大礙，會有很多小病痛，注意水厄。愛情感情會有好機會，多參加外面之社團活動，可得好姻緣，親友介紹可成，遠方之姻緣來到。

九月運勢○本月財運主財來得容易，但只宜正義之財，不義之財容易帶來困擾，投資投機均分處理最佳，順勢而為方為真，凡事均能逢凶化吉，不貪大反得利，求不義財反失財。事業工作會有衝擊性，故會有職業倦怠之情形，營商是另一個轉捩點，能平順。健康主骨頭酸痛及有十二指腸潰瘍之疾，注意飲食及多

休息，少吃西藥為吉，有喪煞星拱之及病耗星同時會照，故必須注意疾病之防治，謹慎為要。愛情夫妻圓滿但會因小孩之事而鬥氣，戀人能有好機會，應多參加社團活動。

十月運勢●本月財運不理想，投資投機均不利，凡事急事緩辦，理財宜保守為原則，太歲凶星加臨，凡事都是假相多，煩惱留自己內心，不輕吐，否則一切會變為另一方面煩憂，易有突來之禍端，不管他人事，莫聽外人閒言閒語，防大喜後生大憂，宜保守為原則。事業換工作會變的沒工作，一切未盡理想，勿輕易異動，想自己營商非好時機，穩住就好。健康主身體不適，但查無病症，因果業障病居多，能多運動或泡溫泉、三溫暖蒸烤排汗為吉。愛情上會因朋友的閒言閒語，讓自己感覺不適，一度想放棄此姻緣，家庭有口角。

十一月運勢〇本月財運順利，多投資少投機，正財旺，偏財弱，以誠懇踏實來生財，則能一切順利。事業工作能勝任，貴人星到宮，一切圓滿，但會有想換工作及有外來挖角之現象，營商能有好商機。健康平和，一切不用擔心，防腸胃疾之病痛。愛情姻緣吉利，應多包容，多體量他人之立場，夫妻和諧，彼此間擔心的事情太多，故感情一直無法投入。

十二月運勢〇本月有月德星來助，財祿運勢平穩，不宜躁進，以穩定方式為理財之方法，令星吉凶同到，投機會損失，故一切會有暴起暴落之象，投機不宜，假象機會很多，寧守本份，腳踏實地會更吉，妄為則敗，保守安份則吉。事業工作能穩定成長，沒有特別現象，會有換新工作之心態，但此時並非好時機，延後規劃為吉，同事間不管他人事，防官非口舌之災。健康感覺全身不對勁，過度疲勞之後遺症，防腦神經衰弱，凡事自己過度操心的原因較多。愛情主夫妻有爭執，戀人有心結，應放開心胸來坦然對待。爭執非好事。

二〇二四年企業經營管理方針

《易經》是古人根據長久觀察日月星辰運轉變化與陰陽消長之規律所整理出來的一套理論，經過幾千年的不斷驗證，證實了《易經》無比的準確性，不但天體宇宙的變化是如此，人生存在天地之間，自然也是宇宙的一部分，當然也受這個規律的影響，流年的星運代表一年當中的一切吉凶狀況，它就是日月行星與我們吉凶的對應關係，只要把握好的時機，運用好的天時，配合地利、人和，知命達天，掌握時事，必定能讓自己的事業運籌帷幄都能掌控得宜。

藉由《易經》的幫助，我們能瞭解事物變化的根本，而領導者在管理企業的過程中，也可以藉由《易經流年吉凶推斷法》的引導來掌握大環境變化的整體趨勢，再依照不同的趨勢變化採取最有利的管理方法或最佳的經營策略，就能幫助管理者鞏固自己的領導地位，並帶領企業邁向更美好的明天。以下就為諸位介紹西元二〇二四年在企業經營管理方面之整體流年運勢，它將有助於諸位擬定未來一年當中的總體營運方針，你能夠準確的預測時勢變化，讓你的判斷永遠比對手高明，並幫助你搶佔市場先機，永遠保持領先！

根據易經流年吉凶推斷法的推算，西元二〇二四的流年天星磁場為「火澤睽」。

火澤睽

流年週期每逢甲辰年，天星磁必運行至火澤卦，故只要配合當年的易卦導引能量來運作，並作為企業管理之執行方針，易經大法就是一個絕佳妙法。「火澤卦」，主本時期的一切都在體現離與合的微妙關係。以個人的角度來看，上班族對工作的不如意，可思考進行工作的調整，當然公司與個人都有不能配合的地方，但每個人都應有異中求同，同中求異之心態，離合之間，異

同間，都須運用智慧來作心態轉變，離職是下策，異中求同為上策，可試著申請轉換工作單位。公司的主導者須把持自然法則，須寬大包容，在不違背公司體制的基本原則，運用整體的力量，運用組織的力量，以異中求同，毋生猜忌，以高尚的人格來感召，嚴以律已、寬以待人，相信必能有很好的成就，若有部分員工不能體諒整體制度而我行我素，不能異中求同，主動改變，則應考慮以離來做對應。企業與企業之間的合作結盟也必須瞭解分合之間的微妙法則，即便對方是市上的競爭對手，只要能積極主動的去尋求彼此都能接受之條件，在不違背原則的狀況之下來凝結力量，達到共創利益之最終目標，也不失為成功的經營模式，沒有必要非得拼個你死我活。此時期要了解到世事無常，不要用常理去判斷一個人或一件事，要有更大的包容心，以異中有同、同中有異道理來做應對進退的準繩，即便對方是與你背道而馳之人，也不要完全的排斥他，與對方保持適度的友誼，當你在遇到困難求助無門的情況下，對方就可能是你唯一的貴人！但這並不是要你諂媚的去討好對方，而是要你在差異中找到雙方的共通點，

有共通點就能夠合作，只要在不違背自己的原則之下，這樣的合作也算是一種合理的變通方式。在專業上看似完全不對盤的兩個人，如果能夠截長補短，互助合作而不相互排斥，一樣可以創造出驚人成就。有人採訪本田汽車的老闆本田宗一郎的成功之道，本田歸功於和好友藤澤的合作，本田自己是從事技術研發的，對於理財並不拿手，而藤對於技術方面的事則一竅不通，但卻是個精明的經營者，如果兩個人只是各做各的，不懂得彼此合作、互相輔助，本田公司不可能有今日的成就。其實在任何職場上都可能出現類似的情況，如何在異中求同，發揮團隊的整體力量，就要看大家的智慧了。

◎同中有異，異中亦可以求同，離合本常，不必選邊站，如何運用才是重點。

二〇二四年開運秘法大公開

運勢是隨著地球的自轉和公轉，與日月行星的電波磁場產生起伏作用，如同海水之漲退潮般，但退潮時要如何保有河床之基本水源，不至於乾涸，漲潮時不至海水倒灌而不回流。

大自然界中的河流到了入海口處，必定有羅星來鎮守水口，也因此海水不倒灌，退潮海水不乾涸，這就是宇宙間，自然界的在天成象，在地成形，維繫自然生命的奧妙，而人的命運也受自然變化的干擾磁場有所起落。

因此，我們只要懂得利用整年中每一節氣之磁場最旺時間，來加強本身的命運趨勢。一年中的二十四節氣是日、月、宇宙行星與地球電波接觸點最強的時刻，如眾所皆知的端午節中午時刻，雞蛋能立於平地之上或桌上，平常再怎樣置放，都無法得到雞蛋之立放能量，這就明顯的證明宇宙磁場與時刻的重要性。

人的智慧遠超出其他動物，故我們就要必須懂得利用天星之能量，來改變自己的命運。也能利用量能來補助自己的運勢。無論求財、求事業、求子嗣、求健康，均會有很好的應驗。

以下就介紹公元2024年之各重要時刻，也就是天星量能磁場與地球產生最微妙的時刻，此一時間點就是人的氣場最能與日、月、九大行星相通的時刻。好好的把握此一最佳時間，相信會讓你有意想不到的開啟旺運及改運開運。

國曆二〇二四年二月九日
農曆二〇二三年十二月三十日

本日為農曆之除夕。新的一年之立春節氣後的第五天，立春節氣已過，二〇二四年的立

春在農曆的二〇二三年十二月二十五日，在此一時間交換之後，舊年與新一年的能量早已交節氣，若依八字的節氣理論來說，也就是說新的一年早在國曆二月四日，農曆十二月二十五日的下午四點二十七分)之時間開始，從這個時間後就加了一歲，這段期間裡，你的命運吉凶如何呢？好壞暫時不要管它，依奇門遁甲的法奇門與數奇門來作判斷的話，為了迎接農曆正月初一日，新的一年和去除舊的一年當中的災難及不吉祥之事，或是要加強新的一年的運勢，作開運補運，使陽宅之氣同時得以造出吉氣，則要在卯時（上午五點到七點）之祿貴交馳、明堂長生時辰或巳時（上午九時至十一時）之天赦、貴人、驛馬之時刻中，於宅之正北方放置水晶球或聚寶盆或元寶或五路財神畫像或可用五行五福招財圓盤內置有陰陽雙色之五十元硬幣五枚置盤內佈五路招財之奇門招財局，若能用五行招財盤或明朝富賈沈萬三所遺傳的四十五公分直徑青花瓷聚寶盆來擺設安置吸納招財之能量更佳，若用大師特別為讀者所設計的五帝招財盤就順著盤中五帝錢位置來擺放即可，若以五路財神畫像來張貼，就在正北方正財位張貼神像背後貼上一張鈔票。在以上方法任取其一為用均吉，必定可達造財之功效。另外於亥時最旺之三合、左輔貴人吉星之旺氣時辰，下午九點至十一時之間，於家裡的客廳點燃一個碳燒之火爐，讓火爐之熱氣能燻熱整個屋子，此一時刻的熱氣就能消除屋內之雜氣及穢氣，就是室內假使有不乾淨的鬼靈，同樣能得以驅逐，能延續到子時最吉，因此二時辰均為各日時之天地黃道會合貴人旺盛時辰，是屬財祿與貴人之氣最旺之時刻，利用炭爐的熱氣量能引進陽宅之中，此年對我們的貴人與財祿運也相對會有幫助的，另外須要在亥時之時刻中，從客廳往外，手持五顆糖果往外丟出去（口唸：來者進財，去則施恩）【糖果包裝顏色以銀色一個、黃色一個、藍色一個、紅色一個、綠色一個】，藉以引掉不吉之氣，

同時也能帶來宅內整年的旺氣，最好能訂一大發糕來置放於廳堂或客廳，同時插上一盆銀柳（銀兩之意），象徵未來一年能大發銀兩，財源廣進。

國曆二〇二四年二月九日
農曆二〇二三年十二月三十日

本日為農曆之除夕。新的一年之立春節氣後的第五天，立春節氣已過，二〇二四年的立春在農曆的二〇二三年十二月二十五日，在此一時間交換之後，舊年與新一年的能量早已交節氣，若依八字的節氣理論來說，也就是說新的一年早在國曆二月四日，農曆十二月二十五日的下午四點二十七分之時間已經開始啟動。除夕開運是依本日之天干地支之能量方位，以五行能量來達到開運之作用，而非當日日子中是吉日或凶日，每年的最後一天和迎接最新的一年到來，不管節氣如何，我們都可利用來年之天運五行及當日五行來綜合統計，以五行之色系來加強個人喜忌之色系，一樣能有開運之作用，在早期筆者都只對較熟之朋友指導新年開運之方法，但在這幾年受很多朋友的鼓勵，因這些朋友都曾得到了很多好處，故開始於平面媒體和立體媒體電視新聞及各個電視或廣播節目中發表論述，因此也造成了一九九七年整個市場的一片穿衣五行理論，並帶動了一九九七年年底之過年前的紅色內褲市場缺貨之情形，但在一九九八年九月間整個社會上內衣廠商都依前一年的色系生產，每一家百貨公司專櫃均以紅色內衣褲陳列，不過很對不起這些內衣褲廠商，因我所發表於一九九八年除夕晚上依五行必須以黑色系列及藍色系列來穿著，方能達到新年之開運作用，這就是您造運補氣的最佳方法，理論和實際市場有很大的區別，故導致市場紅色內衣褲的滯銷，這期間所出的問題為大部份廠商沒有在注意本人著作之論述，以及電視媒體太晚來找筆者採訪，故會有這麼大的出入，在此希望這些廠商多注意五行的開運色系，方不致犯上同樣之錯誤。

依公元2024年的流年五行分析，今年除夕為癸卯日及過年初一為甲辰日，流年為甲辰，依五行學統計得之，此日子裡就必須穿上紅色之內衣褲，這一個色系內衣褲能有開運造運之作用，若能在除夕就依其色系來穿著，你的身體磁場就能收到宇宙天星之最高能量之磁波，相信這一整年必定會給您帶來好運。依此五行推論本年之流行色系，則應該是以粉紫色、蘋果綠色系為流行主色。

國曆二〇二四年二月十日
農曆二〇二四年正月初一日

本日開運旺時為子時三合大進之時辰，最旺之時刻為半夜十一點五十分至十二點二十分，巳時上午九點至十一點五合黃道、明堂大吉時辰，但最旺之時刻為上午九點十五分到十點十五分，此時刻應手持九柱清香，人朝東北方焚香祈福，以自己內心的祈求之事，秉呈十方神佛聖尊，行九鞠躬禮，然後將九柱清香插於土地上或陽台上均可，這是祈福求財最佳時刻。

國曆二〇二四年二月十二日
農曆二〇二四年正月初三日

本日大部份營業之廠商會選在本日來開市營商，此日為本年新春很好的開市日，因此如要在年初三來開市，則須往宅屋的東南方祈福迎財神，開市時辰則以卯時（上午5-7）、午時（上午11-13）為吉。

國曆二〇二四年二月十五日
農曆二〇二四年正月初六日

本日有部份營業之廠商會選在本日來開市營商，如要在大年初六這一天來開市拜拜或上班團拜可以選今日初六吉日來開市，要祈求好財運可以往宅屋的正南方祈福迎財神，開市時辰則以午時（中午11-13）為吉。

國曆二〇二四年二月十七日
農曆二〇二四年正月初八日

本日有部份營業之廠商會給員工長假福利選在本日來開市營商，本日依協記辨方書也是新春吉利旺財之開市日，如要在大年初八來開市，則須往宅屋的正西方祈福迎財神，開市時辰則以午時（上午11-1）為吉。

國曆二〇二四年二月十八日
農曆二〇二四年正月初九日

本日為玉皇大帝天公生日，應於初八晚上十一點至一點之子時時辰準備鮮花水果、糖果餅乾、香燭祭拜玉皇大帝，感恩祈福，今日應抽個時間到廟裡作消災祈福，植福補運，安太歲，點光明燈亦吉。

國曆二〇二四年二月二十一日
農曆二〇二四年正月十二日

本日有部份營業之廠商會給員工長假福利選在本日來開市營商，本日依通書也是新春吉須往宅屋的正東方祈福迎財神，開市時辰則以卯時（上午5-7）、午時（上午11-1）為吉。

國曆二〇二四年二月二十四日
農曆二〇二四年正月十五日

本日為上元節，古時候流傳有句俗諺：「偷拔蔥、嫁好尪」，偷拔菜、嫁好婿」。其意為未嫁之女孩要在是日夜晚到人家的田裡偷拔田裡的蔥或菜，才能夠嫁個好丈夫。但蔥或菜是不能帶回家的，必須放於田園的田邊，方能應驗。未婚或求姻緣的女性朋友，建議試試這個流傳的手氣，說不定很快就會有好的理想對象喔。

元宵節到處都有燈會，古時候有一流傳「鑽燈腳，生蘭抛」。其意為想生男孩的女性朋友，或已生了很多女孩而沒有男孩的婦女，只要鑽過元宵燈座的下面，就會有生男孩的機會。此一流傳到目前很多大廟都尚保留此一古傳統文化，婦女朋友有須要的，不如去試一下，說不定希望就來到，創造出自己的信心，

心想事成，或則也可試著此日掛上麒麟送子圖來祈求賜子。

國曆二〇二四年二月二十九日
農曆二〇二四年正月二十日

古時候將正月二十日訂為開印日，亦就是開運日，故建議公司行號或個人之福印印章，應於今日卯時三合、長生貴人吉利時辰（上午五點到七點），將自己的印章拿出來照照面，即所謂的印相，印吉利相、印財利相。然後拿一張紫色紙在上面的中間及四個角落各蓋一個章，以祈求五路招財，蓋完後先收於保險箱或抽屜，經四十九小時或七小時，或七天，再以壽金一齊焚化祈福之。（印章有缺角、裂痕，提早更換，今日開印，效果亦佳）。【訂購旺財、旺事業、招姻緣、祈健康圓滿開運印章，請電0918362268鴻運知識科技】。

國曆二〇二四年三月十一日
農曆二〇二四年二月初二日

本日為土地公之生日，求財補運，宜於今日到附近之一間土地公廟祭祀祈福，準備香蕉、鳳梨、橘子及壽金、刈金、福金供養。可保佑本年整年財源大利。

國曆二〇二四年三月十二日
農曆二〇二四年二月初三日

本日為文昌帝君誕辰日，今年要參加聯考的朋友或參加其他考試的朋友，建議今日能到文昌帝君神靈前祭祀祈福，另在書桌的架子上或牆上掛三支或四支或五支毛筆，代表三元及第、狀元及第、祈求四巽文昌梓潼帝君加持、五路開智慧。看到此篇介紹的家長，也可帶貴子弟到文昌帝君神前參拜，以加強自信之潛能，可掛狀元及第圖或官居一品圖、五寶粽型吊飾來開運。【欲購買狀元及第圖、步步高昇圖幫助子弟考運及事業的請洽0918362268鴻運知識科技】。

國曆二〇二四年四月二十八日
農曆二〇二四年三月二十日

本日為註生娘娘千秋，未生育想生育之朋友，建議擇巳時（上午9-11）明堂貴人、傳送貴人吉星時辰或酉時（下午5-7）天德大進、寶光貴人吉星時辰或亥時（下午9-11），到註生娘娘神前祈求，會有很好的應驗。

國曆二〇二四年六月十日
農曆二〇二四年五月初五日

本日為端午節，中午時刻可做立蛋比賽，青年男女取此時做立蛋比賽，可得好姻緣。中午時間所取之水稱之為午時水，相傳午時水放久都不會腐敗，各位讀者可自己測試，只要是泉水或井水是一定不會腐敗不會臭掉的。夏天若得病，傳說喝之能治病。年輕朋友以午時水來洗臉，可達到美白肌膚，異性緣更強。此時刻若能禪坐靜坐三十分鐘，可達到去除厄運化解小人五鬼之功效。若自己的運勢一直不彰也可在午時找一條流動乾淨的河水，帶三十六粒桂圓干，把桂圓殼撥開放水流，藉以將一切厄運排除，桂圓身體狀況能吃的朋友就一齊吃掉，連桂圓子也一齊放水流，以祈外在與內在的厄運一致消除。

國曆二〇二四年六月二十三日
農曆二〇二四年五月十八日

本日為張府天師聖誕，張天師是漢朝順帝時人，當時入蜀（四川）鶴鳴山修道，研究造符籙之書為人治瘧疾，以圖錄符經幫人治病，到目前還是很多人修持天師之道法，用符籙法術濟世度人，道教祖師的符籙非常靈驗，所以如果須要求取天師符咒開運補運，或為要改變運勢，將厄運消除，建議應於本日張府天師聖誕之日，前往拜拜開運，會有非常靈驗的感受喔！

國曆二〇二四年七月六日
農曆二〇二四年六月初一日

本日為小暑之節氣，交節時間為亥時晚上

十點二十分，正為半年之時期，故為半年節，在上半年一切運勢不是很理想的朋友，可利用本日來作替運之規劃，所謂替運就是如金蟬脫殼般的開運，所以在民俗上流傳在今天只要你準備一碗一〇八粒龍眼干（帶殼）、一盤十二個水煮蛋，到廟裡拜拜或在陽台向外拜，家有神壇者則加點水果向家神來祈福開運，拜完之後，把龍眼干、水煮蛋全部剝殼，代表新旺運來接新運，舊運之一切霉運盡消，所剝完之龍眼干殼、蛋殼就往外丟或放置於樹下。從這個時節起我們就可看到樹上常有蟬蛻，這就是動物、萬物在開運脫運之時期。亦可在今天到山上找一條泉水、河水向東流的水流，只要是清澈乾淨的水，以這一水流之水來洗滌手腳身體，甚至跳下去游泳均吉，可洗滌掉一切之霉運，開新的旺財、旺身體、旺事業之大運。

國曆二〇二四年七月二十日
農曆二〇二四年六月十五日

本日為初伏之氣，建議試著於辰時天地合格、武曲貴人的旺氣時辰，辰時(上午7-9)、於八點十五分左右之間於露天的地方或室內靜坐，靜修可化解身體上的雜氣，長保健康，初伏之氣為冬病夏治之最好的時間，最旺之時間為能量最強之時辰，故在打坐或靜坐中會有很大的感受，身體的氣血運行會有很明顯的感受，其氣旺盛，能強身開智慧。

國曆二〇二四年八月四日至九月二日
農曆二〇二四年七月初一至七月三十日

建議本月參加大禪寺佛廟之超渡法會，去報名超渡自己的歷代祖先，以及自己的冤親債主，或累世子靈，以便消除自己的業障。

國曆二〇二四年九月十七日
農曆二〇二四年八月十五日

建議今日晚上九點到十一時長生、進貴、六甲趨乾吉星時辰祈求姻緣最佳時刻，備素果柚子，到空地上祭拜太陰娘娘，以祈萬事如

意，或祈求好姻緣，有好的應驗，戀人可用紙條將兩人之姓名書寫後塞進柚子，然後將柚子埋於地下，由太陰娘娘作見證，保永遠相親相愛，若能在當天晚上子時長生司命黃道時辰十一點四十五分到十二點三十五分來作夫妻和諧祈求必得大功，永保夫妻恩愛長久。

國曆二〇二四年十月八日
農曆二〇二四年九月初六日

本日為寒露交節氣之時，「寒為露之氣，先白而後寒」，意思是過了寒露之後，天氣會讓人感覺到寒意的深秋感受，它也告訴我們假若自己身體不怎麼健康理想的狀況之下，在寒露時節去收集露珠飲用，可達保健開運之作用。建議在這一寒露時節的寅時（清晨三點）交節氣之時刻，能在外面露天打坐或在室內靜坐些時，必可消除業障，讓身體百病離身。

國曆二〇二四年十一月七日
農曆二〇二四年十月初七日

本日為立冬節氣，建議於卯時上午六點二十分交節氣之時間，利用食療來開運，食用紅棗十二粒以去虛補陽，若能利用這一天來補冬。身體有病或體弱之情況，於這一天作食補、或中藥補，皆能改變體質，強化體魄，若能準時於交節氣時間上午六點二十分吉時裡食用會更佳，會更有效用。

陳冠宇大師特別提醒您，有健康的身體，財富才有意義喔！否則只不過是數字而已，不要人在天堂，錢在銀行。

國曆二〇二四年十二月二十一日
農曆二〇二四年十一月二十一日

本日為冬至節氣，酉時下午五點二十一分交氣，建議於此時刻食用湯圓，可得年底圓滿大發，明年財源廣進。

諸神佛祭祀

中國的神明系統極為複雜，就連樣身為中國人的我們有時候也搞不太清楚。一般來說，中國的神明可以大致區分為佛教體系、道教體系、以及民間俗神等三大類，而這三大類的神明中，又有少部份神明是相互重疊的，因此也造成一般民眾在認知上產生一些混淆。

根據神明的體系，以及每位神明所職掌的人間事務之不同，我們在祭祀不同神明時，都會有一些特別的祭拜儀式，這點非常重要，因為拜神時如果用錯方法，對神明可是一種不敬的行為。像是祭拜佛教諸神佛時，就不能使用葷食和酒來當成供品，相反地，在祭拜一些間俗神時，這些牲禮和酒食又是不可或缺的重要供品，

讀者唯有先搞清楚自己所要祭祀的對象，才能採取最正確的祭祀方法，也才能真正得到神明的庇佑！

正月初一日　彌勒佛祖佛誕

彌勒佛是佛教三世佛當中的未來佛，相傳祂是佛祖的弟子，按佛教說法，他現還是菩薩，將來必定成佛，故稱未來佛，是釋迦牟尼佛的接班人，因此地位甚高。正宗印度佛教中的彌勒佛是非常莊嚴的，現今廟宇所供奉的大肚彌勒則是晚唐的「布袋和尚」，傳說祂身

邊所帶的一個大布袋有神奇的效用，可以收進任何的東西，內有無數的寶藏用於佈施，因此受到求財者的喜愛，後世的彌勒也變成了可以幫助招財仙佛之一。

民間習俗與祭祀方式：

可準備壽桃、麵線（壽麵）、水果五種、十二素齋（金針、木耳、香菇、紅棗、蓮子、麵線、乾龍眼、花生、冰糖、冬粉、髮菜、麵筋）鮮花、清茶、清香以供之。金紙用太極金、壽金、刈金、福金（四方金）。

正月初九日　天公生

台灣民間所稱的「天公」或「上帝」，指的就是「玉皇大帝」。玉皇大帝也稱「昊天上帝」「玉皇大天尊玄穹高上帝」「天公祖」，道教中又稱「原始天尊」，是掌管天上諸神佛及地上億萬生靈的至尊之神，正月初九是傳說中的玉帝生日，所以也叫「天公生」。

玉皇大帝的聖誕日當然較一般的諸神聖誕更為莊嚴隆重，祭祀的時間，是從這一天的午時起一直到凌晨四點為止，虔誠的信徒會在前一晚齋戒沐浴、設壇祭祀，行三跪九叩大禮，以表達對這位至尊神的無上敬意。

民間習俗與祭祀方式：

祭祀之前須沐浴更衣，以表示我們對玉皇大帝祭祀禮儀的虔誠與隆重，居家可於當日子時，準備鮮花、水果、糖果餅干、清茶，設桌於庭院或陽台上來祭拜之，或者當晚可往廟裡祭拜天

公，大部分廟宇當日都有法會舉行，最隆重者為擺上下桌之最高祭祀禮，其祭壇的安置排設為以長板凳兩張，分兩邊直列置放墊高八仙桌，此為頂桌（俗稱上桌），另外在下面後方接上另一張八仙桌為下桌，整個朝向以向外擺設供之，頂桌上面供奉三個紙製之燈座，其為玉皇大帝神座，在一般金紙店都可買得到。

另外上桌供有五果（五種水果）六齋（六種素乾糧，如：金針、香菇、冰糖、木耳、蓮子、乾龍眼、紅棗、花生、冬粉等均宜），可紮兩束紅麵線（代表長壽之意），五杯清茶，鮮花、蠟燭。下桌則供奉有：隆重者有五牲，豬、牛、羊、雞、鴨。一般有用三牲，豬肉一塊、雞一隻、魚一尾。下桌另有紅圓、發糕、紅龜粿、糖果、餅干等，使用金紙有頂極金、天金、太極金、壽金、刈金，於子時由家中長者領導上香，再行三拜跪九叩大禮，以祈求家宅大小平安，財源廣進，祈福賜福，求財賜財。

待頭柱香燃過三分之一時，再上二次香，二次香燃過三分之一時再上第三次香，然後焚燒所有金紙及頂桌上之燈座，最後燃放鞭炮，一切祭祀活 則可告成。拜天公若為許願或還願者，在供桌之頂桌前面兩邊會綁有二支甘蔗（從根部到尾部），兩支蔗尾拉綁成如拱門般，蔗身則掛有黃高錢作供奉。道壇另會在兩側綁有高山松枝，以祈福祿壽齊至。

二月初二日　土地公生

對於土地公的由來，民間流傳著許多傳說，最為人知的說法是，土地公是周朝的一名官員叫張福德，因為為人公正、愛民如子，人民對他的恩澤念念不忘，因此建廟奉祀，並尊為「福德正神」。

在眾多民間神祇當中，土地公的地位可

以說是最卑微的，以現代的官職來比喻，土地公的職務大概只相當於管區派出所的主管，但有趣的是，土地公的香火卻是眾神明當中最鼎盛的。分析其原因，大概是因為地位越高的神明，與人的距離就越遠，讓人覺得難以親近，而土地公正好相反，祂地位雖然低，但是卻是與每個人關係最密切、也是最直接的神明，因此，只要是人們心中有任何願望想要求神明幫助，第一個想到的，一定是土地公！

土地公一直被視為大地的守護者，一般人則視為是福神或財神，商家也將祂視為守護神，在台灣地區，把看守墳墓的土地公稱為「后土」，由此可以看出土地公在一般民眾心目中的地位。每月每逢初二、十六，商家會祭拜土地公，稱為「做牙」，二月初二是一年中第一次做牙，稱為「頭牙」，同時這天也是傳說中土地公的生日。

民間習俗與祭祀方式：

可準備三牲酒醴、水果、清香、春卷（潤餅）、壽金、刈金、福金來祭拜之，以祈本年財源廣進，萬事亨通。

一般供奉土地公的廟宇，都還會一起供奉土地婆，一方面象徵一家之中陰陽調和，能夠在男女之間取得一個平衡，另一方面，多了一位土地婆，也會讓人覺得多一分保障，近年來現代人婚姻外遇現象頻繁，女性遇到丈夫友外遇時也流行找土地婆幫忙化解，這可能跟土地

婆賢妻良母的形象有很大關聯。

二月初三日　文昌帝君聖誕

有考試經驗的人對文昌帝君一定不陌生，因為相傳文昌帝君是主管人間功名利祿的文書之星。

二月初三是文昌帝君的聖誕之日，只要是讀書人、文人、教師等都會在這一天齊聚在文昌廟，用牛和其他供品，舉行三獻醴的祭典，現代許多考生會在考前攜帶準考證前往文昌廟祭拜這位主管文書運之神，祈求得到好的考運。

民間習俗與祭祀方式：

可準備素果、蔥仔（聰明）、粽子、包子（包中）、芹菜（勤學）、蒜頭（會算）、菜頭（好彩頭）、竹筍（順利）、桔子（大吉大利）、各式圓形水果（選擇其中幾樣即可）、壽金、刈金到廟裡有文昌帝君的神像前或文昌廟祭拜祈福。準備應考的學生可另外準備准考證影本、文昌筆四支（考生平常用的文具亦可）、摺扇一把、酥油燈，祈求考試順利。

二月十五日　太上老君萬壽

老子是道家的代表人物，也是道家的創始人，所著的《老子》一書更是千古名著、人類智慧的精華。但史上對老子的存在與否頗有爭議，但不可諱言的，道家理論確實對中國思想

影響甚鉅。

太上老君又稱「玄元皇帝」，自道教於東漢創教之後，並被奉為原始道教的開山祖師，也是地位最高的一位神明，二月十五日相傳是太上老君的聖誕之日。

民間習俗與祭祀方式：

可準備水果五色（紅色：蘋果、火龍果。黃色：香蕉、鳳梨、橘子、柳丁、木瓜。白色：水梨、香瓜。黑色：奇異果、葡萄、山竹。綠色：香蕉、鳳梨、木瓜、西瓜、柚子、棗子）任選五種、五齋（金針、木耳、香菇、紅棗、蓮子）或十二素齋（金針、木耳、香菇、紅棗、蓮子、麵線、乾龍眼、花生、冰糖、冬粉、髮菜、麵筋）、鮮花、清茶、頂極金、太極金、壽金、刈金、福金來祭拜之，以祈一切惡煞遠離，福果逢身，若為法師應於今天同時將自己所使用之法器，取出擦拭後一齊祭拜，以期加持法力高強。

二月十九日　觀世音菩薩佛誕

觀世音菩薩也稱「觀音媽」、「妙善夫人」，對於觀世音菩薩的身世說法，也眾說紛紜，傳說中觀音有千百化身，所以從古到今，對於觀音的形象、甚至男身或女身，至今仍無答案，但觀世音菩薩因為其慈悲的意象，故觀音像以女身像居多。

觀世音菩薩在中國人的心目中，一直是大慈大悲、救苦救難的代名詞，二月十九日是觀世

音菩薩的佛誕日，祭祀觀音的寺廟或佛堂，都會齊聚信徒舉辦盛大的祭典，民間為表達對觀音的崇敬與虔誠的信仰，有人會從二月初一直到二月十九日觀音佛誕為止，進行齋戒，稱為「觀音齋」。

民間習俗與祭祀方式：

可準備壽桃、麵線（壽麵）、水果五種、十二素齋（金針、木耳、香菇、紅棗、蓮子、麵線、乾龍眼、花生、冰糖、冬粉、髮菜、麵筋）、鮮花、清茶、清香以供之。現在大廟為了環保關係大都停止焚燒金紙，自宅可自己斟酌，若使用金紙供之，則用太極金、壽金、刈金、福金（四方金）。

二月廿一日　普賢菩薩佛誕

關於普賢菩薩的來歷，一種說是佛祖的第八弟子，一種則說祂是諸佛之子，也有人說祂是妙莊王的二女兒，普賢菩薩在佛教中的地位確實很重要，也非常受到老百姓的虔誠信仰與膜拜，普賢菩薩所代表的，是一切諸佛的最高德行，據說祂曾經廣發十大弘願，力行弘法的工作，因此與文殊菩薩並稱，一般人稱文殊菩薩為「大智文殊」，而稱普賢菩薩為「大行普賢」。

民間習俗與祭祀方式：

可準備壽桃、麵線（壽麵）、水果五種、十二素齋、鮮花、清茶、清香以供之。金紙用太極金、壽金、刈金、福金（四方金）。

三月初三　玄天上帝萬壽

玄天上帝又稱「真武大帝」、「北極大帝」、「上帝公」等，與文昌帝君、魁斗金

星、南斗星君、北斗星君、七星娘娘同被看作是無極界的星辰來加以崇拜。中國民間深信星宿的運轉與人的命運息息相關，玄天上帝正是北極玄武星君的化身，道教尊稱為「三元都統帥」，是道教中信眾最多、靈威盛大的神明之一。

三月初三是玄天上帝的聖誕祭典日，只要是供奉玄天上帝的廟宇，都要舉行祭典，特別是由屠宰業所舉辦的祭典最為盛大隆重，許多人也將玄天上帝視為孩童的守護神來奉祀。

民間習俗與祭祀方式：

可準備壽桃、麵線（壽麵）、水果五種、五素齋（金針、木耳、香菇、紅棗、蓮子）、紅湯圓三碗、發糕三個、鮮花、清茶、清香、酒、太極金、壽金、刈金、福金（四方金）以供奉祝禱全家平安。

三月十五日　保生大帝千秋

保生大帝又叫「大道公」，也稱「吳真人」，宋朝人，本名吳本，傳說因為醫術精湛，治好了宋仁宗母親的乳疾，仁宗在感謝之餘，立刻封他為「保生大帝」。吳本回到鄉里之後，一生行醫，濟世救人，民間為感念吳本，便建廟祭祀。

三月十五日是保生大帝的聖誕，從三月十四日到三月十五日兩天當中，民眾會舉辦盛大的祭典。

民間習俗與祭祀方式：

可準備三牲酒禮（豬肉一塊、雞一隻、魚一尾、酒一瓶），水果三種，鮮花、清茶、清香、壽金、刈金、福金（四方金）以及鞭

炮一串，燃炮祝禱，且能驅除惡煞，祈求全家平安吉祥。

三月十五日 中路財神趙元帥聖誕

所謂五路財神，是指「封神演義」中的五位財神，也就是首領財神趙元帥(公明)，以及祂所率領的招財(招財使者陳九公)、納珍(納珍天尊曹寶)、招寶(招寶天尊蕭升)、利市(利市仙官姚少司)四位部下。相傳三月十五日是中路財神趙元帥的聖誕，想要求財的朋友們，可千萬不要錯過了這個開運的大好時機。

民間習俗與祭祀方式：

可準備三牲酒禮(豬肉一塊、雞一隻、魚一尾、酒一瓶)，水果三種、清茶三杯、清香、刈金、福金(四方金)、五路財神金、發糕三個、紅龜糕若干、紅圓三碗、糖果、餅干、蠟燭來供奉祭拜。上九柱清香誠心祈福，可以祈求趙元帥賜福庇佑，讓你財源滾滾、大發利市。

三月二十日 註生娘娘千秋

註生娘娘是主司婦人生育的神明。在過去的時代，傳宗接代是每個婦人重要的責任之一，而被稱為授子神的註生娘娘自然而然的就成為一般民間婦人信仰崇

拜的對象。

　註生娘娘不僅主司授子，對於安胎安產、保佑子女身體健康、甚至賜福良緣佳偶，都在註生娘娘的庇祐範圍之內，因此以女信眾居多。

民間習俗與祭祀方式：

可準備三牲酒醴（豬肉一塊、雞一隻、魚一尾、酒一瓶），水果三種，鮮花、清茶、清香、壽金、刈金、福金（四方金）、發糕、油飯、紅圓、紅蛋、糖果、餅干、求子者再加棗子（早生貴子）來供奉祭拜。

若有生育上的問題想要祈求註生娘娘賜予子嗣，可以先擲杯筊得到娘娘同意之後，取一支壇上所供之髮簪插在自己頭髮上，可祈求早日得子，待生育後再加倍奉還。如果沒有髮簪，也可以用「換花」的方式來求子，用自己所帶來的鮮花與壇上所供的鮮花交換，欲求男兒者換白花，欲求女兒者換紅花，然後將所換之花帶在身上，同樣也可達到求子的目的。等到有了身孕之後再還給註生娘娘一大束的鮮花。

三月廿三日　媽祖生

被尊稱為「天上聖母」的媽祖，是台灣及大陸沿海一代的民眾信奉的神明。尤其是在台灣，堪稱香火最為鼎盛、信眾最多的神明之一。

媽祖生前叫林默娘，升天之後經常顯靈庇祐百姓，尤其是靠海維生的漁民，他們相信只要虔

誠的信奉媽祖，必能保佑他們在海上的平安。

台灣各地所奉祀的媽祖根據其源流來處可分湄州的「湄州媽」、泉州的「溫陵媽」、同安的「銀同媽」等，依神像來分又分有金面媽祖、烏面媽祖、紅面媽祖等臉像，排列上又分大媽、二媽、三媽、四媽、五媽等依分神次序而列之，許多奉祀的廟宇會在三月二十三日媽祖聖誕前舉辦盛大的「繞境」活動，萬人空巷的場面每年都會上演。此外，也有信眾會組織龐大的進香團，回到大陸福建媽祖的誕生地，進行跨海進香，俗稱媽祖回娘家。

民間習俗與祭祀方式：

可準備三牲酒醴(豬肉一塊、雞一隻、魚一尾、酒一瓶)，水果三種，鮮花、清茶三杯、清香、壽金、刈金、福金(四方金)、發糕三個、紅圓三碗、糖果、餅干、蠟燭來供奉祭拜。

四月初四日　文殊菩薩佛誕

「文殊」的意義是妙德、妙吉祥。在大乘佛教當中，以文殊菩薩的智慧為最高，因此也被推崇為第一菩薩。由於文殊菩薩的智慧與辯才在眾多菩薩當中都是最高的，因此文殊菩薩在佛教世界當中也是智慧的象徵，在過去，文殊菩薩一直廣受知識份子的推崇與信仰。

民間習俗與祭祀方式：

可準備壽桃、麵線（壽麵）、水果五種、十二素齋、鮮花、清茶、清香以供之。金紙用太極金、壽金、刈金、福金（四方金）。

四月八日　浴佛節

釋迦牟尼又稱為「釋迦佛祖」、「釋迦如

來」、或簡稱「佛祖」，是佛教的創始者，四月八日是釋迦佛祖的聖誕日，也是所有佛教徒的重要祭典日。凡是佛教寺廟，都要在這一天準備齋飯來招待信徒及祭拜佛祖。

浴佛的儀式，相傳是在佛祖誕生時，有天龍下凡替佛祖端水。另一種說法，是當佛祖正在講道時，突然騰龍降雨，因此許多僧侶會在這天用甘草茶(香湯)作成浴佛水模擬浴佛的情景，故稱「浴佛節」。據說飲用浴佛水可以祛邪治百病，每每在浴佛儀式結束之後，前來膜拜的信徒都會爭相飲用浴佛水，或是取浴佛水回家搭配上藥方製成浴佛香湯方來飲用。在古書《浴佛功德經》當中就有記載浴佛香湯方的配置方法，其中包括了「甘松、白檀、郁金、丁香、沈香、牛頭旃檀、多摩羅香、麝香、紫檀、芎藭」等十味藥材。

在東南亞許多國家中都有潑水節的類似活動，追溯其起源都是源自於浴佛的典故，近幾年在台灣因為引進了不少東南亞國家的外勞，同時也將這項活動一併帶入，有些地方甚至每年都會固定舉辦，水可以洗去身上的骯髒與罪惡，據說身上被潑得越濕的人，越能夠得到佛祖的祝福。

民間習俗與祭祀方式：

可準備十二素齋(金針、木耳、香菇、紅棗、蓮子、麵線、乾龍眼、花生、冰糖、冬粉、髮菜、麵筋)、鮮花、清茶、清香、水果五種、壽桃、壽龜、壽麵、紅湯圓五碗、蠟燭、糖果、餅干以供之。

四月十四日 孚佑帝君聖誕

呂先祖，本名呂巖，民間一般稱為呂洞賓或呂純陽，也有人稱為「天公祖」、「妙道天尊」，佛家則稱為「文尼真佛」，為道教五祖之一。傳說因為生前修煉仙術，救人苦難，死

後被勒封為「孚佑帝君」，四月十四日則是呂洞賓的聖誕日。

關於呂洞賓的民間傳說非常的多，其中以祂化身為明太祖理髮的典故最為人稱道，祂因此也被奉為是理髮業的祖師爺。

民間習俗與祭祀方式：

可準備三牲酒禮(豬肉一塊、雞一隻、魚一尾、酒一瓶)，水果三種，鮮花、清茶三杯、清香、太極金、壽金、刈金、福金(四方金)、發糕三個、紅龜糕若干、紅圓三碗、糖果、餅干、蠟燭來供奉祭拜。

五月十三日　城隍爺生

城隍爺就像土地公一樣，都是土地的守護者，一般民眾比較敬奉的是土地公，但事實上，城隍爺的管轄範圍卻比土地公來得大，可算得上是土地公的直屬長官。

民間信仰當中，土地公幾乎是無所不管的神明，所以有任何大小事情，第一個想到的就是土地公，其實城隍爺所管的事情可比土地公來得多，不但管陽界，還管陰界，傳說人死之後第一個要向城隍爺報到，由此可知城隍的重要性。

民間習俗與祭祀方式：

五月十三是城隍爺的生日，地方城隍廟都會舉辦盛大的「迎城隍」活動，家中若有年過七十以上的老人家，建議在城隍爺生日這一天，準備三牲酒醴）豬肉一塊、雞一隻、魚一尾、酒一瓶（到城隍廟裡燒香祈福，可以祈求城隍爺先暫時放他們一

馬，這樣據說可以幫老人家延壽。另外，如果遇到官訟是非纏身遲遲無法解決者，亦可以請求城隍爺幫忙，事情可以在短期間內撥雲見日。

六月廿四日　關聖帝君萬壽

關聖帝君就是三國名將關羽，對於關羽的號，歷代各有不同，有「武聖帝君」、「伏魔大帝」、「文衡聖帝」等，民間則稱為「關老爺」、「關帝爺」、「恩主公」。

關聖帝君一直是民間忠義精神的代表，也是台灣地區信眾最多的神明之一。目前有商界及警界人士將關老爺視為是其守護神明，同時也是武財神之一，六月

二十四日是關老爺的聖誕日。（正月十三日為關聖帝君飛昇日）

民間習俗與祭祀方式：

可準備三牲酒醴（豬肉一塊、雞一隻、魚一尾、酒一瓶），水果三種，鮮花、清茶三杯、清香、太極金、壽金、刈金、福金（四方金）、發糕三個、紅龜糕若干、紅圓三碗、糖果、餅干、蠟燭來供奉祭拜。

七月初七日　七星娘娘千秋

七月初七是七星娘娘，也就是「七娘媽」的千秋聖誕，本日也稱之為「床母生」，同時也是中國傳統的情人節。七娘媽是兒童的守護神，家中若有十六歲以下之未成

年子女，最好能在本日祈求七娘媽的庇祐，若是未婚男女想求姻緣，本日也是最佳的時機。

民間習俗與祭祀方式：

拜床母：可準備床母衣、雞酒、油飯、雞腿一隻、水果、鮮花，於下午六時以後在房內祭拜，祭拜完在床頭插一柱清香即可，拜床母的時間不可太久，以免床母太寵小孩，致使日後管教不易。

求姻緣：可以在晚間備油飯、雞腿、水酒、湯圓、鮮花，胭脂香粉，在空曠的庭院中對天膜拜，女孩子祭拜完之後可以將胭脂香粉拋向屋頂，也可以一半撒向天空、一半留著自己用，據說可以讓自己更加美麗動人，自然異性緣就會增加。

七月十三日 大勢至菩薩聖誕

大勢至菩薩為阿彌陀佛的右脅侍者。又稱得大勢至菩薩或大精進菩薩，簡稱為勢至，據《觀無量壽經》說，祂以智慧之光普照一切，使人得到無上力量、威勢自在。後來觀世音和大勢至成為阿彌陀佛的左右脅侍，合稱為「西方三聖」。

民間習俗與祭祀方式：

可準備壽桃、麵線（壽麵）、水果五種、十二素齋、鮮花、清茶、清香以供之。金紙用太極金、壽金、刈金、福金（四方金）。

七月十八日 瑤池王母娘娘聖誕

王母娘娘，又稱瑤池金母，或稱西王母，金母元君，信眾則稱金母、母娘。在道教中

金母仙階極高，僅次於三清道祖，乃原始天尊的女兒，另一說是玉皇大帝的夫人，統轄三界十方女神，乃女神至尊，女仙之首。台灣的王母信仰始於民國三十八年六月十三日凌晨，據傳王母娘娘神靈突然蒞臨花蓮縣吉安鄉荒郊，降於蘇列東之身，並命其通告村民曰：「吾乃天上王母娘娘，欲在此處駐蹕，解救人間一切苦厄，宣化度眾。」初以扶鸞藥方救人，因為靈驗不斷，從此信眾日多，分靈全省各地都有，香火非常盛。

民間習俗與祭祀方式：

三牲或五牲、鮮花、果品、清茶、麵線、壽桃、紅龜粿、紅圓三碗、四色金(大壽金、壽金、刈金、福金)。

七月三十日 地藏王菩薩佛辰

相傳地藏王菩薩是新羅國的王子，在唐朝的時候渡海來中原，後來在九華山苦修，等到祂九十九歲入滅的時候，因為肉身不壞，被人築塔供奉在九華山的肉身塔中，後來九華山也變成中國一處非常重要的佛教道場。地藏王素有「幽冥教主」的稱號，救度身陷地獄中的靈魂，七月三十日是掌管陰間大門的地藏王菩薩的聖誕日，也有人說是地藏王菩薩的涅盤日，各地寺廟都會舉辦地藏法會，建議有空的人不妨前去參加，可助您消災解厄。

民間習俗與祭祀方式：

可準備十二素齋(金針、木耳、香菇、紅棗、蓮子、麵線、乾龍眼、花生、冰糖、冬

粉、髮菜、麵筋）、鮮花、清茶、清香、水果五種、壽桃、壽龜、壽麵、紅湯圓五碗、蠟燭、糖果、餅干以供之。

國曆九月二十八日　孔子誕辰

被尊稱為「至聖先師」的孔老夫子，生於周靈王二十一年八月二十七日，現代推算約為國曆的九月二十八日，故將此日視為孔子的誕辰。同時也為了感念孔子對中國教育界的貢獻，將九月二十八日訂為「教師節」。

祭孔大典向來頗受民間的重視，也是眾多祭典中最為隆重莊嚴的一個，儀式大多承襲古禮，由達官顯貴擔任主祭官，奏古樂、跳八佾舞。同時，孔子也是眾考生爭相膜拜的對象，每年到孔廟爭拔智慧毛的人數眾多。

民間習俗與祭祀方式：

須備有大三牲：全牛、全羊、全豬、五種應時水果、鮮花、清茶五杯、清香紅酒五杯。

【學子可利用這一天祈求至聖先師開智慧，靜心觀想孔老夫子摸頭加持】

九月三十日　藥師如來佛佛誕

藥師佛全稱為「藥師琉璃光如來」，又有人稱祂「大醫王佛」、「十二願王」、「醫王善逝」或「消災延壽藥師佛」。在佛教當中，藥師佛乃東方琉璃淨土的教主，在祂成佛之時曾立下十二大誓願，願除一切眾生病苦，治天下無名痼疾，令一切眾生身心安樂。所以大

家在拜藥師佛時多半是祈求消災延壽。

民間習俗與祭祀方式：

可準備十二素齋（金針、木耳、香菇、紅棗、蓮子、麵線、乾龍眼、花生、冰糖、冬粉、髮菜、麵筋）、鮮花、清茶、清香、水果五種、壽桃、壽龜、壽麵、紅湯圓五碗、蠟燭、糖果、餅干以供之。

十月十五日 下元水官大帝聖誕

天官賜福、地官赦罪、水官解厄。相傳「下元節」乃是「水官大帝」下凡人間為民解厄之日，因此下元節又叫「消災日」。水官大帝之稱號，有「下元三品解厄水官洞陰大帝」、「下元五氣解厄水官金靈洞陰大帝暘谷帝君」等，這一天，家家戶戶都會準備香燭祭品拜祀三界公之一的水官大帝，廟裡也會舉行盛大的「謝平安」活以感謝上天的庇祐。

民間習俗與祭祀方式：

可準備三牲酒醴（豬肉一塊、雞一隻、魚一尾、酒一瓶），水果三種，鮮花、清茶三杯、清香、太極金、壽金、刈金、福金（四方金）、發糕三個、紅龜糕若干、紅圓三碗、糖果、餅干、蠟燭來供奉祭拜。

十一月十七日 阿彌陀佛佛誕

阿彌陀佛又稱「無量壽佛」、是佛教先天派西方極樂世界的教主。阿彌陀佛與觀世音菩薩、大勢至菩薩合稱為西方三聖。十一月十七日是阿彌陀佛的佛誕日。

為解除眾生的痛苦，阿彌陀佛發願建立一個無罣礙

的清淨之境，在這片淨土當中，只有充滿喜樂，沒有任何痛苦，故稱為西方極樂世界。由於祂專司引渡人上西天，故又稱「接引佛」，依照佛教的說法，常唸「阿彌陀佛」的佛號可以消災解厄、死後更可以直指西方極樂世界，故在台灣幾乎處處可以看見「阿彌陀佛」或「南無阿彌陀佛」的字樣，可見民眾對他的信仰。

民間習俗與祭祀方式：

可準備十二素齋（金針、木耳、香菇、紅棗、蓮子、麵線、乾龍眼、花生、冰糖、冬粉、髮菜、麵筋）、鮮花、清茶、清香、水果五種、壽桃、壽龜、壽麵、紅湯圓五碗、蠟燭、糖果、餅干以供之。

十二月十六日　尾牙

土地公一直被視為大地的守護者，有被一般人視為是福神或財神，商家也將祂視為守護神，在台灣地區由此可以看出土地公在一般民眾心目中的地位。每月每逢初二、十六，商家會祭拜土地公，稱為「做牙」，二月初二是一年中第一次做牙，稱為「頭牙」，同時這天也是傳說中土地公的生日，十二月十六日為一年當中最後一次做牙，故稱為「尾牙」，尾牙這一天要祭拜土地公，還要祭拜各宅之地基主，以感恩一年來的照顧，當老闆的也要在這一天宴請員工，告慰員工一年來的辛勞，尾牙最好能吃「割包」，其象徵發財，錢包元寶滿滿。

民間習俗與祭祀方式：

可準備三牲酒醴、水果、清香、春卷（潤餅）、刈包、壽金、刈金、福金來祭拜之，以感謝本年來的幫忙賜福賜財，萬事亨通，祈來年亦能順暢。

歲令時節的祭祀

中國數千年來都是以農為本，農事對中國人而言，就如同生命所依賴的本源。經過了長時間的觀察與思索，我們發明了一套偉大了曆法，也就是俗稱的農曆或陰曆，這套以天地運行、自然變化為本，輔以季節的更替、氣候的變化，以及中國人固有的風俗民情所制定的曆法，即便是科學昌明的今日，仍然無法被取代，至今仍屹立不搖、運行不輟。

為了配合農事的需要，先人匯集了無數的經驗與智慧結晶，發展出一套配合農業生活的二十四節氣，結合年節的信仰和生活習慣，發展成為先民作息的依據和準繩，這也就是以下我們所要介紹的重點。

正月初一 開春

農曆正月初一也就是俗稱的「過年」，春節在傳統上指的是從送神日（農曆十二月二十四日謝神日）算起，一直到元宵（正月十五日）為止。正月初一又叫「開正」、「新正」、「新春」等，在我國歲時節令當中，可算是最重要的一個。

過年是一個充滿喜氣的日子，也是一個全家團聚的時刻，從大年夜到初一凌晨，中國人一般有「守歲」的習慣，徹夜不眠，等到開正時刻一到，全家祭拜過神明之後，才能安心入睡。至於祭拜祖先，則是除夕祭拜祖先之後，於年初一也會以素菜祭拜祖先。

在台灣的習俗上，過年時都喜歡將家中佈置得喜氣洋洋，張燈結綵，為的

就是希望祈求來年能事事順利，展現全新的氣象。

祭祀對象：祖先、自家供奉的神明、各地廟宇神明、彌勒佛佛誕

民間習俗與祭拜方式：

天亮之後，在門口貼上嶄新的紅色春聯，象徵一元復始、萬象更新。

首先，在神明及祖先面前焚香上供，用清茶或甜茶、糖果、柑橘、發糕、年糕、雞、豬、魚肉等，同時鳴炮全家一起祭拜。

同時這天也是彌勒佛聖誕，可自備供品到廟裡燒金、焚香、上供，但必須盛裝（穿上新衣）不可隨便。

正月初四　接神

民間的傳說，農曆十二月二十四日是送神日（謝神日），原本下駐人間的諸神明要在這天回返天庭，向玉皇大帝上報人間的善惡，而直到正月四日才返回人間，繼續監督人間的善惡疾苦。所以一般都將正月初四稱為「接神日」。

祭祀對象：灶神及諸神明

民間習俗與祭拜方式：

接神要在從下午四點之後，供上牲醴、水果、菜碗等，焚香、點燭、燒金、燃炮，同時要燒「甲馬」給下界的諸神。

正月初五　隔開、接財神

正月初五是迎接五路財神的日子，台灣一般商家都喜歡以這天作為年後開張的日子，一方面，正月初五是撤除神桌上供品的日子，新年時的一切禁忌在初五過後便可解除，另一方面也是希望能夠得到五路財神的庇祐，讓來年生意興

隆、財源廣進。

祭祀對象：店家或公司所供奉的神明、十方五路財神。

民間習俗與祭拜方式：

許多店家會選在這一天開張，可在招牌上栓上紅綵布，店內也要貼上紅紙寫的吉祥句，櫃檯上貼上「黃金萬兩」。

有些商人拜的是關聖帝君，可到關帝廟供牲醴、燒金祭祀膜拜。

正月十五　上元節、元宵節

台灣民眾口中所稱的「三界公」，指的是「三官大帝」，分別是上元賜福天官紫微大帝(天官)、中元赦罪，清虛地官大帝(地官)、以及下

元解厄水官洞陰大帝(水官)的合稱，其地位在道教中僅次於玉皇大帝。

正月十五又稱「上元節」、「元宵節」，是傳說中上元天官大帝的聖誕日，民間習慣在這一天舉辦熱鬧的元宵燈會，過了這天之後，所有生活才算完全恢復正常作息，因此，也有人將正月十五稱為「小過年」。

祭祀對象：祖先、天官大帝、地基主、拜床母

民間習俗與祭拜方式：

到廟裡祭祀要準備五牲、五果、菜碗等，由爐主或道長帶領焚香祭拜，祈求國泰民安、風調雨順。

在家中祭拜可準備簡單牲醴、水果、金紙，焚香祭拜。

元宵節到

處都有燈會，古時候流傳著一句話「鑽燈腳，生蘭抛（台語）」。它的意思是說想生男孩的女性朋友，或已經生了很多女孩而沒有男孩的婦女，只要鑽過元宵燈的下面，就會有生男孩的機會。

四月五日（或農曆三月三日）清明節

「清明」是傳統二十四節氣之一，此時正是春暖花開、萬物滋長的時分，因此也叫「清明掃墓節」，根據曆法的計算，每年在冬至過後的一百零六天，農曆是三月初三，所以也叫「三月節」或「三日節」，此日中部閩南人一般都列為掃墓節。中國地緣廣大，各地舉行掃墓的時間隨著風俗民情不一而有不同，東南亞華僑訂國曆十一月一日為亡人節（掃墓節），但許多民眾都以清明為主要的掃墓日期，清明也就慢慢發展成為一個重要民間傳統節日。

祭祀對象：祖先、后土

民間習俗與祭拜方式：

清明要進行「掛紙」和「培墓」，「掛紙」又叫「壓紙」，就是替祖先修理房子的意思。掛紙之前，先鏟除墓上叢生的樹枝野草，再將壓墓錢兩三張一疊折作波紋狀，用小石塊分別壓在墓頭、墓碑及墓旁的「后土」（土地神）上。墳墓就像祖先死後居住的場所，掛紙就象徵子孫一年一度為他們的居處所添的新瓦。

「培墓」是較隆重的祭墓儀式，通常新墓要連續培墓三年，而過去一年中有娶媳婦或生男丁的家庭也要培墓。培墓時要準備

三牲、五牲及菜碗，還要準備各種紙錢、燭炮、以及「子孫燈」。子孫燈又叫做「香仔燈」，燈上要用朱筆寫上「子孫興旺、添丁進財」，或「財丁兩旺、富貴雙全」。培墓的人家一定要準備一對子孫燈，在墓前點燃，然後帶回家，象徵祖先保佑子孫興旺。

培墓之後要剝鴨蛋殼丟在墳上，代表世世代代、生生不息。最後焚化紙錢、點燃鞭炮。

掛錢完畢之後，要在墓前及后土供三牲或五牲、麵粿、紅龜粿、鼠麴粿，后土可用碗放茶葉做供品稱為「乾茶」。修完墳之後，后土前要燒刈金、墓前則要燒銀紙，燒完之後要在紙灰上灑酒，稱為「奠酒」。

五月五日　端午節

「五月五、慶端午」，端午節又叫「五月節」、「中天節」、「重五節」、「端陽節」，是我國重要的民間節慶之一。

端午的起源可以遠溯周朝以前的習俗，因為此刻天氣逐漸轉為炎熱，容易滋生毒蟲瘴氣，因此也衍生許多利用艾草、菖蒲、雄黃藥草驅毒避邪的方法，一直到今日，這些習俗仍被民間所流傳延續著，但許多活 已失去其原有的實質意義而轉變成象徵性活動。

相傳端午節的主要由來是為了紀念楚國愛國詩人屈原，包粽子、划龍舟已成為端午節的重要活動，此日中午十二點之天星磁場最強，地心引力與天星量能磁場成一直線，可作立蛋比賽或靜坐改運補氣。

祭祀對象：屈原、祖先、家中祭拜的神明、地基主

民間習俗與祭拜方式：

粽子雖然是弔祭屈原，但民間習俗也用粽子供神佛，並釀雄黃酒，同時也要弔

祭「孤魂」。農家會把福金夾在竹竿上，插在田裡，據說可以驅邪除蟲並祈求豐收。

據說將端午的菖蒲收起來，日後生病可煮菖蒲湯治病。此外，用菖蒲艾草洗澡也有強身除百病及消毒的功效。

七月一日 開鬼門

農曆七月就是民間所俗稱的「鬼月」，在這一個月的時間當中，陰間的孤魂野鬼，也就是所謂的「好兄弟」都會來到陽世間遊蕩、尋找食物吃，而一年當中，也只有這段期間才准許陰間鬼魂上陽間，所以陽世間的人們都會特地準備許多祭品。相傳如果供品不夠

豐盛、或無法滿足這些好兄弟，將會遭到報復，為了表示對這些好兄弟的敬畏之意，家家戶戶均會準備豐盛的菜餚作供品來祭祀，以祈求平安度過這個月，另外，為了怕供品不夠好兄弟分食，在民間傳統的方法是，可供五色生豆，以用其生成繁衍，供養無。

七月初一日是「開鬼門」的日子，許多廟宇會在這天舉辦盛大的祭祀儀式，本月為教孝月、感恩月，故應於本月為歷代祖先超渡，感謝十方一切恩惠。

祭祀對象：好兄弟、地基主

民間習俗與祭拜方式：

在門前擺上供桌，準備菜飯、粿、粽、水果、雞、鴨、魚、豬、羊、銀紙等，據說供品

愈豐富，好兄弟愈不會作怪。

七月十五日　中元節

七月十五日是民間所稱的「七月半」，這一天也是鬼門大開的日子。一般民眾或是寺廟都會在這一天舉辦盛大的普渡大會，許多地方還發展出特有的「搶孤」活動。

在道教的信仰中，七月十五日是「三官大帝」中的中元地官大帝的聖誕日，因此也叫「中元節」，此外，在佛教的說法當中，七月十五日也是「盂蘭盆節」，二者意義不盡相同，但在本省的習俗當中，所謂的「中元普渡」乃是融合了道教「中元節」以

及佛教「盂蘭盆節」等習俗所衍生而來的。

祭祀對象：中元天官大帝、好兄弟、祖先

民間習俗與祭拜方式：

普渡分為「公普」和「私普」兩種，公普是在地區信仰中心的廟宇舉行團體祭典，所有費用由大家樂捐。私普則在自家舉行，祭祀方法與七月初一相同。

七月三十日（或廿九日）　關鬼門

鬼月的活動從七月初一開始，一直延續到七月三十日為止，眾多孤魂野鬼在一個月的時間之內，飽餐人間的祭祀供品之後，必須在這天回返陰間，因此七月三十日被稱作「關鬼門」的日子，傳說中，七月三十日也是掌管陰間大門的地藏王菩薩的生日。

祭祀對象：地藏王菩薩、好兄弟、祖先

民間習俗與祭拜方式：

祭拜好兄弟的方法與七月初一相同；供奉地藏王菩薩則要改為鮮花、素果(五果)、清茶、素三牲(看牲)等。

八月十五日 中秋節

依照農曆的算法，七、八、九這三個月為「秋季」，八月正好是秋季的中間，因此也叫「中秋」。中秋月色清朗明亮，又是滿月之日，因此中秋往往讓人和月亮聯想在一起，有關月亮的傳說自然也有許多，中國人祭月的儀式由來已久，嫦娥奔月的故事更是耳熟能詳，每逢中秋，吃月餅、賞月已經成為大多數人的固定活動。根據道教的說法，八月十五日也是太陰娘娘的生日，祈求好姻緣的朋友可利用此日造運，祈求家庭圓滿者亦可利用此日招福。

祭祀對象：土地公、祖先、月亮、太陰娘娘

民間習俗與祭拜方式：

拜土地公請參閱二月初二土地公生；拜太陰娘娘要準備月餅、菜頭粿、鮮花素果、刈金、福金等，入夜後在庭院外設香案，焚香祭拜，稱為拜月。

民間傳說，這天夜裡越晚睡就能越長壽，同時，未婚男女也可以在這一天祈求太陰娘娘賜予好姻緣。

中秋節當天同時也是福德正神土地公的例祭日。除了祭祀土地公之外，如果是務農的農民還得在田間插設「土地公拐杖」。所謂土地公拐杖就是以竹子夾上土地公金，或是用甘蔗

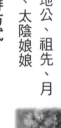

綁上土地公金和線香，然後插在田中間，插好土地公拐杖後，再以月餅和簡單供品祭祀，這是為了感謝土地公保佑讓秋季豐收所舉行的特殊儀式。

九月九日 重陽節

中國人以雙數為陰、單數為陽，「九」為陽數之極，過九數之後，必由盈轉虧。農曆的九月九日，又叫「重九」，重陽節的起源，最早大約可以追溯至漢代，算是相當古老的一個節日，能夠流傳至今，可見中國人對它的重視，近代則將重陽節發展為「敬老節」，藉以表彰敬老尊賢的美德。

祭祀對象：祖先

民間習俗與祭拜方式：

相傳從漢代起便有插茱萸登高山來消災避禍的習俗，如果能夠在重陽節這一天從事登高望遠的活動，可以適時的舒展筋骨，從高處眺望遠方，也可以讓心情更加開闊，自然可以達到健康防病的功效。九月九日也有人稱作「菊花節」，菊花除了觀賞價值以外，其藥用價值也很高，菊花本身是一味具有神奇功效的藥材，能夠清肝退火、生津止渴、補中益氣，因此重陽這一日，能夠喝幾杯菊花酒或是泡幾壺菊花茶，再配上幾塊菊花糕或重陽糕，對身體健康絕對是有好處的。

另外，在漢代就有重陽插茱萸或帶茱萸囊的習俗，九月是茱萸成熟的季節，此時茱萸會散發出一種強烈的氣味，身上若能插上茱萸或帶一些茱萸在身上，可以抵禦周遭不好的惡氣，也可以讓身體不受初秋微涼的天氣所侵襲。

十一月一日　冬至

冬至是二十四節氣之一，又叫「短冬日」，因為冬至是一年當中白晝最短的一天，過了冬至，也正式進入冬季，冬至大部份都在國曆聖誕節之前三天或四天。依照傳統的習俗，在冬至時，家家戶戶都會準備湯圓和包菜來祭祀祖先和神明，並且加以食用，秦朝的時候，以冬至作為一年的開始，所以冬至又有「小過年」之稱，吃過湯圓之後，大家也都算再長了一歲。

祭祀對象：祖先、土地公、家中供奉的神明

民間習俗與祭拜方式：

除了準備三碗湯圓、三牲或五牲、燒金祭拜以外，用碗裝一兩顆湯圓，分別供在家中的門、窗、櫃、桌、雞窩、豬圈等地方，以表示感謝一年來的平安與對未來一年的祈福。

十二月初八日　臘八

十二月稱為「臘月」，而所謂的「臘八」就是指十二月初八，相傳這一天是佛祖得道成佛之日。自古在臘八這一日，就有吃臘八粥來祈福開運的習俗，傳說中甚至有「臘八不喝粥，明年會更窮」的說法。所謂臘八粥，其實在民間有很多種說法，臘八粥名義上雖然要湊足八樣原料，但製作時則不必拘泥，少者四五樣，多者十幾樣均可。

祭祀對象：祖先、家中祭拜的神明

民間習俗與祭拜方式：

本日食用臘八粥對身體健康極為有益，但必須在天亮以前就先將臘八粥熬好，接著先將熱騰騰的臘八粥供在神桌上祭祖和供神佛享用，最後才是全家一同食用，這一切的流程都必須在天亮以前完成。其次，臘八粥能煮得越多越好，而且不能一次吃光，這是祈求「富貴有

餘」之意，家中若有多的臘八粥也最好能分送親友，可以為自己帶來好運。

十二月十六日　做牙

民間以土地公作為商家的守護神，因此在習俗上，每個月的初二、十六家家戶戶都要祭拜土地公一次，稱為「做牙」，每年的二月初二是第一次作牙，稱為「頭牙」，十二月十六日則是最後一次作牙，稱為「尾牙」。

作尾牙的目的是要感謝土地公一年來對商家的庇祐，讓生意興隆、五穀豐登。現代人作尾牙，東家會舉辦豐盛的筵席來犒賞員工一年來的辛勞，表達雇主的謝意。過去東家有在尾牙宴上擺雞頭暗示開除員工的習俗，現今已不復見。

祭祀對象：土地公、地基主

民間習俗與祭拜方式：

可準備三牲酒禮、水果、清香、春卷（潤餅）、壽金、刈金、福金來祭拜之，以祈求財源廣進，萬事亨通。

十二月二十四日　送神

送神一般指的是送「灶神」，灶神又稱「司命真君」、「灶君」、「護宅天尊」，傳說是天上玉皇大帝派駐人間考察人事善惡的神官，年終時再將這一年來考察的結果向玉帝回報。

十二月二十四日是灶神回返天庭的日子，一般人常會準備一些甜膩的食物來祭拜灶神，希望灶神們能多言善事，少說壞處。

送完灶神之後，家家戶戶會還在這天舉辦大掃除，希望能藉此掃除一年來的晦氣，傳統中此日祭拜灶神之後都會將湯圓粘於灶上，以祈灶神美言，以前鄉下都會在門上或水缸、倉庫粘上湯圓，在筆者小時後，於年後都還可拔下門上所粘之湯圓來放入柴火中燒烤來吃。

祭祀對象：灶神及眾神明

民間習俗與祭拜方式：

習俗上本日起要準備做年糕，最遲要在二十六日前做。年糕大致分為甜粿(象徵甜甜蜜蜜)、發粿(發財的意思)、菜頭粿(好彩頭)、包仔粿(象徵包金包銀)。

十二月三十日(或廿九日) 除夕

除夕可以說是在所有歲時節令當中最重要的一個了。在一年的最後一天，所有身處外地的家人都必須回家團圓，開開心心過個好年。

除夕是闔家團聚的大日子，因為隔日便是過年，所以在除夕之前，必須將一切都準備妥當，除舊佈新，以迎接一個全新的好年，並且在辭歲的時刻，要祭拜眾神明及祖先，以感謝祂們一年來的庇祐。

當天晚上全家圍爐吃年夜飯，飯後發壓歲錢、守歲，隔天一大早到廟裡進頭香祈求好運等等已經成為是中國人不變的傳統。

祭祀對象：自家供奉的眾神明、祖先、地基主、床母

民間習俗與祭拜方式：

除夕下午必須供拜牲醴，祀神祭祖，稱為「辭歲」。神前及公媽靈前，堆疊柑塔，供年粿、春飯。另外，以五味碗拜門口及拜地基主，用春飯拜灶、床母。門板後，豎放長年蔗(連

根帶葉之甘蔗)二支，有堅固家運的吉祥意。

大年夜的團圓夜飯稱為圍爐。桌下放置一個火爐，火爐的四周可多擺幾枚錢幣，代表「財運興旺」，能夠招來好運氣。圍爐，不分老少大小、長幼尊卑，均應團聚為吉，身在他鄉者，也應趕回家團圓。

圍爐後，長輩以壓歲錢分賞給子孫晚輩，在古時候，壓歲錢是以紅線穿制錢百枚，取長命百歲之意。拿到紅包之後，可以放在枕頭下睡覺，壓歲錢在初五以前也最好不要動用，能夠帶給你好的財運。

分完壓歲錢之後，闔家團圓坐在爐邊，談笑歡樂，通宵不眠以待天明，稱為「守歲」。當夜，家中要保持燈火通明，傳說守歲能讓自己的父母長壽，所以守歲又稱作「長壽夜」。

中國人是一個講究慎終追遠、非常注重傳統的民族，也因此，即便是流傳千百年的習俗，依然可以被完整的保留下來。難能可貴的是，這些傳統節氣依舊風行於全世界的華人生活圈。其實，我們應該用更寬闊的心胸來看待這些傳統習俗，因為它不只是一個簡單的儀式而已，在他背後，更背負著一個民族文化的傳承，姑且不論您對其中的神話有幾分的相信，但是祂確實能夠帶給功利的現代人身心靈上的寧靜與平和，這應該是我們在看待這些傳統節氣習俗時的正確心態。

習俗重要祭祀

一、祭祖

中國人一向重視「慎終追遠」的觀念，有過去祖先的努力，才有今日的子子孫孫，也因此，是一個不管個人有什麼宗教信仰，只要是中國人或者是華人，都非常重視這一點。

祭祖，是一個日常生活中平常不過的儀式，民眾深信子孫的興旺衰窮，與祖先有密不可分的關係，能得祖先的祖靈所庇祐的子嗣，必能光耀門楣、出人頭地，相反地，如果祖先與後世子孫的關係不理想，也會有家道中落的情況發生，所以，如何維繫與祖先的良好關係，便成為所有民眾十分關心的大事。

祭祖的時機頗多，舉凡祖先的生辰、忌日，每年當中的各大重要節令、子孫的重要日子，如小孩出生、結婚、逢年過節等，都是祭祖的時機。

如何祭祀祖先：祭拜祖先大部份都是以菜飯、紅湯圓、發糕、鮮花、水果，另在桌前準備十雙筷子、十個碗，金紙以刈金、福金、四方金，客家習俗則有用三牲禮拜祖先，閩南沒有此儀節。祭拜祖先的儀節各地有所不同，但大同小異。

二、搬家、入厝

新居入宅為要搬入一個新房子的重要手續，一般朋友們最感困擾的就是搬新家該做些

什麼事，我們在搬新家之前，新房子裡面不宜先搬入我們已用過的東西，用過的東西，必須等到我們所挑選的良辰吉日才正式搬入。而其他一些新的東西、傢俱，一概均能事先搬入新屋安置。

所挑良辰吉日一到，我們必須事先準備吉祥物來入宅。一般以廚房的用品：柴、米、油、鹽、醬、醋、茶、薑、及鍋碗瓢壺、筷子、新掃把、新畚斗，以紅紙貼上或紅布包綁之，和衣服之物品。另必須備些硬幣銅錢，於良辰一到。到大門口踩進家門時，口唸：「雙腳踏入來，富貴帶進來」。然後將硬幣撒地上，口唸：「滿地黃金財源廣進。錢財豐盈」。然後衣服擺入房間衣櫃，其他東西搬進廚房。然後打開瓦斯爐開火煮湯圓，開水泡茶，以象徵清靜、圓滿之意思，另準備鮮花紅色或紫色菊花、鮮花、發糕，置於宅中櫃上，代表吉發財祿，大發大吉。這一切就緒後，其他的舊傢俱及舊物品，就可請人代為搬入。搬入當天若無法完全居住於新家，則宜於夜晚將燈光全部打開至次日，以便讓氣旺而不息。

※家中若有懷孕之人，搬家宜避開為吉，要搬家具，宜以掃把揮掃過，此掃把必須是新掃把，然後於房間內置一碗水，上置水果刀，以制煞氣沖犯胎神。以免動到胎神。

※搬家之日的下午黃昏時，宜準備菜飯祭拜地基主，於陽台向內朝拜。另備一把刈金為禮來敬之。

三、拜四角

民間習俗當中，在新居入宅之前有所謂的拜四角的儀式（又稱拜五角或旺五方），所謂的拜四角，就是恭敬的向新居的土地神明打個招呼，並祈求神明庇祐在新居的生活能一切順遂、闔家平安。其實這個傳統源自於古代簡陋

的生活環境，因為房子老舊，屋角的地方多為陰暗潮濕，所以可以在祭祀的同時，以焚香驅走鼠蟻蟲蛇等來清除環境，並能趕走陰靈鬼魅等不潔之物。

首先，要準備水果五份、福金五支、元寶五份、蠟燭五對、花生五份、糖果糕餅五份、連皮帶毛的肥豬肉五小塊，共分成五份供品，分別放在房子的東南西北四個角落及中央，中央的供品再加上清酒三杯，擇吉時進行拜四角的儀式，點二十一柱清香，站在中央的位置由內向屋外拜，然後繞著屋子走一趟，用手上的清香將屋子的每個角落都薰一遍，包括房間、廁所、廚房、儲藏室、陽台等，不可有遺漏，心中並向四方神明默禱，祈求闔家平安、夫妻恩愛、子孫健康孝順、父母福壽綿長。

全屋以煙薰過一回之後，在東南西北四個角落分別插上三柱清香，於中央的地方插上九柱清香，等香燒完之後，可於後陽台或樓梯間將福金及元寶焚之，買一支新的掃把，打掃一下現場，掃除的方向是由房子的每個角落分別向中央掃去，將塵土垃圾掃到中央，再掃出大門口，這就象徵將不潔的東西掃出屋外，至此儀式完成。

四、安床

一般新婚住所的主臥房在結婚之前通常都有安床的儀式，安床的目的除了有風水上的考量以外，還有祈求夫妻圓滿、多子多孫的吉祥意義。

安新床必須先擇一個安床吉日，另外與男女新人的生肖也不宜與安床吉日相沖，床的位置最好能依男女雙方的八字、並觀察陽宅的情況、門向、窗向、廁所位置、神位等來決定床位安放位置，

同時也要避免壓樑、鏡子、櫃子尖角等（詳細內容可參照《居家設計快易通》）。

安床當日，找一位好命的男士把新床移到適當的位置，再找一位子孫滿堂的女士負責鋪床，並在床頭擺上各式喜果、福圓、紅棗、蓮子等，安床後，禁止任何成年人碰觸床鋪或躺在床上，必須先找兩名小男童到床上戲耍稱為「壓床」，代表早生貴子、多子多孫。安床日的傍晚要在床頭拜床母，從安床之夜起到新婚日為止，不能讓新郎單獨睡覺，必須由男性親友陪睡，象徵雙雙對對。孕婦和帶孝者在婚禮頭一個月內不得進新房，月事期間的婦女亦不可在安床後及結婚當晚進新房，新娘除外。

五、安太歲、謝太歲

安太歲是一般家庭中都有過的經驗，為何要安太歲？太歲就是所謂的「太歲星君」，一般稱為「歲神」。

傳說中太歲共有六十位，配合天干地支輪值，六十年一甲子正好輪值完畢。由於值年太歲是最有權威的年神，地位極為崇高，如果生肖正好與值年太歲正沖(如屬龍者正逢龍年)，或對沖(生肖往後加六年，如屬龍者逢狗年)，當年的運勢會比較低落，所以應該安奉太歲，以求諸事平安順利。

一般民間安奉太歲會在家中以太歲符來安奉(可使用本書所附之太歲符)，或者到廟中來安奉，以祈求值年的太歲星君的庇祐。

如何祭拜太歲：可準備紅圓、發糕、麵線、水果、清茶、福金、刈金、糖果、餅干來供養祭拜。

六、犒軍

犒軍又稱「犒將」，這裡所指的「軍、將」，是許多廟宇中都會安奉的「五營兵將」。

在民間的信仰當中，除了主祀神之外，還有所謂的五營兵將，鎮守著東、西、南、北、中五營，庇佑著地方的平安。民間相傳，這些兵將會協助各地的神明，巡守護衛，避免外來的陰靈或妖魔騷擾人間，為了感謝這些天兵天將辛勞，因此，許多廟宇會在每個月的初一、十五，或初二、十六，以豐盛的供品來供奉祂們，並由法師來負責整個犒軍的儀式。

犒軍儀式大多是在廟宇中集體進行，一般民眾也可在自家門前自行祭拜。

如何犒軍：犒軍必須在黃昏時間，須備三牲(豬肉一塊、雞一隻、魚一尾)、五果、酒一瓶、清茶三杯、菜飯及糕餅類，若有犒賞兵馬兵將，則還須準備牧草，金紙以壽金、刈金、福金、甲馬為宜。

七、拜地基主

如何祭拜地基主：現代人最不懂如何獻供祭拜地基主，事實上祭拜地基主是非常簡單的，其祭拜時間應該選擇於下午黃昏時候，地點選在庭院向宅屋內祭拜，住都市樓房者，宜在前陽台向屋內祭拜、廚房後陽台向屋內祭拜、沒有陽台者，應放在自宅大門向屋內祭拜，自己選個最適合的位置祭拜即可，供桌祭品以家常菜飯、刈金，點三柱香即可。或可準備簡單一道菜、一道肉、一道魚、一碗飯，一雙筷子或兩雙筷子均宜，些許水果，蠟燭、茶或酒來祭拜之。上班族在不作炊的家庭，可買三道菜、一碗飯來祭之，行香以三柱為用。

八、拜床母

中國的民間信仰，持的是萬物有靈的觀念，大至江河湖海、土石山岳，小至和生活息息相關的家神，床神正是其中之一。

床神就是一般所稱的「床母」。距今千年的宋朝已開始有祭祀床神的風俗，祭祀床神依地點不同，時間亦不一樣，有的在除夕接灶神之後，跟著祭拜床神，有的在農曆正月十六日祭拜，也有些地方每月的初一、十五祭拜。關於床神的傳說，有一種說法認為是周文王夫婦共生九十九個子女，所以他成了多子多福、兒孫滿堂的模範，舊社會從結婚入洞房到生小孩，兒童出疹生病都要祭拜床母，感謝及祈求床母保佑母子平安，順利長大。

如何祭拜床母：可準備油飯或白飯、一支雞腿、三柱香、刈金一把、床母衣一束。

祭拜床母沒有一般塑像或畫像，有時在床頭插一柱清香，準備簡單的供品祭拜既可，一般均將香插於飯中，插於床頭亦可。

九、做壽

為年長的長輩過生日稱為做壽，依年齡的不同也有不一樣的名稱，例如五十歲稱為暖壽或半百添壽；六十歲稱為小壽；七十歲稱為中壽；八十歲稱為上壽或大壽；九十歲稱為絳老添壽；一百歲稱為期頤；五十歲以前則稱為內祝，也就是在家裡做生日慶祝的意思。為了慎重起見，做壽除了要佈置壽堂外，還要準備供品祭神拜祖，也要準備壽宴來款待前來祝壽的親朋好友。

壽堂的佈置：

可選擇大紅色並寫有祝壽賀詞的祝壽中堂，如福如東海、壽比南山、松柏長春、榮壽誌慶、永祝遐齡、壽域宏開等，亦可選用傳統

的祝壽吉祥畫為用，如三星高照圖、松鶴長春圖、齊眉祝壽圖、嵩山百壽圖、八吉祥圖等。

祭神拜祖先：

擇吉時先祭拜神明，供品可用五牲、五果、清茶三杯、酒五杯、大百壽金、壽金、刈金、福金，祭拜完神明之後再拜祖先，拜祖先要準備菜碗、水果、湯圓三碗、紮紅紙麵線、壽桃、紅龜粿、刈金、大銀、往生錢、元寶、清茶三杯、酒三杯。

壽宴的準備：

壽宴的菜餚中，要準備豬腳麵線，豬腳象徵身體強健，麵線代表長壽，吃壽麵時，要將壽麵拉高拉長，象徵壽星福壽綿長，忌諱將麵線從中咬斷。前來祝壽的親友可以選禮盒、酒或紅包等當賀禮，主人則必須回送壽桃、紅蛋、豬腳麵線、紅龜粿等。出嫁的女兒要加送雞、蛋、桃形粿、衣服、金飾、紅包等賀母壽；加送鞋、帽、衣服、紅包等賀父壽，俗稱「拜壽」或「敬壽」。

十、還願

一般人在求神拜佛的時候，無非是祈求神明保佑身體健康、闔家平安之類的尋常願望，若是遇到一些重大的事件，或是心中有強烈的心願想要求神明賜福或完成願望而許下的各種承諾，這就叫做許願。

對神明許願的時候，必須要明白做出承諾，一但日後所求之事得以滿足，就表示神明已實現你的願望，這時候就必須確實的實踐當初許願時所發下的誓言，稱之為還願，也叫應點或踐諾，用來表達對神明的感謝之意，所以也叫做酬神。

酬神一般是做一些能讓神明高興的事或是善行義舉，例如吃素、放生、誦經迴向眾生、佈施、做義工、捐獻等等，不過也有人大手筆

還願的，例如重塑神佛金身、打金牌、捐錢蓋廟、唱戲等等，其實敬神禮佛貴在誠心，還願也只是一種心意的表達，沒有固定的形式，只要視自己能力斟酌進行即可。

最常見的還願方式還是回到當初許願的廟裡燒香進供，不過要注意的是，依照許願神明的不同，還願時要選擇不同的供品（請參照祭祀用品介紹），例如許願對象是佛祖、觀音等，就只能用鮮花素供，不能以牲品為供。

十一、開市、開工、接財神

正月初五是迎接五路財神的日子，台灣一般商家都喜歡以這天作為年後開張的日子，一方面，正月初五是撤除神桌上供品的日子，另一方面也是希望能夠得到五路財神的庇祐，讓來年生意興隆、財源廣進。

正月初五又叫「破五」，因為在過年期間存在許多的禁忌，而這些禁忌到了初五之後便可以全部解除了，所以稱之為「破五」；從初一以來的熱鬧與遊興，到此應該告一段落，所以初五又稱為「隔開」。

大部份的商家及工廠都會選在初五這一天「開市」，開市的時刻每年都有不同，可請老師擇吉時良辰舉行，準備好牲醴敬神，然後打開店門或生財工具，作為開張或開工的象徵。在店頭掛兩顆帶葉的菜頭，代表新年好彩頭；再放一盆木炭在門邊，代表生意越燒越旺。祭過財神之後，當天還要吃一碗餛飩，稱為「元寶湯」，這有馬上進財的吉祥意義。

另外，正月初五又叫做「送窮日」，因為在過年期間是不能對外倒垃圾的，這些垃圾囤積起來，據說可以有聚財的功效，如果將垃圾丟掉，恐怕會連福氣也一同丟掉了。初五之後，這些禁忌都已經破除，所謂的「送窮」就是在這一天將所有的垃圾清理乾淨，順便連舊

的掃把也一併丟掉，剪一個小紙人貼在垃圾袋上，可以順便連家中的窮神也一併送走。初五當日每人一定要吃得飽飽的，代表來年豐衣足食，稱為「填五窮」。

做生意的人，可以在進門的地方擺上一盆金桔，或是放個盤子，上面疊九顆大橘子，象徵招財進寶、大吉大利。準備一些甜食或糖果，分送給進門的顧客或過往的民眾，收到糖果的人通常都會說一些吉祥話，可以藉此讓自己的生意得到祝福。

十二、謝土

當一棟房子建造好了之後，必須要進行「謝土」的儀式，藉以感謝土地神讓我們平安順利將建築物興建完成，另外，謝土也指墓塚完工之後的祭祀儀式，據說不論陽宅或是陰宅，如果沒有謝土，容易有破財、意外血光、疾厄等事情發生。

如何謝土：陽宅在謝土的時候可以準備三牲或五牲、五果、麵線、白米、發糕三個、紅圓三碗、酒（分三次敬土地）、太極金、刈金、福金、壽金；陰宅謝土則要準備十二道菜碗、蠟燭（凶葬用白臘、吉葬用紅臘）、蛋（凶葬用白蛋、吉葬用紅蛋）、五穀、五分鐵釘、刈金、土地公金、大銀、小銀、經衣、五色紙、往生錢等等。

十三、神位安置

神位的安置方法，首先要注意擇日、擇時，以旺日吉時來接氣，可達旺財、家庭圓滿。安置的位置也必須配合陽宅之吉旺方，方能得到財利，守住財利。若同時安置神佛與祖先牌位時，應注意安置的順序，必須先安神佛再安祖先牌位，且安置神佛的位置必須比祖先

牌位大，以表示對神佛的尊敬之意。另外，安置神佛的位置最好能比祖先牌位高，若為平台式的神桌，可以在神佛底下以紅布包壽金或以紅漆木底座來墊之。神佛安置的位置應在祖先牌位之前，若神桌上不供神佛塑像而是神佛圖騰者，則應以香爐位置來論之，也就是說，神佛香爐的位置應該置於祖先的香爐之前。

注意事項：

1. 念畢後，默禱許願一分鐘，等香過三分之二後開始燒金紙，依次為太極金(財子壽金)、壽金、刈金、四方金(土地公金)。
2. 安神位之日的黃昏宜祭拜地基主。
3. 神位安置妥當之後，三日之內香燭若能不斷則為大吉。
4. 若搬家時，祖先牌位宜用「謝籃子」下舖刈金，選「宜出火」日，擇凌晨五點以前移出，若有陽光則應用黑色洋傘來遮擋。

祭祖祈禱文範例：

伏拜請 ○ 府歷代祖先祖媽、今日吉日良時、您的陽世子孫○○○住在：○○○

為○○○神位安座祈福大典 恭請所有歷代祖先降臨受敬、過去您的陽世子孫、合家人等、若有什麼不知或是不對的地方亦請○府歷代祖先祖媽您要原諒、從今以後、亦請○府歷代祖先保佑您的陽世子孫○○○合家人等。今後代代孫孫、添丁發財、合家平安、身體健康、事業發達、財星高照、祿馬扶持、腳踏四方、方方皆利、身高映大、萬事如意、行在人前、坐在人上、男添百福、女納千祥、小孩會讀書、金榜題名、大人生意進益、萬金積谷、百行精通、財通四海、大興大旺、大賺錢。亦可代代孫孫永遠給您奉祀、永祀千秋。今日您的陽世子孫○○○等備有金銀財寶、糖餅水果、紅圓發糕。清香水茶等。規矩禮儀。

恭請○府歷代祖先寬寬受敬寬寬就座

尚饗　　歲次　　年　　月　　日吉福

※詳細內容可參閱陳冠宇著《陽宅風水快易通》。

傳統祭祀禮儀

中國人認為祭祀乃是人與神交接的一種具體表現，用意不光只是「敬神」，其中更包含了濃厚的「求神」意味。所謂「敬神」，就是禮敬天上的尊祖，崇德報功是也。而所謂「求神」，則多半偏重於個人與群體二方面，個人祈求的是招福迎祥、消災解厄、長命百歲、富貴榮華等等；群體方面，則較重視風調雨順、合境平安等等。

一、祭祀的程序

祭祀，必有其禮儀。禮儀，必有其方式。其過程內容與方式大致可以區分為以下幾個步驟：

1.在神前擺設牲饌祭品。
2.燃點蠟燭。
3.在神前獻茶三杯。
4.焚香迎神。
5.敬酌第一次酒。
6.擲杯筊以問神明之降臨。
7.神明既降，敬第二次酒。
8.有祈禱於神明者，擲杯筊以問神明是否允諾。
9.雙手捧持金紙與爆竹，拜供神明察看。
10.焚燒金紙，燃放爆竹。
11.敬第三次酒。
12.擲杯筊，問神明是否已經餐畢。
13.持酒濺灑於金紙的灰燼上，以防止紙灰飛散。

二、祭祀要項說明

1.牲禮

牲禮有分三牲、四牲、五牲、小三牲、生三牲等等，必須因著祭祀對象的不同而加以區別。

2.茶酒

祭神必須獻茶、酒，祭拜佛教諸神的時候，不可供奉葷食與酒，必須以素食和鮮花茶水來替代。

祭祀民間諸神則最好用酒，俗話說：「拜神無酒擲無筊。」意味著非要用酒，否則不得神之滿意也。若是身處偏遠地區或是購酒不便的時候，可以用生米泡水來代替，稱之為「米酒」。

3.香燭

香與燭是拜神的必備供物，特別是香，香是人與神之間溝通的工具，人們藉著不停飄向天空的裊裊清煙將自己的祝禱告與神明知曉。

持香祭拜應注意事項：

1.一般來說，香的數量會因祭拜的對象而有所不同，拜神用三柱香，拜祖先用兩柱香，拜好兄弟僅能用一柱香。

2.點香的時候，必須另外自備火種，不可以用神桌上所供的蠟燭燭火引燃，否則對神明不敬。

3.香點燃之後，只能用手搧或揮動香支使其熄滅，不可以用嘴巴吹熄，以免口水噴濺到香上面。

4.拜拜時以右手持香，左手包在右手上面，先將香擺在胸口的位置誠心默禱，持香上下祭拜時，上舉不可以超過眉毛，下擺不可以低於肚臍，不然會被視為不敬。插香時用左手將香插進香爐中。

4.金紙

金紙的種類極為繁多，祭拜不同的神明也必須準備不同的金紙為用，關於這一點，請參考「祭祀用品介紹」一篇。

5.擲杯筊

筊有兩面，外凸內平，外稱為「陽」，內稱為「陰」，占卜時，先擲筊於地，一陰一陽稱為「聖杯」，表示神明許諾之意；二陽稱為「笑筊」，表示神明不願示意，吉凶未明；二陰稱為「陰筊」或「怒筊」，表示神明怒斥，凶多吉少。

祈禱者對神明有所祈求的時候，必須先表明酬謝神明的條件，再進行擲杯筊問神，若真的得到神明庇祐而如願以償，則必須依先前的允諾，準備牲禮告祭，稱為「謝神」。

求籤問卜不求人

相信許多人都有到廟裡求籤的經驗，求籤要準確，除了神明靈不靈驗以外，還要特別注意以下幾點：

一、心誠則靈：求籤時一定要誠心，心無雜念。

二、面對神明清楚的在心中默念或在口中唸出所求的事情。

三、求一支籤只能問一個問題，要問第二個問題，請再求第二支籤。

四、求第二支籤時，要將第一支籤放回籤筒內。

五、如果同時從籤筒中掉出二支籤時，要重新再求一次。

六、如果不確定所求的籤是否是神明的正確答覆時，可以「問杯」(台灣稱為擲筊)，若求得聖杯，此籤便正確無誤。

七、問杯時，要先向神明說明所求的事項，例如：「觀音菩薩，信男(女)○○○，希望知道今年運勢，請菩薩指示。」

八、一般問杯都執三次，三次都得聖杯則表示心想事成，二次表示大吉大利，一次表示平吉。

九、若兩筊都朝下稱為「陰筊」，是大凶，兩筊都朝上稱為「笑筊」，為半吉半凶，若三次都得笑筊或陰筊，則表示時運不佳，諸事不宜。

祭祀用品介紹（傳統供品）

在作祭祀拜拜之前，信徒往往會準備許許多多的供品，供品雖然是有形的東西，但它卻是希望能藉由具象的物品來表現內心對神明最虔誠的禮敬之意，民間對於供品的禮數相當多，針對禮敬神明、佛或菩薩、鬼魅、祖先都有其不同的規矩，各個宗教禮數又有所不同，基督教、天主教大都只使用鮮花為供品，

回教則只有過年之時有使用牛肉、飯、雞肉、菜、水果來供養阿拉真神，平常都只有誠心的禮敬而已，基督教不拿香拜，天主教則有拿香供主，我們的道教及佛教則有不同的供佛禮神之用品，由於各地方宗教宗派歧異頗大，本文無法對一一詳介紹，以下謹就幾項重要的祭品作介紹，提供各位讀者作為參考。

壹、供品種類

牲禮

五牲

說明：豬（熟豬肉一塊，隆重者使用全豬）、鴨、雞、魚、蝦（也有用豬肚、豬肝來替代）。五牲有特定的排列方式，豬肉擺設在中間稱為「中牲」，雞、鴨擺在兩旁叫做「邊牲」，魚、蝦擺在最後兩旁稱為「下牲」。

用途：主要適用於祭祀尊貴的神明，如玉皇大帝、三官大帝、城隍爺等的禮敬供品，此外，如婚喪祭典也可使用五牲，但都視當地之習俗或個人之許願與否而定。

四牲

說明：豬（熟豬肉一塊）、雞、鴨（或鴨蛋）、海鮮（如蝦、蟹、魷魚皆可）。四牲的排列方式是：豬、雞擺設於中間，鴨、海鮮擺設於兩邊。

用途：由於中國人喜歡好事成雙，故「四牲」可以用於喜慶祭典或神明生，菩薩誕辰等節慶使用，喪事則忌用，但又由於「四」與「死」諧音相近，故一般罕用，舊社會常見，現今社會則少見依此方法供神。

三牲

說明：豬（熟豬肉一塊）、全雞一隻、魚一條，也稱為「大三牲」。三牲的擺設方式是：雞居中，豬肉、魚擺兩邊。

用途：三牲又分半熟三牲與全熟三牲兩種，半熟三牲適用來祭拜神明，如土地公、王爺、媽祖等，全熟三牲則是用來祭拜祖先（祭拜祖先勿用半生半熟之三牲）。

小三牲

說明：既簡化的三牲，豬肉一小塊，雞蛋(代替全雞)、魚(或用魷魚、豆干來替代)。

用途：小三牲一般適用來「謝方外之神靈」(方外遊魂)或犒軍等。

生三牲

說明：完全沒有經過烹煮的三牲。

用途：一般用來祭拜虎爺。

牛

說明：指沒有經過烹煮也未去毛的全牛。

用途：僅限祭拜孔子(牛之毛為智慧毛，故在祭拜之後，信徒都會爭相搶拔其毛帶回家，流傳其可增廣智慧)。

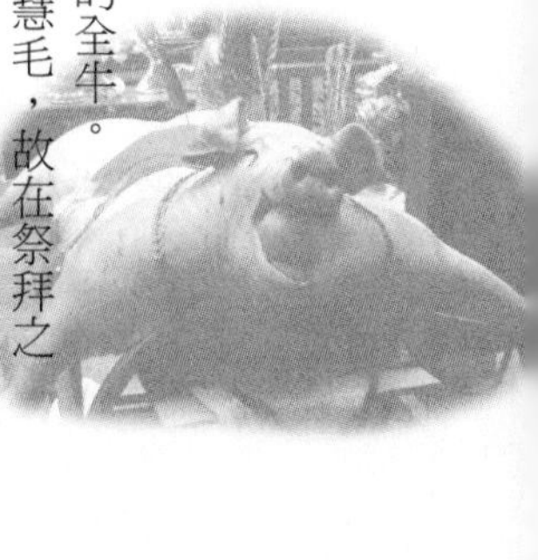

全豬全羊

說明：指沒有經過烹煮的全豬和全羊。

用途：一般用於大型的祭典或婚喪祭典等。

菜餚

菜飯

說明：指一般的家常菜。可以用雞、鴨、魚、肉，再加上烹煮過的菜餚，一般要準備六道、十道或十二道，另外再加上米飯或麵食，有的習俗並未限定需要幾道菜餚，以家常菜來供

之即可。

用途：用於祭祀祖先或好兄弟，但在供品上有所不同，祭祖時較為講究，拜好兄弟時則用白米飯、菜餚、水酒即可。

菜碗

說明：指的是素菜或素食乾料，一般要準備六道（六六大順）、十二道（十二地支）、二十四道（二十四節氣）或者三十六道（三十六天罡）。

用途：用於祭祀佛教諸神佛，如釋迦牟尼佛、觀音、彌勒佛等，或者道教的尊貴神明，如玉皇大帝、三官大帝等。

春飯

說明：春飯就是隔年飯，「春」字和「剩」字閩南語發音相同，即表示有餘糧之意。祭祀神明、祖先時會在春飯上插一朵春花，春花的樣式多變，多用紅色紙或者紅色海綿剪成，上面也貼上用紙剪成的「春」字，有的還會貼上龍鳳圖飾。

用途：用於過年期間祭祀祖先，祭祖供奉春飯就是希望年年有剩餘的糧食，「年年有春」之意，從除夕夜上供，年初五後撤去。

滿漢全席

說明：清代發展出的一套菜譜，包含各種珍稀料理珍貴食材。

用途：大規模的醮典、中元普渡。

五齋

說明：包括金針（金）、木耳（木）、冬粉（水）、香菇（火）、筍乾（土）等五種，它們所代表的意義是指天地五方皆來祭祀。

用途：通常用於祭祀天公等重要祭典。

六齋

說明：在木耳、金針、紫菜、碗豆、菜心、蠶豆、香菇、桂圓、豆苗、海帶、麵筋等素菜中選取六樣合稱為「六齋」。

用途：用於敬奉天公時使用。

七味碗

說明：指七碗不同的粿食或糕點，如湯圓、米糕、雞酒、油飯、桂圓、紅蛋、蓮子、花生等，內容不限。

用途：用於祭祀七娘媽時特有的祭品。

五味碗

說明：以五個碗分別裝著五味祭品，內容沒有限制(隨意五種)，一般的家常菜餚即可，不論乾濕生熟都可以。

用途：常用來祭祀一些神格較低的對象，如地基主、有應公、或好兄弟。

山珍海味

說明：三珍指的是糖、豆、薑，海味是指海鹽，四樣祭品取少許以小碟裝盛，用以取代真的大魚大肉。

用途：齋戒期間常用於道場、法場、醮場或春秋兩祭等重要場合。

水果

四果

說明：四果指的並非是四樣水果，而是四季水果（春、夏、秋、冬），祭祀時只要超過五樣則沒有太大禁忌，為了方便可選擇當季水果即可。

用途：祭神、祭祖皆可使用。

五果

說明：一般選用水果祭祀，只要超過五樣則沒有任何限制，任選五種當季水果即可。

用途：祭神、祭祖皆可使用。有些人會取用水果的諧音來招好運，如旺來、柑桔等。但忌用蕃

石榴、釋迦、李子、蕃茄、蓮霧等（目前有很多習俗只有蕃石榴、蕃茄不拜，其餘則較不忌）。道家有俗諺曰：扁擔（香蕉）挑旺來（鳳梨），吉（橘子）利（水梨）富（葡萄）貴（鮮花）大進財，或以五行來分類，金為白色水果，木為綠色水果，水為黑色水果，火為紅色水果，土為黃色水果。以五行五色水果來供神供佛。

甘蔗

說明：是一種代表甘甜美好、節節高昇的水果。

用途：在結婚時，女方會準備一對有頭有尾的甘蔗，讓新娘帶到婆家，表示能像甘蔗一樣「繁殖生產」；拜天公時，則會繫兩根甘蔗在桌旁，用來祈求錢財能節節高昇；除夕及過年時，則將削好又切塊的甘蔗用來祭祀神明及祖先，用來祈求來年事事如意、苦盡甘來。

鳳梨

說明：鳳梨又稱旺來，有祈求好運、福氣旺旺的意思。

用途：神明祭祀、祭祖、過年過節。

柑橘

說明：柑橘代表大吉大利的意思，任何祭祀或喜慶場合都少不了最佳供品。

用途：神明祭祀、祭祖、喜慶、過年過節。

粿類

鼠殼

說明：又叫鼠麴粿、草粿、鹹龜粿，粿皮由綠色食用藥草與糯米製成，色呈深墨綠，葷食者內餡包碎肉、蝦米等，素食者則包以蘿蔔絲乾為主。

用途：用於掃墓、祭祖、或是中元普渡。

發粿

說明：由米粿發製而成，由於「發」字的諧音吉祥發財，故為一般祭祀所喜用。

用途：年節祭祀、祭神、祭祖等(每種祭拜大部份都會用到)。

甜粿

說明：甜粿樣式頗多，一般指的是台灣的「年糕」，是過年應景的食品，也是必備的祭品，它是由糯米粿粉加上砂糖、紅豆等甜食製成。

用途：過年祭祀(有年年高昇的意思)、拜神等(過年須有年糕甜粿來壓在神桌上，以祈年年高昇、步步高昇)。

菜頭粿

說明：指的是台灣民間的蘿蔔糕，用米漿、蘿蔔絲、蝦米等材料製成。

用途：年節祭祀。

芋粿

說明：色偏紫紅色，由在來米和芋頭製成。

用途：年節祭祀。

紅龜粿

說明：由木板刻模如烏龜之殼紋般，壓印出龜甲紋路的食用粿，一般在粿上塗上食用紅色色素，俗稱紅龜粿。依製作材料不同又分麵龜、米糕龜等。

用途：用於神誕祭祀、祝壽、滿月、元宵等。

圈仔粿

說明：又叫「紅牽」，形狀類似紅龜粿，粿麵壓印的則是古銅錢的紋路，內餡以甜餡為主。

用途：用於祭祀三官大帝、拜天公等。

桃形粿

說明：外表狀似桃狀的粿，以桃形來象徵吉祥、喜氣、壽高之意。

用途：用於神誕祭祀、祝壽等。

壽桃

說明：以麵粉製成，內餡以紅豆

餡為主，外表造型模仿仙桃狀，染成粉紅色。

用途：用於神誕祭祀、祝壽等。

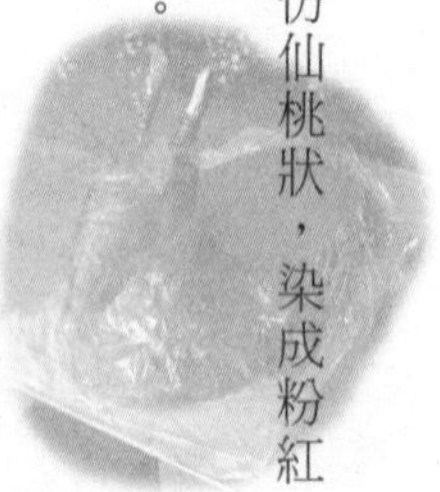

看牲

說明：用糯米或糕，模仿各種獸類的外形所製成，其用途有二：一來可以替代原來的牲品；二來則可以避免殺生造業。故一般用作觀賞用途。

用途：中元普渡、建醮等。

紅片糕

說明：紅片糕是糯米做成的點心，雖然也叫做「糕」，但它的形狀、外觀與「紅龜粿」較接近，是專門用於喜慶的糖品。

用途：用於神誕祭祀、祝壽、滿月、普渡等。

米麵食

湯圓

說明：以糯米搓成的糯米糰，有些會染上紅色染料。

用途：過年、冬至。

紅圓

說明：染上紅色染料的糯米糰。由於「圓」有「圓滿」、「團圓」的意思，故年節喜慶、婚禮、小孩滿月都喜歡使用。

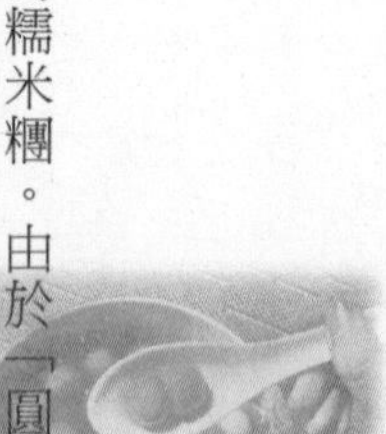

用途：拜神、過年、婚禮、滿月等。

油飯

說明：用糯米做成的油飯，分為鹹甜兩種，加上紅蛋，小孩滿月或週歲時常用於分送親友。

用途：拜七娘媽、臨水夫人等專司孩童養育的神明。

麵線

說明：是指以紅繩頭或紅紙所纏的麵線。

用途：神誕祭日用之。

粽子

說明：以粽葉裹糯米糰，內餡一般有滷豬肉、蝦米、蛋黃、花生、栗子、香菇等。早期以祭祀為主，目前已經是日常生活食品之一，祭祀意義反而減少許多。

用途：最常用於端午節祭拜屈原及神明。

春捲

說明：以麵糊製成薄麵皮，包裹豆芽菜、肉絲、鹹菜、豆干、花生粉等，是年節的應景食品。

用途：頭牙(土地公生農曆二月初二)。

米糕

說明：米糕有步步高升的意思，因為是甜食，也可以用來取代糖果為供品。米糕加上桂圓可以用來補運。

用途：每月的初一或十五，或是六月六日，以米糕和桂圓為供品，拜完剝下桂圓肉放在米糕上，供家人一同食用，祈求補運解厄。

月餅

說明：傳統的做法是以厚麵皮包裹各式甜餡製成，如紅豆沙、綠豆沙、蛋黃等。現今已有許多改良做法。

用途：中秋節(送長輩禮，祭拜太陰娘娘)。

其他

酒

說明：俗話說「無酒擲無筊」，可見酒是祭祀時不可或缺的重要供品。拜神時獻酒表示對神的敬意，祭祀時種類一般則以米酒為主，杯數則以單數為宜，三杯、五杯、九杯皆可。

用途：神明祭祀、祭祖、婚喪喜慶、過年過節。

清茶

說明：在祭祀佛教諸神佛時則必須以茶代酒，供茶也是對神明的虔敬表現。一般家神或祖先神位以三杯清茶為供，廟中供茶則取六杯或十二杯。

用途：祭祀神明、祖先。

生菜

說明：用生菜祭祀時都是取菜名的諧音以祈求好運。如蘿蔔（彩頭）、蔥蒜(聰明、會算)、芹菜（勤奮努力）等。

用途：考生用來祭祀文昌帝君祈求考試順利，祭神之前要將生菜洗淨，用紅紙綁在生菜上面增添喜氣。

鮮花

說明：鮮花、素果向來都是拜神時少不了的供品，常用的鮮花有劍蘭、含笑花、玉蘭花、蓮花、茉莉花、桂花、水仙、菊花、夜來香、梅花、百合花等等。花與「發」相近，有祥瑞、發財的意思。另向註生娘娘求子亦可用鮮花，白花代表生男，紅花代表生女。

用途：神誕祭祀、祖先。花材不拘，帶刺的花種則不宜，如玫瑰。

糖果

說明：取糖果「甜甜蜜蜜」的意象、象徵喜氣。早期祭神常以冬瓜糖、花生糖、冰糖為用，現代則以市售的糖果餅乾取代。

用途：過年過節、結婚。

五子

說明：包括桂圓、紅棗、花生、瓜子、榛子等五種合稱為「五子」。

用途：通常用在七夕祭拜七星娘娘。

胭脂香粉

說明：胭脂香粉是古代婦女的化妝品，因此僅限於祭祀女性之主神或女性的對象。

用途：七夕祭祀七星娘娘，中秋祭祀太陰娘娘，也有人在中元普渡時用來祭祀早夭的少女們。祭祀完的胭脂香粉一半要拋到屋頂或燒掉，一半則要留給自己使用，據說可以讓女性更加美麗動人。

貳、金銀紙香品種類

金紙上印有金箔，又稱「財帛」，象徵金幣，代表吉利，只能用作祭祀諸神明。銀紙上印有銀箔，其具有消災解厄的功用，是在祭祀祖先或孤魂野鬼的時候當作是陰間流通的貨幣使用，相同的，銀紙它是不能在祭祀神明時使用的。

紙錢則未印箔，改印各種獨具意義的圖樣，種類與用途也不一，稍後將為您一一介紹。

一、金紙：

五色金		說明：五種金紙的組合，包括大百天金、大百壽金、壽金、刈金、福金等。 用途：五色金是用於禮敬天界的神明，舉凡一切廟宇的主神，如觀世音菩薩、天上聖母、關聖帝君、玄天上帝等等都可以。
四色金		說明：四種金紙的組合，包括大百壽金、壽金、刈金、福金等。 用途：四色金是用於禮敬冥界的神明、兵將，如農曆七月時祭拜普渡公，佛門稱之地藏王菩薩便可用四色金。
三色金		說明：三種金紙的組合，包括壽金、刈金、福金等。 用途：三色金獻祀的對象，是為神明服務、執行神明命令，但尚未証果位的兵將，如犒軍便是用三色金，犒軍另可加甲馬、金錢、白錢。

頂極金		說明：金箔上印有「叩答恩光」的字樣，又稱「天金」或「大百天金」，是屬於紙類最高級的一種，故只能用在正月初九玉皇大帝聖誕日。 用途：玉皇大帝聖誕（天公生）。
太極金		說明：金箔上印有「祈求平安」的字樣，以及三尊財子壽神的神像，所以又叫「大百壽金」或「財子壽金」，是僅次於頂極金的金紙。 用途：玉皇大帝、三官大帝。
天尺金		說明：又稱作「天金」或「尺金」，金箔上繪有書卷圖形或花草樣式。用來祭祀玉皇大帝或略次於玉皇大帝的天上諸神。 用途：玉皇大帝、三官大帝、一般神佛祭祀，平時可用於改運。
壽金		說明：分為「大花壽金」與「小花壽金」二種，金箔上印有「祈求平安」的字樣，以及財、子、壽三尊神像，亦有人稱「財子壽金」。 用途：一般諸神明、諸神佛誕辰。
刈金		說明：分為「大箔」與「中箔」兩種，是金紙錢中通用的貨幣，幾乎所有的拜拜都適用。 用途：一般諸神明、地基主、祭祖等。

福金		說明：又稱「土地公金」或「四方金」，分「大箔」與「小箔」二種。 用途：土地公、財神等、一般諸神明。
四方金		說明：又稱「福金」或「土地公金」，分「大箔」與「小箔」二種。 用途：土地公、財神等，中部習俗有時可以四方金同時祭拜神明與祖先。
九金		說明：金箔上印有「福祿壽」字樣。南部使用較多，一般民間亦稱刈金或四方金為九金。 用途：謝神、祭祖、犒軍、拜門口等。
五路財神金		說明：金箔上印有五路財神的神像，用於祈求財源廣進、富貴榮華。 用途：入厝、開張、求財等（為近年流行之金紙，款式眾多）。
蓮花金		說明：繪有蓮花圖形的金紙，為往生者在地府可用之貨幣，習俗上蓮花金為孝女所燒，也稱為「女兒金」。蓮花金也常用來祭拜地方神祇或位階較低的神祇。 用途：掃墓、祭祖、一般地方神明。

二、銀紙、紙錢

大銀	小銀	蓮花銀	金白錢	天庫錢 地庫錢 水庫錢

說明：分為「大箔」、「中箔」、「小箔」三種。 用途：祭祖、喪葬、祭拜陰鬼等。	說明：分為「大透」、「中透」、「小透」三種。 用途：中元普渡、祭祖、祭拜陰鬼、亡魂等。	說明：繪有蓮花圖形的銀紙，為往生者在地府可用之貨幣，習俗上蓮花銀為孝男所燒，若往生者無子女，蓮花金、蓮花銀皆可燒。 用途：掃墓，祭祖。	說明：有黃色和土灰色兩種，兩張為一組，可以用作祭眾天兵天將，或用石頭壓於墳上，稱為「壓墓錢」，金錢為黃色，白錢為土灰色。 用途：眾神部將、壓墓錢，房屋或土地買賣許願可用此兩種金紙。	說明：用壽金特別包上天圖、地圖、水圖之圖案的紙錢。 用途：改運、補財庫、消冤親債主、還上輩之業障積欠。

黃高錢	庫錢	五色錢	五鬼	往生錢

說明：一般用在謝天地，祭拜時先高掛，然後再焚燒。 用途：玉皇大帝、三官大帝（掛於甘蔗上祭拜）。	說明：放在棺木中隨棺木入殮，或火化供亡者在陰間使用。 用途：隨棺入殮，用火焚化供亡者在陰間使用。	說明：分青、黃、赤、白、橙五種顏色，用石頭壓於墳上，也稱為壓墓錢。 用途：壓墓錢。	說明：印有五鬼字樣與圖樣的紙錢，是五鬼專用的紙錢。 用途：祭五鬼、消災解惡。	說明：印有往生咒的紙錢，一般會摺成蓮花座或元寶狀，並且在超渡、出殯時焚燒。 用途：葬禮、超渡。

太歲錢	本命錢	巾衣	床母衣	甲馬

說明：若犯太歲則該年必諸事不順，須安奉太歲星君，俗稱「安太歲」，太歲錢用於安太歲時專用。 用途：安太歲。	說明：又叫「改運真經」、陰陽錢、解厄錢、買命錢等，時運不濟時用來增強本命之用，所以又叫做「補運錢」。 用途：用於祭祀城隍爺、諸府王爺等消災改運之用。	說明：印有梳子、衣服、剪刀等日常用品的圖樣，用來祭祀孤魂野鬼。 用途：中元普渡，七月祭拜遊路將軍、孤魂野鬼之用。	說明：又叫「鳥母衣」或叫「娘媽襖」，印有紫雲和花草的圖樣，一般用於祭祀幼童的守護神明。 用途：床母、註生娘娘、七星娘娘，十二婆媽等。	說明：印有馬匹、馬夫、刀劍、盔甲等圖樣的黃紙。 用途：犒軍、送神、迎神，請兵馬助力用之。

三、香品：

線香	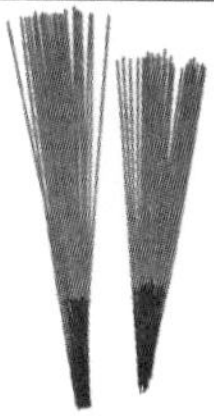	★一般拜拜通指的就是線香，線香並無標準的長度，通分為長、短兩種尺寸，長的一般用在寺廟的拜拜，而家庭祭祀則多採二尺以下的短香。 ★傳統線香的顏色共分黃、紅、黑三種，黃色和紅色多用在寺廟拜拜祈福、祭拜祖先或各種喜慶的場合，黑色則常用於祭拜好兄弟及喪事的場合。
排香		★內由數支線香所組成，外面再用香粉壓製成排狀，排香會因為所使用的場合不同，外表會壓製成龍鳳呈祥、福祿壽、招財進寶等圖形，一般是讓主祭者在正式的祭祀慶典上香用的，其它喜慶場合像新婚、搬新家、新年或生日壽宴需要上香祭祖時，也都會採用排香。
壽香		★利用香粉壓製成壽字的線條形狀，中間再用一根竹桿固定的特殊香，一般是用在神明的聖誕千秋日或老人家的壽誕或祭祖，壽香有不同的大小和粗細，完全燒盡需要五到十二個小時不等。
長壽香		★長壽香可稱為大型的線香，不論長度或粗細都是一般線香的十幾甚至數百倍，由於它的燃燒時間非常久，所以常被用於寺廟的天公爐或主香爐，寺廟夜間關廟門之後，為了讓香火不斷，都會在香爐中插上一支長壽香，一般家庭於過年期間或神明慶典時也都會用到長壽香。
環香（盤香）		★環香又稱為盤香，是將線香捲成平面的螺旋狀，大的盤香中間綁有紅線，可以吊在天花板上，外圈的香環會自然下垂，一般用於寺廟，小的盤香則可以放置在香盤上，常用於家中拜神明祖先，燃燒的時候是由最外圈開始，由於盤香可以點很久，所以也有生生不息、香火不斷的吉祥意思。

居家驗證快易通

神位、浴廁廚房篇

一、臥房中擺設神位

神位安置在房裡的情形並不多見，但如果是小套房，就有可能出現床鋪與神位在同一空間的狀況。房間是極為私密的個人空間，人們會在房裡換衣服、睡覺、進行房事等等，若神明或祖先安座於此，豈不是褻瀆了神明和祖先！因此兩者必須分開為宜。

【改善建議】

◎小套房若無獨立空間可安置神位，不如不安，以免做出對神明不敬的行為。

二、床頭與神位共用一面牆

床頭所靠的牆面，必須單純、安靜，因此，不論是住家的牆邊或牆上安置神佛、祖先，亦或是懸掛耶穌或瑪莉亞像等，在這面牆裡面的房間皆不宜安置床頭，否則居住之後，會有多夢、腦神經衰弱之現象。

【改善建議】

◎只要在房內另尋適合方位擺設床鋪即可，不過值得注意的是，若床頭所靠之牆正好為隔壁住家安座神位之牆，情況也是相同的。

三、廚房中安置神位

廚房有油煙與穢氣，是不宜有神明安座的，否則有損神明之威，是大不敬的行為。若神位安置在廚房中代表天上本我之財庫受穢氣所傷之相，主財不聚且散財之格，而拜神的神靈為天上本我之靈魂，靈魂受油煙污穢之氣，家裡成員則有多病之兆，一般安置神明都應在客廳的空間。

【改善建議】

◎廚房能安置的神明只有司命灶君與火神，安置其他的神佛均屬不吉之安座方式。

四、神位兩側有門或窗

神位的位置首重藏風聚氣，所以在選擇安置的場所時就必須以能藏風聚氣的空間為吉，若神位的兩側有門路或開窗的情形，神位之氣會往兩邊洩，氣不能聚則財散，對家中財祿的影響很大。

【改善建議】

◎安置神位必須要有一方的牆面來聚氣，若能有雙面的收納牆更佳，氣聚之後自然就會對財運有幫助。

五、神位上方有橫樑

神位安在樑下，家中之財運大多不穩定，而宅中之人的生肖若與神位的方向正合卦氣，則此人之神經系統必定有毛病，嚴重者則亦有腦神經衰弱、精神恍惚之症，而且神位有壓樑的情形，常會導致家人在外的人際關係不理想、貴人不明，更有太歲到方之時，宅中之人當年的意外頻傳。

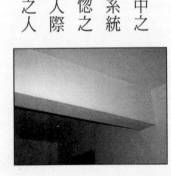

【改善建議】

◎只要將天花板拉平即可化解，若天花板拉平後變得過低，應以木工到現場做櫥櫃的方式化解，不宜購買現成之神桌為用。

六、神位的上方或下方擺魚缸

神位的設置必須務求穩固，下方最忌諱擺設魚缸或水缸，因為這樣會造成正神落水的現象，會造成破財的情形，魚缸亦不可放在神桌的上方，因為神明的地位是非常崇高的，不能有其他東西凌駕在祂之上，魚缸的水也可能不小心濺到神桌或神明身上，這是不敬的行為。

【改善建議】

◎不只是魚缸，任何的雜物都不可以擺在神位的四周空間，儘量保持神位環境的淨空即是對神明的崇敬表現。

七、神桌上供奉的神明為雙數

供奉神明的數目，以單數為宜，如一尊、三尊、五尊，雙數則不宜，至於八仙、四大金剛等神明則以一尊論之。若能將神明供奉得宜，對宅主的財祿將會有很大的幫助，相反的，太過於雜亂也會影響宅主的家運，不可掉以輕心。

【改善建議】

◎若家中所供奉的神明為雙數，可再請一尊神明回來，或請其中一尊神明到廟裡供奉即可化解。

八、神位安置在門邊或電視機旁

神位安置的地方非常重要，一般我們都是找家中的生氣方或旺氣方來安置，但是安置空間的環境也很重要，若是將神位安置在吵雜的機器旁邊，或是安置在人來人往的門邊，不但對你沒有幫助，反而有破財之虞。

【改善建議】

◎安置神位最重要的原則就是宜靜不宜動，找一個安靜、穩定、能夠藏風聚氣的空間來安置神位，才能達到好的聚財效果。

九、神位安置的樓層

家中大多只有一層樓的空間，可以不考慮這個問題，如過房子是兩層以上，最好能將神位安置在最上面的樓層為佳，藉以表達我們對神明、祖先的尊敬，如果將神位安置在下面的樓層，人卻在上面的樓層活動，會影響神位的安定性，當然最忌諱的是正上方為廁所或床鋪。

【改善建議】

◎如果房子的頂樓沒有空間可以安置神位，也可以將神位安置在較為安定的一樓，但不可安置在中間的樓層。

十、神位對到廁所

陽宅的神位安置必須要配合陽宅坐向的吉旺方才能帶來旺盛之財富及事業運，而廁所是一間宅屋中最常有穢氣流動的空間，假使你將神位的與廁所門相對，就註定你的財運有很大的障礙，絕對是破財之格。

【改善建議】

◎有犯此煞者應儘快改正，只要另尋房子的其他吉旺方位安置神位即可。

十一、神位安置的牆面

如果神位所安置的牆面後方是廁所、廚房、浴室的時候，要特別注意，因為在這些牆面裡有很高的比例會埋有水管管線，必須要避免神位背後有水的流動以及水流動之波動聲，那會影響財庫，讓財不穩定。

【改善建議】

◎有人說廁所牆不宜安座神位，事實上是擔心會碰到廁所牆面內有水管之流水聲波的干擾，就算沒有，神位還是能離廁所越遠越好。

十二、神位供奉雙姓祖先

將兩姓的祖先合在一起供奉雖是孝心的表現，但不論生人或是前人對於居住空間的要求總是希望能擁有獨立門戶及完善的隱私，將兩姓的祖先供奉在一起就好像強迫兩家的老人家住在同一屋簷下，日子久了必然有磨擦爭執，家中會因此有不和諧的情況發生。

【改善建議】

◎每一家的祖先還是以分開來獨立供奉較為合宜。

◎將兩個牌位各自獨立安座，本姓安座在左邊，外姓安座在右邊，並擁有各自的香爐不可共用。

一、熱水器裝在室內

只要是使用瓦斯的熱水器，一定要安裝在後陽台等室外空間，並且一定要保持此空間的空氣流通，有許多瓦斯中毒的案例顯示，大家都以為放在後陽台就沒事，卻忽略了陽台上還加裝了氣密窗，天氣冷的時候門窗緊閉，就算是後陽台也和室內無異。

【改善建議】

◎安裝熱水器的空間一定要預留不可關閉的通風管道。

◎若無室外空間可安裝，可改用電熱水器以降低危險性。

二、浴室或廁所無窗

浴室或廁所沒有辦法開窗一般都是因為其位置無法規劃在房子的四周，更糟糕的情況是廁所就位在房子的中央，濕氣和穢氣在此不易排除，因此容易匯聚在屋子裡形成無形的煞氣，對於人的健康危害很大。

【改善建議】

◎若有兩間以上的衛浴或廁所，可以儘量少用無窗的這一間。

◎加裝抽風機設備，並使用延長開關來加強排除穢氣。

◎沐浴完畢後應儘快將浴室的地板擦拭乾淨，以免水氣造成室內潮濕。

三、廚房無窗

廚房的瓦斯爐最忌設在窗下，因為風會讓爐火不穩定，但反過來說，如果廚房只有抽油煙機而沒有設置窗戶，同樣也是大忌，抽油煙機雖然可以排除掉廚房所產生的穢氣，但不可能廿四小時都開著，且廚房無窗空氣就無法對流，萬一發生瓦斯漏氣的情形，後果恐怕難以想像。

【改善建議】

◎通常廚房無窗的情形都是因為將廚房設置在房子的中央所造成，建議將廚房移到房子後方為宜，其他方法都只是治標而不治本。

四、廚房用木製裝潢

雖然說居家裝潢建議多採用木製的材質和木製傢俱，但只有一個地方例外，那就是廚房。廚房是烹煮料理食物的地方，絕對少不了火煮跟水洗，但木製材質為易燃物，能離火源越遠越好，此外，木材遇水也容易變形腐朽，因此木制材質不建議在廚房使用。

【改善建議】

◎廚房的傢俱儘量採不怕水也不怕火的不繡鋼傢俱或流理台，若有木製的櫥櫃也不能離火源太近，以免發生危險。

五、爐灶放在後陽台

有些小房子因為廚房太小，乾脆將瓦斯爐移到後陽台，造成瓦斯爐的位置下面懸空的情形，依風水藏風聚氣之原理來分析，爐灶下必有風來吹襲，爐火不穩，煮出來的飯必定是半生半熟，久而久之會讓人的胃腸受阻而生病因。

【改善建議】

◎瓦斯爐下方一定要密實穩固，最忌懸空或有流水暗渠通過，只要在擺設前多留意，這些問題都不難發現。

六、廁所門正對餐桌

餐桌在擺設時要特別留心與廁所的相對位置，不要讓廁所的門正對著餐桌，也不要將餐桌擺在樓上廁所的正下方，這代表廁所的穢氣會干擾煮出來的飯菜，不好的穢氣吃進肚子裡，會產生其他的毛病。

【改善建議】

◎只要移開餐桌的位置不與廁所門相對即可化解。

◎雖然餐桌與廁所門並未正對，但吃飯時仍看得見廁所，應在廁所掛門簾來遮擋視線。

七、瓦斯爐與洗衣機相鄰

瓦斯爐在擺設的時後最忌諱與水槽相鄰，因為有水火相剋的問題，會產生健康上的疾厄，但很多人只注意水槽卻忽略了洗衣機，有些人家會將洗衣機擺在廚房裡，若是又與瓦斯爐併排在一起，同樣是水火相剋的格局。

【改善建議】

◎若是空間允許，洗衣機最好能擺在後陽台為宜，若只能擺在廚房裡，所擺的位置應遠離瓦斯爐。

八、瓦斯爐安置在橫樑下方

爐灶與人睡覺的空間都有相同的禁忌，一般家庭的廚房都會設置在宅的側面空間，但房子的周邊勢必會有橫樑來支撐，故很容易在爐灶的上方有較粗的橫樑，假使橫樑直接壓在瓦斯爐的上方，爐灶受樑壓迫，磁場的氣往下壓，代表會有出現腫瘤的現象，主宅中必有惡疾、腫瘤之症。

【改善建議】

◎以吊櫃或抽風機來阻擋，讓橫樑隱藏在櫃內，就不會有引導氣流來沖爐灶的現象，便可完全的化解沖煞的氣場。

◎若將樑下以天花板拉平易吉。

九、瓦斯爐與冰箱相對

廚房裡最常出現的除了瓦斯爐以外，就是冰箱了，若是將冰箱擺在正對爐灶的位置，煮菜的時候可能要轉身開冰箱拿個東西，此時冰箱內的冷空氣就會直接往瓦斯爐吹，造成爐火溫度降低，這也算是另一種水火相剋的格局。

【改善建議】

◎由於冰箱的出風口有方向性，因此只要冰箱門不要正對瓦斯爐，就算擺在一起也不會有影響，若有相沖，只要將冰箱轉個方向就可以化解。

十、爐灶周圍堆放雜物

廚房爐灶與子孫是有相對關係的，有人為了美觀會在瓦斯爐上方擺一些植物，結果植物在此枯萎，代表家中會產生子孫的問題，小孩不易管教；另外也有人會拿穿過的舊衣服往抽油煙機上蓋，以為這樣可以吸掉油煙，但是在爐灶上蓋衣服，代表你家裡容易散財，家人也會有糖尿病的現象，也容易帶來皮膚的毛病。

【改善建議】

◎只要清除掉這些多餘的雜物，並且保持廚房的乾淨，一切就能立即化解。

十一、廚房晾衣服

有些房子因為廚房狹小，為了增加廚房的空間，就把後陽台擴建為廚房的一部份，但是原本用來晾衣服的後陽台沒有了，就形成在廚房晾衣服的奇怪景象，廚房會產生大量的廢氣油煙，正好被這些衣物所吸附，人再穿上這些衣物，必定會有怪病上身。

【改善建議】

◎廚房的空間必須獨立，不可與其他空間共用，若無曬衣空間可用烘衣機解決。

十二、餐桌形式的選擇

傳統上有一種說法是，家裡的餐桌喜圓形忌方形，中國人吃飯的時候喜歡全家一起開動，用圓桌有一家團圓的吉祥意義，反觀西方人喜用方桌，吃飯時只能一人做一邊，大眼瞪小眼，家人感情會較為疏離，但若是餐廳空間過於狹小，則就應以方桌為宜。

【改善建議】

◎餐桌喜圓忌方只是傳統的說法，只要配合餐廳的空間選擇餐桌適合的大小和形狀，是圓是方其實影響不大，若餐廳狹小卻硬是要擺一張大圓桌，反而會影響餐廳動線的流暢。

風水大師陳冠宇開運系列叢書介紹

開運一級棒
$399元（含開運福袋）
介紹最實用、最簡單的開運小常識，隨書附贈超值開運福袋，一舉兩得。

創造奇蹟的愛情秘法
$220元
運用風水和命理的巧妙結合，幫您解決感情或婚姻上的各種疑難雜症，完成幸福美滿的姻緣。

紫微算命不求人(一)
$280元
徹底顛覆紫微艱澀的印象，三分鐘立即掌握命運，輕鬆解讀人生的吉凶禍福，本書全套共四冊。

紫微算命不求人(二)
$249元
徹底顛覆紫微艱澀的印象，三分鐘立即掌握命運，輕鬆解讀人生的吉凶禍福，本書全套共四冊。

紫微算命不求人(三)
$249元
徹底顛覆紫微艱澀的印象，三分鐘立即掌握命運，輕鬆解讀人生的吉凶禍福，本書全套共四冊。

紫微算命不求人(四)
$249元
徹底顛覆紫微艱澀的印象，三分鐘立即掌握命運，輕鬆解讀人生的吉凶禍福，本書全套共四冊。

易經玄機VS企業管理
$149元
以易經推算流年運勢，讓你精確預測時勢及市場變化，搶佔先機，是成功人士的必備指南。

開運發財一點靈
$220元
網羅大師十年來最受歡迎的開運招財法，招招見效、屢試不爽，要你不發也難！

陽宅風水快易通
$250元
專為購屋換屋而設計的陽宅秘笈，一次解決您挑選預售屋、買賣房屋、搬家等惱人的問題，輕鬆成為聰明的風水達人。

居家檢視快易通
$250元
全新快易通叢書首部曲，囊括所有極惡陽宅風水問題並提出最佳自保妙招，獨創的評量方式幫您揪出所有惱人的問題風水。

居家驗證快易通
$250元
全新快易通叢書第二部，所有居家極惡裝潢、大小沖煞一次現形，加上超完美改善建議教您趨吉避凶毫不費力。

居家開運快易通
$250元
全新快易通叢書第三部，根據個人命卦之不同而設計，陽宅規劃只需按圖施工，輕鬆打造最興旺的富貴宅第。

辦公設計快易通
$250元
超神效賺錢辦公室規劃，簡易上手，史上最強效商用辦公室必勝風水，為您的企業量身打造出最賺錢的金雞母。

大師遇鬼記
$220元
大師告訴你如何與鬼共處的大智慧，並教你化解千奇百怪的靈異困擾。附驅邪避鬼保平安妙法。

易經占卜快易通
$220元
易經占卜是史上公認最神準的占卜術，讓你卜第一卦就上癮，快來體驗五星級的占卜超快感！

風水大師陳冠宇開運系列叢書介紹

求財小撇步
$220元
介紹各種招財法背後的原理，讓小東西也能創造大財富。

招財一把罩
$220元
收錄陳冠宇大師畢生招財精華，讓你一試就發，屢試不爽。

賺錢奇門兵法
$220元
獨家紕漏風水大師陳冠宇從未公開過的賺錢奇門兵法，內容保證空前絕後！

吉祥畫讓你美夢成真
$99元
吉祥畫不但是文化與藝術的結晶，其中更蘊含強大開運能量，現代人不可不知，本書為三部曲之一。

吉祥畫幫你開創人生
$99元
吉祥畫不但是文化與藝術的結晶，其中更蘊含強大開運能量，現代人不可不知，本書為三部曲之二。

吉祥畫助你萬事亨通
$99元
吉祥畫不但是文化與藝術的結晶，其中更蘊含強大開運能量，現代人不可不知，本書為三部曲之三。

億萬富翁開運大法
$99元
人無好壞命，只有懂不懂得開運，瞭解如何順天時、開天運，您就可能是下一個億萬富翁！

開運祈福寶典
$99元
最好的養生開運法，最貼近生活的民間開運秘方，教您如何一年四季、天天行好運。

美夢傳真
$220元
結合東西解夢論述、處處充滿人生智慧卻又淺顯易懂，本書是您學習解夢的最佳參考書！

孔明神數之神算一路發
$168元
最靈驗的占卜法，根據古籤文重新演譯，教你如何旺財、旺運、去小人、招富貴，全省暢銷熱賣！

字裡乾坤
$220元
最玄妙的測字斷事法，可以預測未來、透視命運，你也能輕鬆學會測字。

陽宅風水不求人
$250元
從最基本的風水觀念到最實用的陽宅理論都有詳盡的說明，是買屋換屋者的最佳參考書。

居家設計快易通
$250元
針對室內設計常見的風水問題分類剖析，是陽宅造福、開運招財的最佳教材，全省狂銷、強力推薦。

風水自然環境學
$250元
陽宅風水經典實證大全集，是學習陽宅風水最佳的活教材。

成功店面設計學
$250元
超實用的店面設計指南，超強效店面風水招財法，讓小店面也能變成賺錢的金雞母！

風水大師陳冠宇開運系列叢書介紹

為什麼留不住錢
$199元
三步驟輕鬆搞定家中的漏財風水。透視居家漏財風水的陷阱、搶救個人的陽宅財庫、先補財庫再招財才有意義。

為什麼賺不到錢
$199元
幫你一次解決創業、經營的漏財問題！經濟不景氣，求人不如求己、努力卻賺不到錢，為誰辛苦為誰忙、機會是準備好的人。

快樂轉運讚
$199元
超夯、超神效的轉運祕法！不只要你轉運，還要給你如魚得水的快樂！五大轉運祕法大家都說讚！

轉運萬事通
$199元
輕鬆生活、自在轉運！人生難免遭逢各種阻礙，若不懂轉運則萬事皆空！不要輕易放棄希望，只要懂得轉運就能萬事皆通！

大家來轉運
$199元
求好命不如轉好運！學轉運不分男女老幼、也無論身分地位，只要你願意，大家都能辦得到！

我是大贏家
$199元
不用苦練牌技、只要靠手氣就能贏！顛覆傳統思想，以「牌運」凌駕「牌技」的觀點出發，開創全新贏牌哲學。

打小人行大運
$199元
遠離小人並不能免於小人的迫害，只有讓小人遠離你才能得到解脫！大師教你史上最厲害的打小人招數，讓你從此跟小人說掰掰！

最超值的人氣開運商品，盡在此中！

開運平安四季發財

產品編號：F0006

特價399元（數量有限，售完為止）
絕對超值的內容，包括最受歡迎的：
◎開運一級棒
◎開運福袋
◎平安如意金卡
◎四季發財金卡
◎開運招財紅包袋(只送不賣)等，買到賺到！

非學不可的超強開運妙招
$199元
超強的五大開運妙招，解決人生的五大煩惱。財運喜連綿、恩愛似神仙、考運如神助、職場行大運、無敵好運氣。

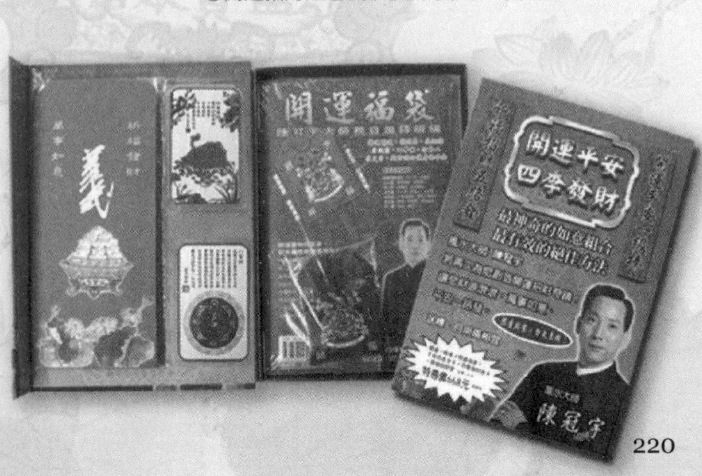

最具威信的命理大師

陳冠宇大師嫡傳弟子 -陳政道 大師

新世代變化萬千，掌握先機變得如此重要，命理師這行業是一個 易學而難工的學問，博雜精深，因此把這門學問交棒給嫡傳弟子，孕育出下一代真材實料的命理師，成為下一代扮演 光明又能為社會貢獻的命理師。

年方二四的陳政道，以先天帶有服務奉獻社會的使命，開始投入於企業陽宅的指引導師，盼望為社會造福。

服務項目

企業流年吉凶佈局規劃
陽宅陰宅吉凶鑑定
辦公室財位布局
公司及個人取名
個人運勢諮詢

Line

本人預約電話:
0921-063-553
信箱:
tao2000814@gmail.com

新世代風水傳人
陳冠宇大師嫡傳弟子
史上最年輕開運風水師—陳政宏

世風日下，有感於社會變遷的快速，行業類別的變異也多，風水師的行業從一個陰陽師的工作被簡化為陽宅師，大都數人焉知，不知陰何知陽也！陰宅的大自然山水變化關乎於陰陽一切的吉凶禍福，但時代的速食文化已經淡化了理論的基本基礎，唯有斷章取義的半調子居多，內心油然而生的感嘆！因此下定決心來訓練弟子，教育出具備有完整陰陽風水師專業素養的全才，免以下一代扮演光明的風水師消失於無形，本來就是劣幣驅逐良幣的情形居多，但總要有願意奉獻的使者奉獻於社會方為圓滿。

年方十三的陳政宏已經呈現出一股菩薩心腸，先天帶有奉獻社會的使命，因而在十三歲就安排皈依於三元風水無常章甫門派，五術道派作學習，盼能為社會添加一股生力軍，造福人群。

陳政宏
現庚24歲 2024

中國正統風水命理學院擴大招生

風水執業班（一對一教學，學習效果更佳，保證學會！）

謹防假冒，請認明本人親自服務 ，坊間有冒名代理安排或代理執行鑑定造福之不肖之徒，請勿受騙，特此通告。

風水地理陰陽宅造福開運權威— 陳冠宇 大師

設硯服務處：
台灣台北市敦化南路一段233巷64號7F
陳冠宇本人預約電話：
02-27723487　0928-279-865
大陸：15338172806

WeChat　LINE

服務項目

陽宅吉凶鑑定
陰宅吉凶鑑定
辦公室求財祈福
風水吉凶鑑定
公司格局規劃
公司體制指導
心理建設醫療諮詢

◆

歡迎不吝指教

風水地理陽宅陰宅鑑定服務
預約電話：(02)2772-3487

2024 祈福招財農民曆

作　　者 — 陳冠宇
主　　編 — 冠宇工作室
美術設計 — 冠宇工作室
發 行 人 — 于靜波
出 版 社 — 鴻運知識科技有限公司
電　　話：(02)22126958
傳真電話：(02)22127598
劃撥帳號：19755641號　戶名：鴻運知識科技有限公司
電子信箱：hold.yung@msa.hinet.net
總 經 銷 — 采舍國際 www.silkbook.com 新絲路網路書店
地　　址：新北市中和區中山路二段366巷10號3樓
電　　話：(02)82458786
傳真電話：(02)82458718
新絲路網路書店：新北市中和區中山路二段366巷10號10樓

出版日期 — 2023(民112)年9月15日 初版
國際書碼 — ISBN 978-986-6492-69-3
定　　價 — 新台幣188元

【版權聲明】

本書有著作權，未獲書面同意，任何人不得以印刷、影印、磁碟、照相、錄影、錄音之任何翻製(印)方式，翻製(印)本書之部份或全部內容，否則依法嚴究。

◎本書如有缺頁、破損、裝訂錯誤，請向原購買地要求更換

風水用品、書籍訂購洽詢專線：
（02）22126958. 0918362268

聚寶盆　產品編號：A0001　**限量白金典藏版**

招財無限、開運之寶　特價回饋18800元

相信只要用過聚寶盆的人，都會被它神奇的催財效果深深吸引，沒錯！聚寶盆正是風水學中招財效果最強、也最靈驗的招財聖品！但是市面上的聚寶盆琳瑯滿目，不是粗製濫造、就是動輒數萬元，選錯了聚寶盆、或者沒有老師正確的指導，不但沒有聚財效果反遭破財！陳冠宇大師為體恤讀者，不惜花費鉅資委託陶藝名家製作最新、最強的聚寶盆典藏版，以回饋大家多年來的愛護。

聚寶盆限量典藏版全部由高溫瓷土燒製，大小完全符合魯班尺的財庫尺寸，並由名家手繪象徵福、祿、壽的各式吉祥圖案，再經陳冠宇大師開光加持，每一件都是精品中的精品！

註：聚寶盆限量供應，需事先訂製，如需等待，敬請見諒。

【專利商品，仿冒必究】
專利證書案號第D106701

■規格尺寸：圓徑46公分×高16.5公分

■造型：聚寶盆盆口有九蝠相連，象徵福上九天；盆身有蝙蝠、金錢、壽桃，象徵五福臨門、高官厚祿、長命百歲，加上精緻的吉祥紋飾，除了催財效果超強，本身更是件完美的藝術品。

■特別贈送：水晶球、加持之獨門秘藏正財符籙、偏財符籙，讓聚寶盆更加靈感！

■使用方法：聚寶盆適用於居家、店面、辦公室，先找出財位所在，再配合主事者的八字，擇吉日安置。

三大滿意保證：

1.限量保證：每個都有大師加持印及限量典藏編號。

2.開光保證：燒製完成後經由大師親自開光。

3.使用保證：提供完整售後服務，教你如何正確使用。

開運招財青花蟠龍瓶

(大)特價36800元 (中)特價18800元 (小)特價10800元

龍為中國四靈之首，自古便是祥瑞與尊貴的象徵。龍在風水上的運用也十分廣泛，從旺氣開運、制凶化煞、招財納福都有十分顯著的功效。

開運招財青花蟠龍瓶乃委託知名陶藝家親製，依吉祥尺寸全手工拉胚繪製，瓶頸以純金箔陰陽彩繪，瓶身及瓶底再經陳冠宇大師用印加持，絕對是大家目光的焦點！開運招財青花蟠龍瓶不止是一件風水寶物，更是藝術的結晶，極具增值空間，市價動輒數十萬，堪稱極品中的極品！

註：開運招財青花蟠龍瓶為限量精品，需事先訂製，如需等待，敬請見諒。

頂級極品

開運招財青花蟠龍瓶的三大神效

招財納福：

以龍來招財，又以「青龍」效果最佳，財屬水、青龍屬木，取水生木便可輕易達到招財、聚財的效果。

氣轉乾坤：

陽宅若氣場不順，將開運招財青花蟠龍瓶置於店面、辦公室或居家玄關的入口，可以加速氣場的流動，將氣往宅內引導，讓室內空間充滿旺盛氣場。

生旺化煞：

龍為至剛至陽之聖物，以開運招財青花蟠龍瓶當居家擺飾可讓家中昇起一片祥瑞之氣，另外對於宅內外的陰煞之氣也具有極佳的鎮煞效果。

使用禁忌：

由於龍過於威猛，不宜置於房間內或正對房間；宅主生肖屬狗者亦不宜使用。

■開運招財青花蟠龍瓶（大）產品編號：A0007
規格尺寸：瓶高65公分×圓周120公分

■開運招財青花蟠龍瓶（中）產品編號：A0008
規格尺寸：瓶高40公分×圓周84公分

■開運招財青花蟠龍瓶（小）產品編號：A0009
規格尺寸：瓶高25.5公分×圓周61公分

■特別附贈：
以上產品皆附贈精緻典藏盒、招財符、高級桃木底座

開運圓滿如意轉氣瓶

特價13800元　產品編號：A0002

■規格尺寸：瓶身圓徑30公分×高26公分×瓶口內徑8公分

所謂「山管人丁水管財」，「水」是能夠匯聚氣場的有形環境因素，風水學中一直秉持著這個原理為人招財聚氣，而「開運圓滿如意轉氣瓶」便是依此原理所產生的風水聖品。「開運圓滿如意轉氣瓶」由日本進口的高溫瓷土燒製而成，轉氣瓶有「金口」與「九蝠」，象徵「九福臨瓶、招金納銀」；上段是八吉祥圖，代表「八大吉祥、平安如意」；下段有象徵福氣的「蝙蝠」、象徵財富的「古錢」、以及象徵長壽富貴的「壽桃」，三者集於一瓶，表示「福祿壽三星齊聚」，再經由風水大師陳冠宇親自開光加持，效果更強！開運圓滿如意轉氣瓶無疑的是風水用品中的頂級的聖品。

開運圓滿如意轉氣瓶用途說明

聚氣招財：
置於陽宅中的財位，可產生聚氣、旺氣、招財致富的效果。

夫妻圓滿：
內放金錢劍一把，擺設在臥房之內，可以斬斷任何桃花糾葛、使夫妻感情更加恩愛、圓滿如意。

氣轉乾坤：
陽宅若氣場不順，可將開運圓滿如意轉氣瓶放置在店面、辦公室、或居家的玄關入口，可加速氣場的流動，亦可將氣往內引導，讓陽宅匯聚旺氣。

現在購買特別加贈斬桃花用金錢劍一把！趕快搶購！

（瓶內放金錢劍可斬桃花糾葛）

招財納寶、氣轉乾坤、吉祥入門

八吉祥如意寶甕

聚氣之寶、開運無限　特價回饋18800元　產品編號：A0022

寶甕是集所有祥瑞於一身的開運聖品，甕口用大片純金陰陽彩繪，能招財納寶、氣派非凡，甕身除了繪有蓮花能連發富貴、五帝錢能旺五路財源、蝙蝠能納福迎祥，最重要的是八吉祥圖騰，法螺象徵聲名遠播，法輪象徵精進不停歇，寶傘代表遮蔽魔障，白蓋象徵降伏煩惱，蓮花象徵清淨離苦，寶瓶象徵聚寶無漏，金魚象徵無拘無束，盤長代表人緣廣結，讓你一次滿足人生的八大願望！。

寶甕一物三用，可置於財位當成聚財甕，可擺在玄關當轉氣瓶，放置在任何角落更是一件賞心悅目的藝術精品，當陽宅氣場經寶甕轉氣入宅，便可將財運和八大吉祥通通帶進家門！

■規格尺寸：瓶身圓徑33公分×瓶高31公分

■特別附贈招財套組：五色開運水晶、五帝錢、五路財神招財符、開運紅包袋，置於甕中可增強寶甕招財能量。

用途一：招財聚寶甕

用途二：玄關轉氣瓶

用途三：納福又吉祥

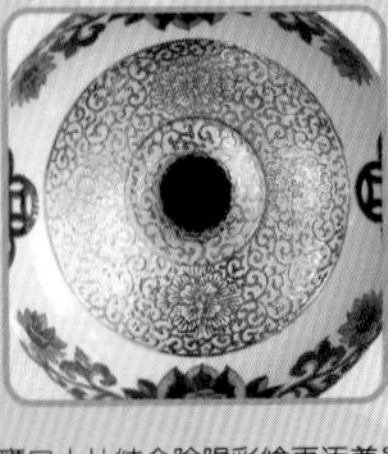

甕口大片純金陰陽彩繪更添尊貴

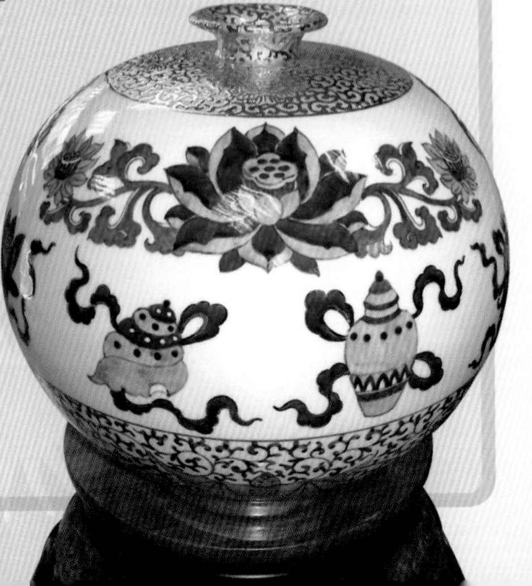

運勢逢低潮？工作不順遂？學業陷困境？讓節節高升助你一臂之力！

節節高升開運竹　產品編號：A0011

特價3680元

竹子自古便是中國人最喜愛的開運植物之一，因為竹子具有多節且不斷向上增長的特性，象徵「節節高升」的吉祥意義。節節高升開運竹是以翠綠之冰裂釉燒製而成，脫俗典雅、氣派大方，不僅保有竹節造型，本身更是一件精美的藝術品；瓶身、平底再輔以八卦、平安符與陳冠宇大師用印加持，以達到最佳的開運效果。如果您的人生正處在低潮，運勢不開、事業毫無突破、學業工作停滯不前，節節高升開運竹可以助您開通運勢，創造人生新契機；此外當成居家擺飾，也能達到鎮宅保平安、開運造運的神奇效果，絕對是家家戶戶必備的開運聖品！

節節高升開運竹擺設與使用方法說明

可擺設在客廳、書房、玄關、辦公室、店面等明顯的地方，求事業財富者可在瓶中插九支萬年青，求功名學業者可內置四隻文昌筆。

■規格尺寸：高40公分、瓶口圓徑9公分、瓶底圓徑13公分
■附高級紅木雕花底座 ■收藏錦盒

居家開運、美化裝飾兩相宜！

八卦開運瓶　產品編號：A0012

特價2680元

■規格尺寸：瓶身24公分 、圓徑15公分
■附贈精美典藏錦盒 ■紅木底座

「梅瓶」是發明於宋代的一種特殊瓶式，歷經元、明兩代的不斷改良精進，已成為中國瓷器的代表形式之一。梅瓶的特色是瓶口小、肩豐胸闊、瓶身修長、曲線優美，宛如古典美人一般，因為瓶口小，只能插下一兩隻梅枝，故稱為梅瓶。

八卦開運瓶是以中國最著名的鈞窯梅瓶為藍本，再漆上朱紅色特殊釉料，經窯變之後，每隻梅瓶都會呈現出獨一無二的特殊紋路，瓶身有金色八卦加持，讓八卦開運梅瓶更具收藏價值，它不止是一件藝術精品，也是陽宅風水開運的寶物，擺設在陽宅的任何角落，皆可產生轉氣開運、鎮宅保平安之效，絕對值得擁有！

八卦開運瓶擺設與使用方法說明

要轉化陽宅氣場，可將八卦開運瓶置於玄關或陽宅入口處，八卦朝屋外，置於臥房內避免將八卦對到床；求因緣者可於瓶中插梅枝或玫瑰三枝；求財者可插銀柳或開運竹三枝。

陳冠宇大師強力推薦！
創造五鬼偏財最佳風水寶物！

招財進寶甕　產品編號：A0018

特價6800元

招財進寶甕是根據大師的五鬼招偏財秘法設計而成，瓶身廣闊能容四方財寶，瓶口內縮使財氣有進無出，加上純金彩繪能招金納銀，配合大師每年所發表的五鬼招偏財秘法使用，招財效果一極棒！股票族、樂透族的朋友千萬不要錯過！

■規格尺寸：高16.5公分、直徑16公分
■精緻典藏錦盒 ■七寶公分

註：純手工拉胚彩繪，限量訂製，如須等待敬請見諒。

招財如意盤（組）

特價1980元　　三合一精裝典藏版特價10800元

適合居家擺設的風水開運物往往無法同時兼顧美觀與功效，然而招財如意盤就是結合了開運畫的無相能量與磁器的精美質感所產生的風水極品，不論當作居家擺設、店面裝飾，都能幫您改變磁場，達到開運聚財的最佳效果。

- ■三合一精裝典藏版尺寸：如意盤×3、立體高級木框（高45.3公分×寬127公分）
- ■招財進寶如意盤尺寸：圓徑26公分、高級木質腳架
- ■和合二聖如意盤尺寸：圓徑26公分、高級木質腳架
- ■官上加官如意盤尺寸：圓徑26公分、高級木質腳架

招財進寶如意盤
產品編號：A0003

官上加官如意盤
產品編號：A0005

和合二聖如意盤
產品編號：A0004

產品編號：A0006

五行招財盤　年年銷售第一的招財寶物！

特價2580元

古錢經千萬人的使用，具有旺氣的效果。五帝錢是指五位當旺的皇朝所鑄的錢幣，以五帝錢招財，可達到借氣補氣，旺財興運的效果。五行招財盤是最簡易有效的招財用品之一，精緻美觀，聚財效果又佳，堪稱是迷你聚寶盆！

五行招財盤 使用方法說明

將五行招財盤安置在貴宅財位上，五枚五帝錢擺在招財盤的四個角落和正中間，四枚硬幣必須分別落在東南西北四個方位上，代表東南西北中五路進財的意思。招財盤配合流年五行使用，可創造出最佳的招財磁場！

集五種色系的招財盤（擺法順位如右圖）擺成開運五行梅花陣，可發揮出意想不到的強大磁場，徹底改善你的命運、扭轉乾坤。

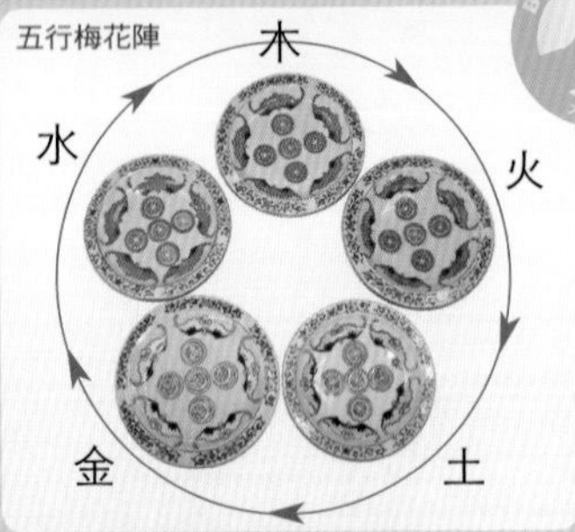

- ■五行招財盤尺寸：圓徑19公分
- ■精緻典藏盒 ■高級紅木底座 ■招財符 ■五帝錢×5枚

黃色（五行土）招財盤
產品編號：A0017

藍色（五行水）招財盤
產品編號：A0010

白色（五行金）招財盤
產品編號：A0019

綠色（五行木）招財盤
產品編號：A0020

紅色（五行火）招財盤
產品編號：A0021

聚寶盆（小） 產品編號：A0024 原樣精緻版，招財再進化！尺寸最合宜，擺設更靈活！

精緻珍藏版　特價回饋8800元

開運物中的聖品，招財界中的王者，完全依古法製造，效果最靈驗的聚寶盆，終於推出了最新的精緻珍藏版！

有鑑於讀者反應生活空間受限，不便擺設原尺寸大聚寶盆，又夢想擁有聚寶盆無窮的招財魅力，陳冠宇大師特商請陶藝名家設計最新一代的精緻珍藏版，保證原寸縮小，其餘工法和材質皆與限量典藏版完全相同，絕不偷工減料！

聚寶盆精緻珍藏版在空間擺設上更顯靈活，無論是居家、店面、辦公室，都能輕易找到最理想的擺設空間，此外，更適合擺在辦公桌、書桌、收銀台、保險箱上，達到時時進財、處處聚財的效果！

您也許已經擁有原寸的典藏版聚寶盆，但同樣不能錯過它，

大小聚寶盆可以分開擺設，更能組合應用，把大財小財通通招進來！

■規格尺寸：圓徑23公分、高10公分

■造　　型：聚寶盆盆口有五蝠相連，象徵五福臨門；盆身有蝙蝠、金錢、壽桃，象徵鴻福齊天、高官厚祿、長命百歲，加上精緻的吉祥紋飾，除了催財效果超強，本身更是一件完美的陶瓷精品。

■特別附贈：木質蓮花造型底座、收藏錦盒、加持之獨門秘藏正財符錄、偏財符錄，讓聚寶盆更加靈感！

聚寶盆的使用方法

聚寶盆適用於居家、店面、辦公室、辦公桌、收銀台等，先找出財位所在，再擇吉日安置。

新品上市

安宅、旺宅、防小人三大功效！

五行鎮宅化煞乾坤寶　產品編號：B0100

原價：~~2980元~~　特價：2380元

銅鈴作為陽宅風水學中的鎮宅法寶，不論是對有形或無相，都能發揮極佳的警示作用，五行鎮宅化煞乾坤寶利用銅鈴的特性，輔以五行相生的原理，能達到安宅、旺宅、防小人三大功效！

懸掛方法：

1.基本型掛法

懸掛於陽宅前後門，或掛於前後採光面。

2.完整保護型掛法

以三串五行鎮宅化煞乾坤寶掛於陽宅的三角能量點，或在陽宅四個角落分別掛上一串。或以每一房間的天花板任選三角點各掛一串開運之。

五串銅鈴代表東西南北中五方，每串八顆象徵鎮宅八卦，代表在家中佈下天羅地網，幫您監看四面八方，無一疏漏。每串銅鈴輔以金木水火土五行掛飾及五色線，藉由五行相生的原理增強陽宅的氣場，讓您在鎮宅化煞的同時，也能達到旺宅旺財之功效！

■規格：長48公分

■金木水火土五行掛飾及五色線

■四十顆銅鈴

上新架品

四方招財，四季平安

五穀開運招財寶

原價：~~999元~~　特價：668元

產品編號：B0101

■規格尺寸：空袋11x18cm

■五色豆、五路財神符

中國人以五色豆代表五穀，除了象徵五股豐登的吉祥意含以外，也象徵旺盛的生命力，傳統婚禮中也少不了五色豆，除了代表子孫綿延，世代相傳，五色豆所代表的五穀，也象徵財富，因此，五色豆也常被使用在招財方面，五色豆內含五行相生的能量，可以讓財富生生不息，不斷滋長，所以才有五穀豐登之意。

在傳統習俗中，五色豆也是驅邪除晦的好幫手，例如大家耳熟能詳的灑豆成兵、日本民間的灑豆打鬼，其原理都是利用五色豆所含的正能量來趕走無相界負能量，來達到趨吉避凶，轉禍為福的目的。

五穀開運招財寶四方的古錢圖騰代表能夠四方招財，四季平安，中間的太極圖騰則象徵聚寶盆，加上內含的五路財神符，橫放時能承接天上所下達之能量與大地所蘊含之靈氣，立放時則可以匯聚四面八方所圍繞之能量。

將五穀開運招財寶擺放於客廳，陽宅財位或流年財位上，對所有家人無論是求財，求事業，安宅，驅邪，都能達到最佳的效果！因此五穀開運招財寶堪稱是最佳開運寶物！

麒麟送子圖　產品編號：D0009

特價1980元

您有不孕或生育上困擾嗎？俗話說：「天上有麟兒，人間狀元郎」，麒麟送子圖是以童子乘麒麟由天而降，頸上戴著長命鎖，一手持蓮花、一手持如意，用來祈求連生貴子，自推出以來，已造福無數求子無門的有緣人，若能再配合夫妻之貴人日懸掛，應驗度其高無比。

■規格：41×60.8公分

三星高照圖　產品編號：D0012

特價1980元

所謂三星是指福、祿、壽三星，此圖流傳百年一直受人喜愛，因為畫中有象徵長壽的南極仙翁、象徵福氣的蝙蝠及代表財祿的仙鹿，三者齊聚，適合當成居家開運擺飾，更適合獻給長者當賀禮，為他添福添壽添財運。

■規格：41×60.8公分

四季發財圖　產品編號：D0013

特價1980元

此圖以四季花卉來代表一年春夏秋冬，都能花開富貴，圖中的金銀財寶象徵財源滾滾、四季進財的意思，若個人財運或事業運起伏不定、財祿總是時好時壞無法如心所願，此圖可以幫助你財運平順、四季興旺、日日進寶。

■規格：41×60.8公分

平安如意圖　產品編號：D0014

特價1980元

此圖以四季花卉來代表一年春夏秋冬，都能花開富貴，寶瓶取其諧音「平」，代表平安，加上玉如意表示一年三百六十五天，都能日日平安、萬事如意。若有運勢不順、災禍不斷，或是疾厄、官訟纏身、小人五鬼暗害者，都能用此圖助您趨吉避凶、轉或為福、平安順遂。

■規格：41×60.8公分

聰明伶俐圖　產品編號：D0019

特價1980元

取四種蔬果的吉祥音意巧妙構製而成，蔥（聰）、蓮藕（明）、菱角（伶）、荔枝（俐），若家中有正在求學或準備考試的學生，在他的書房或書桌正前方掛此圖，有增強考運及學習效果、靈活頭腦之功效，平常對於成長中的孩子也能發揮開智慧、明思緒的效果，是子女房中不可或缺開運吉祥畫。

■規格：41×60.8公分

吉祥如意圖　產品編號：D0020

特價1980元

象是神聖的動物，象背上童子手持如意，取其吉祥如意之意，此圖也是一幅喜事通用的吉祥畫，不論用在任何喜事或當成賀禮都十分恰當，家中掛一幅吉祥如意圖，有增強家運的效果，讓您闔家平安、事事如意，容易心浮氣躁、做事衝動的人，掛於房內也有安定情緒的作用。

■規格：41×60.8公分

招財進寶圖　產品編號：D0002

特價1980元

這幅招財進寶圖相信不用多做介紹，自推出以來廣大讀者的熱烈迴響，因為招財效果太過靈驗，讓這幅吉祥畫頓時成為最熱門的招財開運寶物。畫中最上面是大師獨門祕藏的招財符籙，中間是聚寶盆，下面則是代表連發財富的蓮花，三樣寶物齊聚，先是用靈符招財，再用聚寶盆來凝聚財富，最後再用蓮花來催旺所聚來的財富，想不發都難！

■規格：41×60.8公分

和合二聖圖　產品編號：D0003

特價1980元

近年來和合二聖圖已成為幫助感情和合的最佳聖品，事實上，早在數百年前人們就已廣為使用，功效由此可見！以夫妻貴人日將此圖懸掛於房中，便可讓夫妻感情更加恩愛、夫唱婦隨、白頭偕老、永浴愛河，若是感情出現問題或碰到外遇爛桃花，亦可用此圖來化解，靈驗度極高！

■規格：41×60.8公分

官上加官圖　產品編號：D0004

特價1980元

在競爭激烈的環境中，您有原地踏步、停滯不前的情形嗎？工作遇瓶頸、胸懷大志卻有志難伸，用官上加官圖可以讓您在職場上平步青雲、官運亨通，事業如旭日東昇、一鳴驚人，任何工作上的障礙都能一掃而空，讓您受貴人提拔，並且一展所長。

■規格：41×60.8公分

八吉祥圖　產品編號：D0006

特價1980元

赫赫有名的八吉祥圖，是以八種象徵祥瑞的佛事法物所組成，包括法螺、寶傘、法輪、白蓋、寶瓶、金魚、蓮花、盤長等，具有強烈的無相開運能量，可以常保居家平安、家運興隆、事事順利，學佛者掛之亦有助開悟見性、透徹佛法。

■規格：41×60.8公分

官居一品圖　產品編號：D0007

特價1980元

官居一品圖是以蟈蟈兒和菊花所組成，蟈蟈兒的發音與「官兒」相近，乃是祈求升官發財之意，太陽代表事業如旭日東昇、前途光明，最適合當成居家或辦公室裝飾，它能讓你在工作或事業上無往不利、步步高升、位居一品，它絕對是幫您升官發財的最佳利器。

■規格：41×60.8公分

連錢圖　產品編號：D0008

特價1980元

錢是財富最直接的象徵，九枚古錢相連貫串，代表財運亨通、長久不竭，蓮花代表連發財富、繁榮興旺，連錢圖是用來求財最佳的吉祥畫之一，特別是開店做生意的朋友，掛連錢圖能夠改善財務狀況，讓你的生意不斷，把錢財一個接著一個通通拉進來。

■規格：41×60.8公分

走到哪裡就開運到哪裡！

買全套可隨意替換，立即給你想要的好運！

新品

五福開運金卡
納財迎福、趨吉避凶、
官運亨通、福壽綿長、
五福臨門

開運金卡

每張特價299元　全套九張回饋價2380元

■規格尺寸：長8公分×寬5公分

大家都知道吉祥畫的妙用，但唯一遺憾的是只能掛在屋內使用，要是吉祥畫也能隨身帶著走那該有多好！貴氣的金光、以最強的開運吉祥畫為藍本，再加上陳冠宇大師加持的獨門開運符，就是您最新、最強的隨身開運法寶，男女老少皆適用，開運效果一級棒！　產品編號：B0088（全套九張）

招財進寶金卡　招正財、招偏財、旺財運、聚財氣，讓您財運亨通
編號：B0081

和合二聖金卡　調和陰陽、使夫妻圓滿、堅定情感、永結同心
編號：B0082

官上加官金卡　增強運勢、求官求職勢如破竹、事業步步高升
編號：B0083

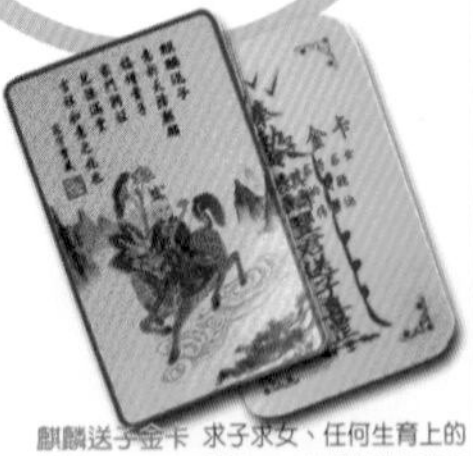

麒麟送子金卡　求子求女、任何生育上的問題，一次讓您獲得解決
編號：B0086

連錢金卡　正財偏財通通來，把金銀財寶一個一個拉進口袋
編號：B0087

八吉祥金卡　趨吉避凶、開運保平安、可除小人、避太歲沖煞
編號：B0084

狀元及第金卡　明心見性開智慧、增強文昌運，考試謀職無往不利
編號：B0085

四季發財金卡　四季興旺、日日進財、天天有財來
編號：B0090

黃金開運畫

特價2380元

純金箔製造更具貴氣，高級木框可立可掛，靈活擺設典雅大方。
強化開運能量、彰顯尊容氣派、招財納福、祥瑞萬千！

■規格尺寸：長26公分×寬21公分
■立掛兩用高級木框，可壁掛，也可立放於桌面。

黃金招財、開運畫迎福！
黃金開運畫讓您金賺錢！金福氣！

黃金招財進寶圖
產品編號：D0101

黃金連錢圖
產品編號：D0106

黃金官上加官圖
產品編號：D0103

黃金八吉祥圖
產品編號：D0104

黃金麒麟送子圖
產品編號：D0105

黃金和合二聖圖
產品編號：D0102

開運招財綠水晶 & 開運招財黃水晶

特價1380元

水晶的量能磁場在眾多寶石中是最強的，而綠水晶和黃水晶又是在所有水晶當中，旺財磁場最強的兩種水晶，開運招財黃水晶與開運招財綠水晶可說是開運水晶的兩大天王，綠水晶以招正財的磁場為最強，黃水晶招偏財的磁場則是眾水晶之冠，二者可依個人情況交替配戴，為自己創造最佳的財運，如果再配合適當的雕飾造型與加持，將會有不可思議的強烈功效！

適合配戴開運招財黃水晶的時機

黃水晶是所有水晶當中招財磁場最強的水晶，有很好的聚財能力，黃水晶象徵「財富」，主偏財，可凝聚財富、招偏財，較適合偏財運不佳、投機失利、洩財、求財無門、彩券屢試不中、或者從事投資理財的商場人士配戴。

適合配戴開運招財綠水晶的時機

想要招正財，可選擇象徵「財庫」的綠水晶，綠水晶的功能是招財、生正財，它可以幫助你凝聚事業光，創造事業財富，使你的財富更容易入庫，較適合一般上班族，或者是遭逢失業、降職、工作運、事業運不佳、正財不彰、貴人不明時配戴。

黃綠水晶搭配使用可發揮最大功效！一次購足還有優惠！

讚 非戴不可的七大理由

1.採用上等黃晶、綠晶，精雕細琢而成，再經風水大師陳冠宇加持淨化，恭請守護神本尊加臨，只要戴上開運招財水晶，您便有如神明隨侍在側，藉由守護神強大的靈氣，以及水晶強烈的旺財磁場，讓您的人生光明無限。
2.運用天地靈氣、陰陽磁場、以及每個人的生肖相生相剋的原理，來達到增強磁場、消災解厄的功效。
3.太歲年最佳的護身寶物，不管正沖、偏沖，開運招財黃、綠水晶都能讓您逢凶化吉。
4.孝敬長輩的最佳禮物，消災解厄、護身保平安，開運招財水晶讓您福壽綿綿。
5.您平日最貼身的幸運符，佛光護體、增強磁場，讓您事事如意、歲歲平安。
6.犒賞員工的最佳贈品，招財旺氣、紓解財困，讓您的事業蒸蒸日上。
7.送給子女的傳家之寶，增長智慧、納福納祥，陪伴他一同成長！

千手觀音開運招財綠水晶 適合生肖屬鼠者配戴 編號：綠/C0001 黃/C0014	虛空藏菩薩開運招財綠水晶 適合生肖屬牛、虎者配戴 編號：綠/C0002 黃/C0015	文殊菩薩開運招財綠水晶 適合生肖屬兔者配戴 編號：綠/C0003 黃/C0016	普賢菩薩開運招財綠水晶 適合生肖屬龍、蛇者配戴 編號：綠/C0004 黃/C0017
大勢至菩薩開運招財綠水晶 適合生肖屬馬者配戴 編號：綠/C0005 黃/C0018	大日如來開運招財綠水晶 適合生肖屬羊、猴者配戴 編號：綠/C0006 黃/C0019	不動尊菩薩開運招財綠水晶 適合生肖屬雞者配戴 編號：綠/C0007 黃/C0020	阿彌陀佛開運招財綠水晶 適合生肖屬狗、豬者配戴 編號：綠/C0008 黃/C0021

大師加持淨化、無上靈感、太歲保平安，消災解厄、增強磁場、招財旺氣

上新架品

招財鈴：辟邪保平安 招五路財 防小人

桃花鈴：防感情小人(小三) 招桃花良緣 招桃花財

瑞音吉祥如意鈴

每串特價1280元　產品編號：招財鈴/B0092　桃花鈴/B0093

銅鈴自古便是一種警示的道具，在風水學上被當為一種辟邪工具，瑞音吉祥如意鈴以一串代表三十六天罡，二串代表七十二地煞、三串代表一百零八道天羅地網的防護之意，懸掛在家中特定方位不但可防陰靈鬼祟侵擾、常保居家平安，更能防五鬼小人逢身，達到防小人的目的。同時銅鈴發出的金聲也具有招旺財氣的效果，讓你一次達到辟邪、防小人、招財三大目的！

■尺寸規格：銅鈴三十六顆、長49公分
■五色線流蘇(招財鈴)、紫色線流蘇(桃花鈴)

兩種瑞音吉祥如意鈴的懸掛方法說明

1.防小人保平安：可懸掛於前後門或以三串如意鈴掛於房子的三角能量點。
2.招財招福：可懸掛於陽宅的財位、主要門路或採光面或房子的三角能量點。
3.招桃花求姻緣：可懸掛於臥房的桃花位或臥房的三角能量點。

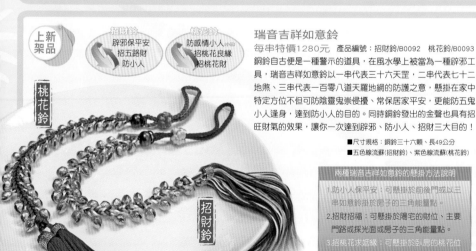

根據五行原理設計、幫您接通宇宙天星磁場！
機動性最高、變化性最多的隨身開運聖品！

隨身開運五行掛飾 產品編號：B0094（全家版）

隨身版每串價299元　居家版特價1280元

五行能量充斥於天地之間，只要能確實掌握五行變化的奧妙，並且完全接收其能量，你就能獲得天地間最強大的開運磁場！隨身開運五行掛飾的特點，在於能夠充分運用五行相生的原理，就像是選用最理想的天線來接收最強的訊號，隨時隨地為你創造出最佳的開運效果！讓你求財得財、求愛得愛、考試順利、心想事成！

隨身開運五行掛飾的使用方法

配合每日五行使用：
每日有其五行（請參閱大師所著之農民曆），可配戴與當日五行相生之五行的隨身開運五行掛飾，讓你每天都能氣勢如虹、走路有風。

配合生肖五行使用：
每個生肖都有所屬五行，平日可配戴與自己生肖相生之隨身開運五行掛飾，就能達到很好的開運效果。

配合最佳五行使用：
每個人在每一年或每個月令都有自己所屬的最佳開運五行（請參閱大師所著之農民曆），只要能配戴最佳的隨身開運五行掛飾來開運，就能心想事成、無往不利、運勢絕對一路發發發！

生肖與五行掛飾的搭配

1、生肖鼠、豬：宜配戴金形掛飾
2、生肖虎、兔：宜配戴水形掛飾
3、生肖蛇、馬：宜配戴木形掛飾
4、生肖猴、雞：宜配戴土形掛飾
5、生肖龍、狗、牛、羊：宜配戴火行掛飾

■尺寸規格：隨身版長35公分、家用版長47公分
■精緻手工中國結

隨身版與居家版之使用

隨身版可掛於包包、腰際、車內，不便外掛時亦可收於包中或口袋。居家版可掛於家中任何位置，亦可掛於收銀機、保險櫃、辦公桌旁。

新品優惠
現在一次購買整組（五串）只要特價 *1380* 元

金形開運掛飾	木形開運掛飾	水形開運掛飾	火形開運掛飾	土形開運掛飾
編號：B0095	編號：B0096	編號：B0097	編號：B0098	編號：B0099

BEST CHOICE 大師推薦

產品編號：B0080

陳冠宇大師親自設計、指定推薦！

五行開運鍊

特價399元

天地宇宙由五行元素所組成，只要讓自身的五行能量相生相旺，無論是健康、財運、事業、感情，都能行運無礙、逢凶化吉、大利大發！五行開運鍊乃大師根據五行生旺的原理所設計，貼身配戴能調整磁場，轉化能量，只要以五行齊全置於胸前，便能達到開運避邪之效用，也可招來未來的好運！強力推薦！

量身訂製、吉時開刻，啟動您的招財密碼！

黃水晶開運印章

特價3980元　產品編號：C0029

陳冠宇大師依照個人姓名、八字擇定最佳之吉日良時開刻完成，幫您精心調配印鑑之八卦五行能量，加上招財磁場最強的黃水晶印章，經常使用能開通運勢、增強財氣，當作銀行開戶印鑑可以幫您鎮守財庫，讓財源生生不息。

■規格尺寸：高6cm×寬1.8cm
■精緻蛇紋皮質印盒
■訂購時請註明姓名、性別與八字，完成訂購後約須二星期工作天。

新開運五龍圖　　特價8800元

新開運五龍圖以五色祥龍代表東南西北中五路開運、，五路進財，懸掛新開運五龍圖，立刻讓您滿室生輝、財源廣進、好運旺旺來！

產品編號：D0011

■規格尺寸：67公分×67公分　■高級原木藝術外框

開運五龍圖中堂　產品編號：D0018　特價12000元

龍自古便是帝王權勢尊貴的象徵，除此之外，龍也是具有鎮宅辟邪、生財催旺、開運造福效果的靈獸，一直以來都是達官貴人的最愛，而五龍圖又是其中之最。開運五龍圖中堂的五色祥龍具有五行相生之奇效，能補缺填漏、相互催旺，讓你五福俱足、人生圓滿、五路進財、事事興旺！送禮最氣派！自用最吉祥！

■規格尺寸：106公分×67公分 ■高級原木藝術外框

■規格尺寸：60.6公分×47公分(含高級雕花紅木畫框)

團結和諧力量無窮，再創公司輝煌成就！

合作無間祈福開運字畫　（本真跡非印刷品）

特價6000元　產品編號：D0005

所謂團結力量大，內部的團結和諧是任何團體穩定成長的原動力，大到跨國企業、小至商店門市，能不能永續經營、財源廣進，關鍵就在於「團結」！合作無間祈福開運字畫能凝聚公司向心力、避免內部亂源發生，讓您的事業一舉攀上高峰！

使用方法：

以毛筆點硃砂在黃紙上畫一圓，代表和諧圓滿，再將所有股東姓名寫於圓圈內，放進紅紙袋中，貼於「合作無間祈福開運字畫」背後即可。

陽宅避煞簡單有效的風水法寶！

開運避煞水晶球

特價900元　產品編號：C009　■尺寸規格：40mm＋特殊切割面

現代都市建築在設計的時候缺乏整規劃，經常會出現沖煞的情形，最常見的沖煞如：壁刀煞、簷頭煞、廟宇龍尾煞、以及正對家門的柱子、電線桿、行道樹等等，當陽宅外部出現沖煞的時候，就會讓居住者產生許多無名的災禍，例如破財、病痛、血光、犯小人等等，十分不平安，這時候就可以用水晶球來幫您擋災。開運避煞水晶球經過精心設計，具有特殊的切割面，當外部有任何沖射光體進入陽宅的時候，開運避煞水晶球能將從任何角度來的沖射完全反折，化解掉外來的煞氣，常保居家平安、事事如意。

開運避煞水晶球使用方法：

將開運避煞水晶球懸掛於陽台、窗台或大門前，以紅絲線吊掛，高度以超過身高十五公分以上為佳，若沖煞嚴重，建議懸掛三個水晶球排成三角形以增加反射能量。若陽宅無處懸掛，亦可用底座置放在窗台或桌台上，但最好以能對到沖射物體為佳。

太上老君
鎮宅化煞招財靈符中堂

特價6600元

陳冠宇大師精選太上老君七十二道靈符中之九道，規劃成九宮吉祥靈符中堂，誠敬奉之可讓家宅一切吉慶，福壽增延，子孫榮顯，財源廣進，升官發達，妖魔鬼怪不入侵，鎮宅平安，家運不興或家宅不平安、常有陰靈干擾者最適合懸掛，讓您一次解決家中所有問題。

■規格尺寸：長107公分×寬82公分
■高級藝術木框

產品編號：D0014

招財鎮宅化煞保平安一次滿足！居家必備護宅開運寶物！

功效宛如聚寶盆！招財更勝開運畫！

百財圖 & 百祿圖

每幅特價4800元

二幅合購回饋價只要8600元

中國以「十」代表完全，以「百」代表圓滿無缺，百財圖與百祿圖以百種不同的字體，代表能夠廣納天地八方各種財源、收盡五湖四海所有利祿，不論您從事何種職業，也不論您想招何種財運，它們都能幫助您見財得財、逢祿必進！

百財圖 & 百祿圖 使用方法說明

新居舊宅、公司店面皆適用，請懸掛於進出最頻繁或是最顯眼的地方，只要增加與財祿二圖照面的機會，便可旺財於無形。

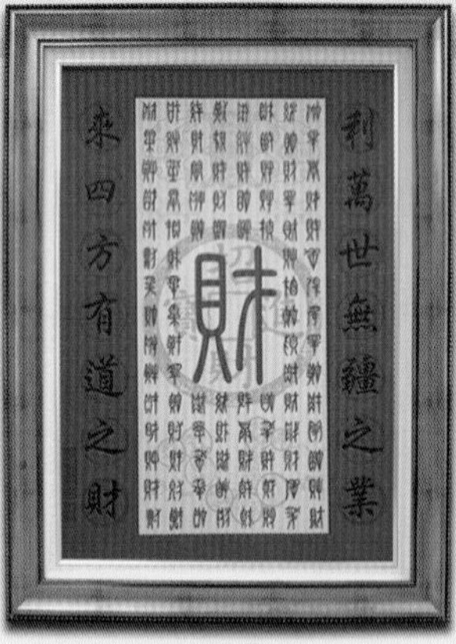

百財圖

產品編號：D0015

■規格尺寸：長88公分×寬68公分
■高級藝術木框

百祿圖

產品編號：D0016

狀元及第圖

特價1980元　　產品編號：D0010

此圖是以身穿官袍、手持如意的童子乘龍翱翔於天際的模樣為主體，童子身穿官袍象徵出任高官，再取魚躍龍門而化為龍的衍伸意義，故稱為狀元及第。

圖上另懸掛四支文昌筆，以祈求四巽文昌梓潼帝君加持，再以水晶球凝聚智慧能量，可讓家中唸書的子弟心思敏捷、思緒清明，將狀元及第圖懸掛於陽宅的文昌位上，能讓小孩的學習事半功倍、考場上無往不利。

■規格尺寸：26×39.3公分
■特別附贈：文昌筆四支（以硃砂開光）
、天然水晶球

代表三元及第、狀元及第、祈求四巽文昌梓潼帝君加持、五路開智慧。
狀元及第圖可以幫助所有考生加強自信之潛能，讓你考運亨通！

廿八星宿鎮宅盤

特價2980元

廿八星宿分為東方蒼龍、西方白虎、南方朱雀、北方玄武，各由七宿所組成，有別於傳統的鎮煞物採取以剛克剛的方法，廿八星宿鎮煞盤是以東、西、南、北四方各七宿之波率，採用以本制本之原理，以其本身的星宿能量來作制化之磁力反射，這種能量絕對是超越坊間各種鎮煞的寶物，就算宅屋外沒有沖煞亦可使用，只要依各個宅屋的方向於外牆上掛上鎮煞盤，必能達到鎮煞招財或是開運招財之最佳天上星宿能量（四方皆掛可達四方擋煞、四方進財、一切圓滿之效）。

■規格尺寸：長21公分×寬27.5公分

■立掛兩用式高級紅木框

鎮宅擋煞最佳幫手

守護您的居家平安

青龍鎮宅盤(東方)
產品編號：D0081

白虎鎮宅盤(西方)
產品編號：D0082

朱雀鎮宅盤(南方)
產品編號：D0083

玄武鎮宅盤(北方)
產品編號：D0084

道教講氣數，氣是宇宙與萬物的本體，混沌之判分，此三十六天罡招財盤及七十二地煞鎮宅盤，乃是漢代名門貴族及官宦世家用來開運避煞的神奇寶物，埋於地基的五方位（即四樑柱與中心點），有鎮宅、制煞、招財、祈福之功效。三十六天罡招財盤與七十二地煞鎮宅盤乃陳冠宇大師尋遍大陸，歷經數年尋根採訪所發現的風水寶物，再經過幾年的研究改良，各項功能比上一代更強！為造福眾生，故特允以公開。

三十六天罡招財盤

特價2980元　產品編號：B0051

懸掛於居家、辦公室、營業場所之旺位，可祈福利市、廣收四方財寶、催財旺財、金玉滿堂。另置於新建地基五方位效果更佳。

七十二地煞鎮宅盤

特價2980元　產品編號：B0052

陽宅外圍有巷沖、路沖時，可將七十二地煞鎮宅盤掛於有沖煞的方位；若居家不平安時則請掛於大門之上，方可制煞化煞、迎福納祥。

■尺寸規格：圓徑22公分

■精緻手工中國結

最方便的招財法寶

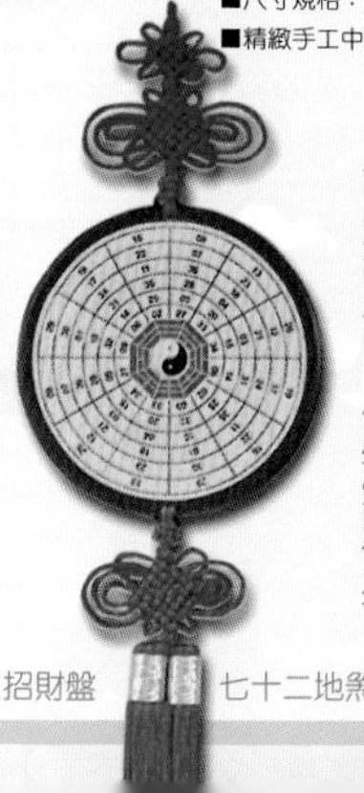

最好用的外煞剋星

三十六天罡招財盤　七十二地煞鎮宅盤

黃晶蓮花

特價680元　產品編號：C0C

蓮花不但象徵清靜、純潔、高尚，在傳統吉祥意義中，則是取「蓮」的諧音「連發」，以黃水晶蓮象徵「黃金連發」，招財效果一棒！此外掛飾採法輪造型，代表輪常轉、身心清靜，也具有趨吉凶、永保安康之效，是學佛清修的護身最佳飾品，招財、保平安一飾兩得！

■尺寸規格：天然黃水晶蓮花墜飾

■手工法輪中國結30公分 ■招財金符

八吉祥如意盤

特價2980元　產品編號：B0054

以佛教卍字印及六字大明咒為中心，再以八吉祥遍佈四面八方，懸掛於室外可以鎮壓各種陰靈煞氣使之無法入侵，常保住家一切平安，懸掛於室內可讓佛光普照一切，具清淨陽宅氣場之效，讓宅內時時充滿祥瑞之氣，一物兩用、內外皆宜！

■尺寸規格：圓徑22公分

■精緻手工中國結

吉祥如意中國結
特價299元

■規格尺寸：長36公分
■精緻手工如意中國結
■招財金符

中國結是我國繩藝與吉祥文化的完美結合，自古便廣泛被運用在服裝、家飾、藝品、掛飾等，它可與不同的吉祥結與吉祥物結合成不同的吉祥飾品，是非常受人歡迎開運吉祥物。吉祥如意中國結是結合了大紅的祥瑞吉慶結、招財進寶綴珠、六字大明咒綴珠及大師獨門財運亨通靈符，用途十分廣泛，它可以掛在陽宅的任何角落，可以幫助您招福納祥、迎財開運，掛於車內亦可常保行車平安、出門一路發。

產品編號：B0061

開運五帝錢
特價299元

■規格尺寸：長38公分
■五帝錢×5枚
■精緻手工中國結
■獨門開運招財金符

五帝錢是指順治、康熙、雍正、乾隆、嘉慶等五代清代最興盛的皇朝所鑄之錢幣，從五行來看，五為土，而土生金，金者財也，想招財利者，可把五帝錢掛在財位或每日出入之門邊即可達聚財之效。而古錢曾經過千萬人之手，讓其沾上千萬人的能量氣場，所以也有一定的化煞作用。

五帝錢可以旺財也可化煞、鎮宅、避邪、防五鬼小人，可說是既方便有好用的開運用品，廣受一般大眾喜好。

產品編號：B0053

平安一路發汽車吊飾
特價399元

馬路如虎口，出門在外，不但要求得平安順利，最好還要能一路連發，平安一路發吊飾最適合懸掛在車內，可以幫您鎮煞化煞、趨吉避凶，保您一路平安、事事順遂、出門見喜、滿載而歸！

■規格尺寸：長32公分
■精緻手工中國結

產品編號：B0062

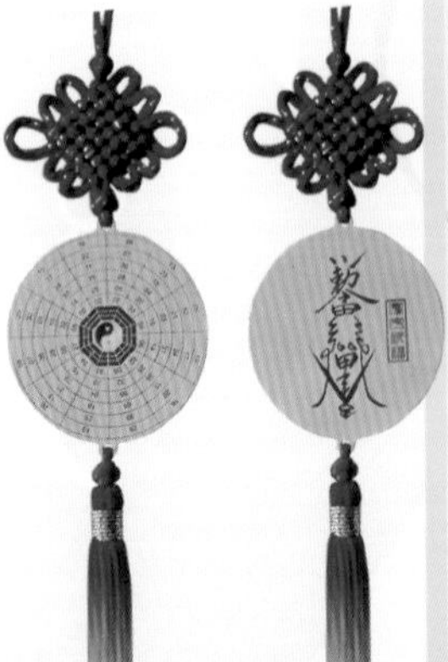
正面　背面

五福臨門開運掛飾
每串特價399元

■規格尺寸：長47公分
■精緻手工中國結

集中國吉祥象徵於一體，以五蝠代表五福臨門，加上古錢象徵福在眼前，十枚古錢代表十全十美、財運亨通，壽桃則表示福壽綿長，三者齊聚為福祿壽俱全之意，掛飾背後則有陳冠宇大師獨門的吉祥符，三種顏色的中國結各具有不同的意義，作為居家裝飾或車內吊飾，都能讓你福運昌隆、事事順心。

三種五福臨門開運掛飾說明

綠色：代表招財運、補財庫
適合掛於住家、公司、店面
產品編號：B0064

紅色：代表旺事業、防小人
適合掛於公司、店面、書房
產品編號：B0065

黃色：代表求健康、保平安
適合掛於臥室、車內、住家
產品編號：B0063

黑曜石福祿掛飾
特價（大）599元　（小）399元
產品編號：（大）C0026　（小）C0027

■天然黑曜石葫蘆
■精緻手工法輪中國結
■招財金符

黑曜石是一種用途廣泛的寶石，擁有強大的辟邪功能，可讓你趨吉避凶、常保平安，並具有吸收負面能量的強大磁場，幫助你將不好的氣場排出，讓身體健康、活力旺盛。

此掛飾是由黑曜石葫蘆(福祿)與吉祥中國結組成，加上陳冠宇大師獨門的招財金符，可讓你招財納福、避邪保安康，一次搞定！

（大）　（小）

敬神拜拜必備聖品，陳冠宇大師親自撰文祈福！

開運招財祈福疏文　特價168元

產品編號：F0007

在正統祭祀禮儀中，必須準備一份正式的疏文，疏文是上呈給神明的正式公文，藉以向神明傳達心中所求之願望，是對神明或無相界表達最虔誠敬之心的重要工具！正式的疏文格式一般都是法師自用秘藏不傳，陳冠宇大師特別公開，望大家皆能開運發大財！

■五加一超值組合包內容包括：請神祝文（新春、入厝、安神、開市）、禮請五路財神祈禱文、敬奉福德正神文疏、觀音佛祖祈福文疏（消災解厄、招福納祥）、普渡祈福祝文、五路財神招財符

開運梅花錢掛飾

特價499元　產品編號：B0091

正面為「長命守富貴」五字，背面五種吉祥圖騰代表「財福祿壽禧」，古人將梅花錢掛於座椅後背或座位後方牆上，一來有助事業或官運亨通，二來可防小人背後暗害，現代人取其「沒花錢」的諧音，可防止漏財、守財庫，是您居家開運的好幫手！

■規格尺寸：長40公分
■精緻手工中國結 ■招財金符

開運寶物何其多，但又有幾樣能隨身帶著走？

開運福袋　產品編號：B0071　特價299元

開運福袋上有陳冠宇大師親自設計的開運徽章，加上盤長結與雙葫蘆，象徵福祿雙全、富貴綿長，內含招財功能超強的獨門祕藏招財金符、兼具避邪與招財的古錢、以及集合各種開運能量的天然五色水晶，隨身攜帶，能幫您轉運開運、補財庫、求姻緣、求健康、旺事業、招貴人、求文昌、護身保平安，絕對讓您福氣加倍、處處逢運到！

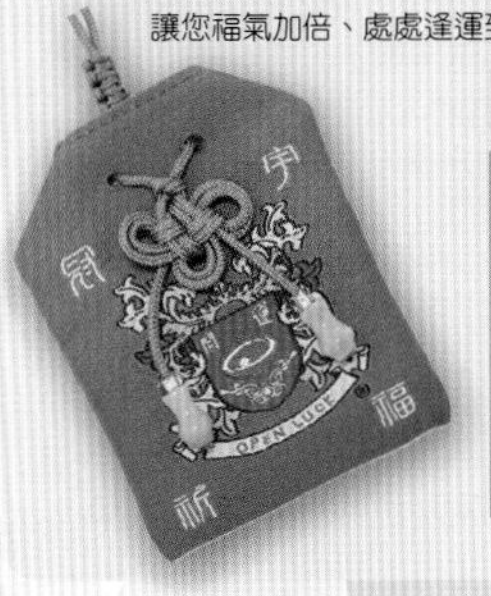

■規格尺寸：5.5cm×7.5cm
■金符 ■古錢一枚 ■天然五色水晶

開運福袋內容物說明

祕藏招財金符：招正財、求偏財。
白水晶：避邪擋煞、增智慧。
黃水晶：招偏財、改善健康。
綠水晶：招正財、招貴人、旺事業。
粉水晶：求愛情姻緣、增進人際關係。
紫水晶：開運、開智慧、增強磁場。
古錢：招財、避邪。

八吉祥琉璃開運掛飾

特價1980元　綠　編號：F0001
　　　　　　黃　編號：F0002

琉璃早在唐代起便是價值極高的術珍品，更是佛教七寶之一。純手工製作再經過高溫焠練之後的琉璃，呈現出晶瑩剔透的光澤，象徵純淨與光明、極樂如意，再搭配八吉祥的開運造型，能夠幫助靈性昇華、讓您心想事成、萬事如意。

買一送一
特惠專案實施中
（限黃綠一對）

■規格：長50公分、琉璃圓徑4.5公分
■精緻收藏盒 ■六字真言金符

清淨琉璃、八大吉祥、開運招財絕佳寶物

最超值的人氣開運商品，盡在此中！

開運平安四季發財　產品編號：F0006

特價399元（數量有限，售完為止）

絕對超值的內容，包括最受歡迎的：
◎開運一級棒◎開運福袋◎平安如意金卡◎四季發財金卡
◎開運招財紅包袋(只送不賣)等，買到賺到！

諸事如意　產品編號：F0003　特價3680元

諸事如意是以一隻母豬帶著六隻小豬加上八錠元寶，坐擁錢堆之上，象徵祈福求財一路發，金山銀山取之不竭用之不盡的吉兆，乃居家開運招財首選！
豬自古被喻為多子多孫多福氣的象徵，「家」字中間就是豬，所以也象徵家庭圓滿之意，另外豬亦為生育力極強的動物，擺設在臥房床頭上有求子之象徵，能幫助有生育煩惱的夫妻心想事成！

■規格：長15公分×寬9公分×高9公分（含底座）
■紅木底座
■高級收藏錦盒
■另附獨家金豬招財秘笈
教您最正確的擺設方法

「祿馬貴人」，指的是「祿馬扶持，貴人指引」，祿馬貴人招財福袋及祿馬貴人開運金卡上的祿馬象徵貴人速至，助您一臂之力、解除危難，上方的太極圖與六字箴言，能幫您轉禍為福、消災解厄、化險為夷。下方連錢圖則代表貴人帶財而來，讓您財運亨通。

祿馬貴人招財福袋＋開運金卡兩者併用效果更佳

開運、招財、招貴人

新品上市

祿馬貴人隨身開運金卡　特價：299元　■規格：長8公分×寬5公分

金卡設計，方便隨身攜帶，強化個人磁場，能夠時時刻刻主動吸引身旁的貴人，突破空間的限制，無論走到哪裡，貴人就會跟著來。

配合不同的五行色系，加上招貴人符的催動力量，更能發揮不同磁場的招貴人效果，可謂把貴人隨身帶著走，讓你左右逢源，處處有貴人相助，想招哪種貴人都不是問題！

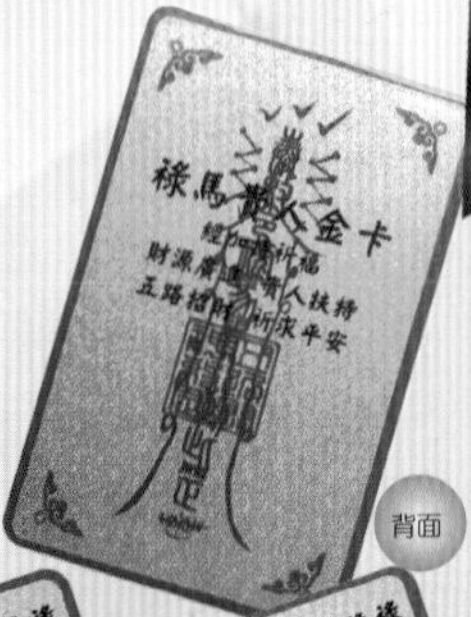

金色祿馬貴人卡
適合生肖鼠、豬者隨身攜帶。
編號：B0091

藍色祿馬貴人卡
適合生肖虎、兔者隨身攜帶。
編號：B0092

綠色祿馬貴人卡
適合生肖蛇、馬者隨身攜帶。
編號：B0093

紅色祿馬貴人卡
適合生肖牛、龍、羊、狗者隨身攜帶。
編號：B0094

黃色祿馬貴人卡
適合生肖猴、雞者隨身攜帶。
編號：B0095

祿馬扶持，貴人指引

上新架品

鹿（祿）馬貴人招財福袋　原價：~~888元~~　特價：568元

所謂「祿馬貴人」，指的是「祿馬扶持，貴人指引」，祿馬貴人招財福袋上的祿馬象徵貴人速至，助您一臂之力、解除危難，連錢圖則代表貴人帶財而來，讓您財運亨通。上方的太極圖與六字箴言，能幫您轉禍為福、消災解惡、化險為夷。

福袋內有祿馬貴人符催動貴人急來，五色水晶石的不同磁場則可以引來各種不同性質的貴人，綠水晶可招來事業貴人，黃水晶可以招來財運貴人，粉晶可以招來感 情貴人，紫水晶可以招來文昌貴人，白水晶可以招來護身貴人，五種水晶在祿馬貴人符的加持之下，自然可以主動吸引身旁的貴人接近，並且得到貴人的鼎力扶持！

以出生年干論貴人(擺掛方位)：

甲戊庚年出生的在東北方、西南方
乙已年出生的在正北方、西南方
丙丁年出生的在西北方、正西方
壬癸年出生的在正東方、東南方
辛年出生的在正南方、東北方

產品編號：B0102
■規格：長23公分
■五色水晶石
■祿馬貴人符